LA GUÉRILLA-FANTOME

PAR

GUSTAVE AIMARD

I

COMMENT, AU MEXIQUE, ON PEUT FAIRE CONNAISSANCE SUR UNE GRAND'ROUTE.

Le 12 juin 1864, entre cinq et six heures du soir, un cavalier monté sur un superbe mustang des prairies, à la tête fine, à l'œil de feu et aux jambes de cerf, portant à l'arçon une carabine de grand prix à canons tournants, et un chevreuil jeté en travers sur la croupe, suivait au petit pas, en laissant flotter la bride sur le cou de sa monture, un chemin, ou plutôt un large sentier qui, de Médellin, après maints et maints détours, vient aboutir à Paso de Ovejas, sur la route de la Vera-Cruz à Jalapa.

Ce cavalier, âgé d'environ vingt-quatre à vingt-cinq ans, de taille haute et fière, portait avec une suprême élégance et une désinvolture toute mexicaine le costume si riche et si pittoresque des Rancheros du Bajio; son visage pâle, aux lignes pures et mâles, éclairé par les derniers rayons du soleil couchant, avait un admirable caractère de loyauté, d'audace et de distinction ; mais, en ce moment, une sombre mélancolie obscurcissait sa douce et sympathique physionomie et lui donnait un indicible cachet de douloureuse résignation.

La tête basse, les sourcils froncés, sous le coup sans doute d'une forte émotion intérieure, il semblait ne rien voir ; il aspirait à intervalles égaux et presque mécaniquement la fumée bleuâtre d'un regalia qu'il tenait nonchalamment de la main gauche, sans paraître avoir même conscience de ce qu'il faisait; parfois un profond soupir soulevait sa puissante poitrine et un nom à peine prononcé venait expirer comme un souffle douloureux sur ses lèvres demi-fermées.

Ce nom était un nom de femme, nom doux, suave et poétique, sans doute comme l'être adoré à qui il appartenait :

— Flor !

Le jeune cavalier se laissait de plus en plus envahir par le flot de pensées amères qui lui montaient au cœur, lorsque tout à coup, il tressaillit, se redressa sur sa selle et saisit sa carabine en même temps qu'un fulgurant éclair jaillissait de sa noire prunelle.

Plusieurs coups de feu avaient éclaté à l'improviste, et le bruit d'une lutte acharnée, mêlé de cris et d'imprécations, se faisait entendre à une courte distance.

Le jeune homme jeta un rapide regard autour de lui; la route, à l'endroit où il se trouvait, s'encaissait profondément entre des fourrés d'aloès et de cactus cierges; à quelques pas en avant elle faisait une courbe brusque.

C'était derrière cette courbe que la lutte avait lieu.

Le jeune homme ramassa les rênes d'un geste rapide, se pencha sur le cou de son cheval, et sans élever la voix il dit tout simplement :

— *Arrea ! adelante negro !*

Le noble animal pointa les oreilles, fit une courbette et partit comme un trait ; en moins de deux minutes il atteignit le tournant de la route.

L'inconnu retint la bride, le cheval s'arrêta comme si ses pieds se fussent subitement incrustés dans le sol.

Un coup d'œil suffit au jeune homme pour se rendre compte de la situation ; elle était terrible.

Un capitaine du 3ᵉ chasseurs français et quatre chasseurs se défendaient en désespérés contre vingt ou vingt-cinq guerilleros qui les entouraient et les chargeaient avec rage.

Trois chasseurs roulèrent presque aussitôt morts sur le sol près des cadavres de cinq ou six Mexicains ; le capitaine et un brigadier restaient seuls debout. Malgré leur courage héroïque, ils devaient inévitablement succomber dans cette lutte plus qu'inégale ; la fatigue commençait à paralyser leurs bras, leurs coups étaient moins sûrs et moins rapides ; ils ne combattaient plus que pour ne pas tomber vivants aux mains de leurs ennemis.

L'inconnu épaula sa carabine, ajusta le chef des guerilleros et fit feu en même temps que, lâchant la bride, il bondit en avant en brandissant son arme au-dessus de sa tête.

Le chapeau du guerillero vola à dix pas dans la poussière.

— En arrière tous et bas les armes ! cria le cavalier d'une voix stridente, en arrivant comme la foudre au milieu des combattants et, se campant hardiment devant les Français auxquels il forma ainsi un rempart avec son corps.

— Demonios ! s'écria le chef des guerilleros, espèce de grand sacripant à mine patibulaire, qui est celui-ci encore ?

— Arrière tous ! vous dis-je ! s'écria l'inconnu en épaulant sa carabine, voulez-vous donc qu'après le chapeau ce soit la tête ? Vive Dios !

Au son de cette voix, qu'il avait enfin reconnue, le chef des guerilleros avait tressailli.

— Arrière ! cria-t-il à ses soldats, arrière au nom du diable ! nous n'avons plus rien à faire ici.

— Ah ! ah ! fit l'inconnu avec mépris, vous me reconnaissez donc enfin ! voici la seconde fois que vous manquez à votre promesse, Pinto, prenez garde à la troisième.

— On ne peut donc plus combattre ses ennemis ? répondit l'autre d'un ton de mauvaise humeur.

— Si ; mais on ne doit pas assassiner.

— Ils m'ont tué six hommes ! pourquoi refusent-ils de se rendre ?

— Assez ! s'écria rudement l'inconnu ; quand j'ordonne, on obéit ; je suis ici sur mes terres.

— Mais puisque vous ne voulez pas...

— Assez ! vous dis-je ! s'écria-t-il en lui coupant brusquement la parole ; pas un mot de plus, Pinto ; partez, emportez ces cadavres mexicains et français et enterrez-les convenablement. Tenez, ajouta-t-il, prenez ceci pour vous indemniser, mais que je ne vous y reprenne plus.

Tirant alors d'une poche de ses calzoneras une lourde bourse d'or, il la jeta au guerillero qui l'attrapa au vol et la fit disparaître avec une dextérité qui témoignait d'une longue habitude.

— C'est égal, murmura-t-il d'une voix bourrue, il est dur d'abandonner ainsi une besogne presque faite ; allons, ajouta-t-il en s'adressant à ses soldats, en route ! il paraît que nous nous sommes trompés, mais nous nous rattraperons sur d'autres, grommela-t-il entre ses dents, du ton d'un chien auquel on arrache un os à moelle.

Sur son ordre les guerilleros relevèrent les cadavres, d'assez mauvais gré à la vérité : la proie qu'ils étaient obligés de lâcher leur tenait au cœur ; mais leur chef ordonnait, il fallait obéir.

Cinq minutes plus tard, les guerilleros avaient disparu dans les méandres du chemin.

Les Français, encore agités par l'émotion poignante d'un combat à outrance, avaient assisté à cette scène singulière comme dans un rêve ; ils n'y avaient, certes, rien compris ; c'est à peine s'ils avaient conscience d'être sains et saufs.

Si vaillant qu'on puisse être, ce n'est jamais impunément qu'on voit la mort de si près.

Le cavalier, qui jusqu'alors était demeuré immobile comme une statue équestre, fièrement campé entre les deux partis, fit volter son cheval sur place, et, saluant courtoisement les Français :

— Messieurs, leur dit-il dans leur propre langue et sans aucun accent étranger, la route est libre.

— Grâce à vous, Monsieur, répondit franchement l'officier, grâce à vous, à qui nous devons la vie.

— Vous ne me devez rien, Messieurs, dit le Mexicain avec un peu de hauteur ; je n'ai fait que ce que tout galant homme eût fait à ma place en pareille circonstance, je me suis opposé à un assassinat, voilà tout.

— Peut-être, Monsieur, reprit le capitaine ; mais il faut convenir que vos compatriotes nous font une rude guerre.

— A qui la faute, Monsieur, répondit sèchement le Mexicain ; l'invasion ne justifie-t-elle pas toutes les représailles ; l'homme le plus paisible se change en bête fauve quand il voit l'étranger déshonorer ses foyers et fouler insolemment le sol qui l'a vu naître ; mais brisons là, fit-il en se reprenant, vous êtes Français, moi Mexicain ; toute discussion serait inutile entre nous sur un pareil sujet, nous ne nous entendrions jamais.

— Et pourtant vous nous avez sauvés ! reprit le capitaine avec intention.

— Je le devais pour l'honneur de mon pays ; en ligne et à nombre égal j'eusse agi autrement.

— Soit ; ma reconnaissance n'en est en ce cas que plus vive, répondit le capitaine avec un abandon plein de franchise.

Et il lui tendit la main ; mais le cheval du Mexicain fit un mouvement brusque qui empêcha son maître de la prendre.

— C'est égal ! dit le soldat avec effusion, nous vous devons tout de même une belle chandelle ; et, foi de Jean Guichard dit le Chacal, ajouta-t-il en se frappant rudement la poitrine de son poing fermé, Français ou Mexicain, si jamais vous avez besoin de ma peau, je ne vous dis que cela.

Le Mexicain sourit.

— Merci, dit-il ; et s'adressant au capitaine, si au lieu de continuer votre route, ce qui après ce qui s'est passé pourrait être peu prudent, vous consentez à me suivre, je serai, Monsieur, charmé de vous offrir l'hospitalité pour cette nuit dans ma demeure, ainsi qu'à ce brave soldat, votre compagnon.

— J'accepte de grand cœur votre offre cordiale, Monsieur, répondit le capitaine, non pas à cause de ce que je pourrais avoir à redouter en continuant mon chemin, je suis soldat ! mais afin de vous prouver combien j'attache de prix au service que vous m'avez rendu, et la confiance que votre conduite généreuse m'a inspirée en vous.

— Quels que soient les motifs qui vous engagent à accepter ma proposition, répondit un peu sèchement le Mexicain, vos secrets sont à vous, monsieur ; je n'essaierai pas de les pénétrer. Puis il ajouta d'un ton de bonne humeur : veuillez me suivre ; si vos chevaux ne sont pas trop fatigués, en passant par certains chemins de traverse assez difficiles, en moins d'une heure nous serons rendus.

— Nous sommes à vos ordres, monsieur, répondit l'officier, nos chevaux sont accoutumés à passer par tous les chemins et ils sont en état de fournir encore une longue traite.

— Partons alors sans plus tarder.

Le Mexicain prit la tête de la petite troupe, et les trois cavaliers s'élancèrent au galop de chasse.

Ainsi que cela a lieu dans toutes les régions rapprochées de l'équateur où le crépuscule se fait à peine sentir, aussitôt le soleil couché la nuit s'était faite presque sans transition ; à peine nos trois voyageurs s'étaient-ils mis en route, que déjà ils galopaient en pleine obscurité.

Obscurité relative, bien entendu, car la nuit était claire, le ciel pailleté de millions d'étoiles étincelantes ; l'atmosphère, embaumée de mille senteurs suaves et pénétrantes, était d'une pureté telle qu'à de grandes distances les moindres accidents du paysage demeuraient visibles.

Tout alla donc bien tant que l'on galopa sur un chemin large et bien frayé ; mais en atteignant un certain endroit de la route, le jeune Mexicain tourna subitement à gauche, s'engagea dans un sentier fort étroit et se jeta résolûment sous bois.

Les cavaliers couraient maintenant sous d'épais dômes de verdure qui ne laissaient filtrer aucune lueur à travers leurs branches et leurs feuilles entrelacées, de sorte que l'obscurité s'était tout à coup faite ténèbres. Les Français ne sachant pas en quel lieu ils se trouvaient et complètement désorientés, furent contraints de redoubler d'attention pour suivre leur guide et ne pas le perdre de vue.

Quant au Mexicain, depuis sa cordiale invitation à l'officier français, il n'avait plus prononcé une parole, ni tourné une seule fois la tête pour s'assurer que ceux auxquels il avait offert l'hospitalité continuaient à le suivre.

Ce mutisme obstiné, ces façons étranges d'agir étonnaient le capitaine et lui auraient sans doute causé certaines appréhensions si le souvenir de l'action généreuse de son guide improvisé n'était pas demeuré présent à son esprit. Et puis, avec cette insouciance du danger qui caractérise le soldat français, cette course affolée en pleine nuit à travers un désert, ne lui déplaisait pas ; cet inconnu le séduisait ; c'était une aventure, elle l'intéressait vivement ; il voulait en voir la fin.

Cependant le sentier se faisait de plus en plus difficile ; à chaque pas se dressaient des obstacles qu'il fallait franchir ou tourner ; des branches d'arbres qu'ils ne pouvaient voir venaient fouetter le visage des voyageurs ; des buissons épineux égratignaient et déchiraient leurs vêtements ; tout à coup les chevaux enfonçaient jusqu'aux jarrets dans des mares fangeuses invisibles ; plus loin c'étaient des hauts talus ou de profondes ornières qu'il fallait escalader ou traverser ; de plus, depuis une vingtaine de minutes le sentier s'escarpait, et la pente se faisait de plus en plus raide.

Le jeune Mexicain ne ralentissait pas l'allure rapide de son cheval que ceux des Français, de moins bonne race, fatigués déjà par une longue course et peu habitués à de pareils chemins, ne suivaient plus que très difficilement ; enfin, malgré tout son courage, le capitaine, au risque de ce qui pourrait subvenir, allait se voir forcé, à son grand déplaisir, de renoncer à continuer plus longtemps cette course fantastique, lorsque tout à coup à un tournant du sentier les arbres s'écartèrent subitement à droite et à gauche, le ciel reparut, la lumière se fit ; par un dernier et suprême effort les chevaux bondirent en avant et se trouvèrent sur un large plateau, à quelques cents pas d'une énorme et massive construction, entourée d'une haute muraille crénelée bordée d'un large fossé; un chemin couvert conduisait à un pont-levis levé en ce moment.

— Une forteresse! murmura entre ses dents le capitaine; où sommes-nous donc ici ?

Le jeune Mexicain, au lieu de se diriger vers le pont-levis, appuya sur la droite, contourna la muraille pendant quelques minutes et, arrivé à un certain endroit où le fossé paraissait assez sérieusement dégradé, sans mettre pied à terre, il s'engagea dans un étroit sentier qui courait sur le flanc du fossé, et, par une pente rapide, descendait jusqu'au fond pour aboutir à une espèce de poterne.

Ce chemin était des plus périlleux; obstrué de pierres chancelantes, il fallait être excellent cavalier pour se risquer à descendre sans craindre de se rompre le cou cette espèce d'échelle de Jacob. Cependant les deux Français n'hésitèrent pas une seconde à suivre leur guide qui descendait de l'air le plus insouciant et le cigare aux lèvres; seulement, peu confiants dans leur habileté, ils préférèrent se confier à l'instinct de leurs chevaux, et, leur mettant la bride sur le cou, ils les laissèrent libres de se conduire à leur guise.

Au bout de quelques instants, les cavaliers atteignirent sans encombre le fond du fossé et s'arrêtèrent devant la poterne.

— Nous sommes arrivés, messieurs, dit alors l'inconnu se décidant enfin à rompre le silence, vous pouvez mettre pied à terre.

Et comme pour donner l'exemple à ses compagnons, il sauta légèrement sur le sol, mouvement qui fut aussitôt imité par les deux Français.

Le Mexicain frappa alors de son poing fermé contre la porte, d'une façon particulière, en prononçant quelques mots que le capitaine ne put comprendre.

Aussitôt la porte s'ouvrit; un jet de lumière jaillit au dehors et un homme qui semblait être un péon parut une lanterne à la main.

— Donne-moi ta lanterne, et conduis ces trois chevaux au corral, Perrico, dit le jeune homme; surtout aies-en bien soin, ce sont de nobles bêtes, et elles sont fatiguées.

Perrico salua sans répondre, réunit les trois brides dans sa main gauche et, après avoir remis la lanterne, il s'éloigna disparaissant bientôt dans l'obscurité.

— Venez, messieurs, dit le Mexicain.

Ils entrèrent. La porte fut non pas fermée, mais simplement poussée.

Après avoir suivi pendant quelques instants une espèce de couloir assez étroit et dont la pente était forraide, les trois hommes atteignirent une seconde porte fermée seulement au loquet et que leur guide ouvrit; ils débouchèrent dans une cour assez vaste en face d'un bâtiment flanqué de deux ailes en retour; au centre de ce bâtiment, dont quelques fenêtres étaient éclairées, il y avait un double perron en marbre garni d'une rampe en fer forgé qui, par une porte à doubles vantaux, donnait accès dans l'intérieur.

Un homme d'un certain âge, aux traits sévères et même un peu sombres, vêtu de cuir et portant un machete sans fourreau passé dans un anneau de fer attaché à sa ceinture, se tenait immobile en haut du perron. En apercevant les trois hommes dont il reconnut du premier coup d'œil deux d'entre eux pour être Français, il pâlit légèrement et fronça les sourcils à se joindre, mais se remettant aussitôt, il poussa la porte qui s'ouvrit toute grande et s'effaça respectueusement pour laisser passer les arrivants.

Toujours guidés par le Mexicain, les Français, après avoir traversé un large palier éclairé par un réverbère à réflecteur et le sol garni d'un petate, pénétrèrent dans un salon meublé avec ce luxe de bon goût que l'on retrouve si souvent au Mexique dans les grandes familles d'origine espagnole.

Le Mexicain, qui avait laissé sa lanterne sur le palier, se tourna alors vers le personnage que nous avons décrit et qui était entré dans le salon à la suite des trois voyageurs.

— N'y a-t-il donc plus de domestiques dans cette maison, lui dit-il d'un ton de mauvaise humeur, que je vous trouve attendant mon arrivée ?

— Les domestiques, grâce à Dieu, ne manquent pas dans la demeure de votre père, Seigneurie, répondit l'autre en s'inclinant avec roideur, et au premier signal vous les verrez accourir à votre appel avec empressement.

— Alors comment se fait-il qu'aucun d'eux ne soit ici pour me recevoir ?

— Parce que je les ai éloignés, Seigneurie.

— Ah! fit le jeune homme avec surprise; mais se mettant aussitôt, c'est bien, reprit-il avec hauteur, vous me ferez, je l'espère, connaître vos motifs; mais laissons cela quant à présent. Mon père est-il retiré pour la nuit.

— Le señor don Matias est souffrant; il n'a pu attendre le retour de Votre Seigneurie; il s'est retiré dans ses appartements. Votre Seigneurie soupera sans doute ?

— Je souperai en compagnie de ce caballero; quant à ce brave garçon, ajouta-t-il en désignant le brigadier, vous veillerez à ce qu'il ne manque de rien; vous ferez de plus préparer un appartement pour cet officier et un lit dans une des pièces de cet appartement pour ce soldat.

L'autre s'inclina.

— Quand Votre Seigneurie soupera-t-elle? demanda-t-il.

— Le plus tôt possible; donnez les ordres en conséquence.

L'inconnu frappa dans ses mains.

Aussitôt une porte s'ouvrit et un valet parut sur le seuil.

— Sa Seigneurie est servie! dit-il d'une voix éclatante.

— C'est bien, reprit le jeune homme en souriant. Soupez-vous, don Lopez?

— Votre Seigneurie m'excusera; j'ai soupé depuis longtemps, répondit respectueusement celui qu'on venait de nommer don Lopez; je vais m'acquitter des ordres que Votre Seigneurie a daigné me donner.

— Vous reverrai-je ce soir ?

— J'aurai l'honneur d'assister au coucher de Votre Seigneurie.

— C'est bien ; je vous attendrai ; allez.

Don Lopez s'inclina gravement ; puis, après avoir fait signe au Chacal de le suivre, il quitta le salon.

— Monsieur, dit alors le jeune homme avec une exquise courtoisie en saluant le capitaine, je me nomme don Horacio Vivanco de Bustamente ; cette hacienda où j'ai l'honneur de vous recevoir m'appartient. Veuillez pendant tout le temps qu'il vous plaira user de mon hospitalité, vous considérer ici comme étant chez vous, je ne suis que le premier de vos serviteurs ; maintenant vous plaît-il de vous mettre à table?

— Pas avant de vous avoir fait agréer mes sincères remerciements pour les obligations que j'ai contractées envers vous, et vous avoir dit qui je suis, monsieur.

— Cela est inutile, monsieur, répondit-il en souriant, j'ai l'honneur de vous connaître depuis longtemps déjà.

Et l'invitant du geste à le suivre, il passa avec lui dans une salle à manger meublée à l'européenne et dans laquelle une table était dressée avec un luxe princier.

Les deux hommes prirent place en face l'un de l'autre.

— Posez tout ce qui nous peut être nécessaire sur ces servantes et retirez-vous, dit don Horacio aux domestiques qui se préparaient à servir, nous n'avons besoin de personne.

Les valets s'inclinèrent respectueusement après avoir tout disposé et sortirent.

Le repas commença.

Les deux hommes avaient grand appétit : la première attaque fut terrible.

— Je ne sais si vous êtes comme moi, dit don Horacio en versant du xérès à son convive, mais il n'y a rien que je déteste comme d'avoir derrière moi de grands drôles de laquais dont les longues oreilles sont constamment tendues pour écouter et faire leur profit des moindres paroles qui m'échappent.

— Je partage votre haine pour ces espions domestiques, répondit en riant le capitaine ; voilà de fier vin.

— Oui il est assez bon ; vous avez près de vous du tokaï que je vous recommande ; c'est un véritable rayon de soleil mis en bouteille ; le fameux *Ichor*, dont Jupiter s'abreuvait dans l'Olympe, n'était que de la piquette en comparaison.

— Qui sait ? dit gaiement le capitaine, peut-être était-ce en effet du tokaï que la blonde Hébé versait aux dieux.

— Ce point n'a pas encore été éclairci par les savants ; mais vous ne mangez pas, capitaine.

— Je vous demande pardon, señor don Horacio, seulement je vous avoue que j'ai quelque chose qui me tourmente.

— Quoi donc, mon Dieu ?

— Vous me permettez de vous le dire ?

— Certes ! mais à la condition que vous me ferez raison avec ce champagne frappé qui est là près de vous ; c'est un vin de votre pays, capitaine.

— Aussi vous ferai-je raison de grand cœur ; à votre santé.

— A la vôtre ! et maintenant voyons la question.

— Depuis quelques instants je vous examine avec toute l'attention dont je suis susceptible, et malgré mes efforts, bien que vos traits ne me soient pas complétement inconnus, je ne puis me rappeler où j'ai eu le plaisir de vous voir.

Un éclair aussitôt éteint jaillit de la prunelle fauve de don Horacio.

— Cela me prouve tout simplement que vous avez la mémoire courte, capitaine, dit-il avec un rire nerveux.

— Vous me connaissez ?
— Parfaitement.
— Voilà qui est singulier.
— En voulez-vous la preuve?
— Je vous avoue que cela me ferait grand plaisir.
— Soyez donc satisfait ; je vais vous confectionner un signalement dans toutes les règles.
— Va pour le signalement, mais qu'il soit bien complet surtout, dit-il en riant.

— Vous allez voir, reprit don Horacio sur le même ton. Vous appartenez à l'une des plus anciennes familles de France ; vous êtes fils unique et possédez de deux cent mille livres de rente.

— Jusqu'à présent je n'ai rien à dire.

— Vous avez vingt-cinq ans, vous êtes beau, aimé des femmes, brave comme un lion et passez pour un des plus brillants officiers de l'armée française.

— Ce portrait est beaucoup trop flatté, señor don Horacio, mais vous oubliez de me dire mon nom.

— J'allais y arriver, capitaine.

— Ah ! voyons un peu cela.

— Vous descendez en ligne directe d'un vaillant capitaine que Brantôme a mis parmi ses grands capitaines ; vous vous nommez, puisque vous exigez que je vous le dise en face : Henri-Gaston-Armand, comte de Bussy d'Amboise, prince de Clermont.

— Pardieu ! vous êtes sorcier, mon hôte ; avez-vous de l'eau bénite quelque part que je vous exorcise? fit-il en riant. Est-ce fini ?

— Pas encore.

— Voyons donc la fin ; voilà où je vous attends.

Le jeune homme sourit avec ironie.

— Vous vous trompez ; je sais tout.

— Bon ! tant que cela?

— Écoutez.

— Je ne demande pas mieux ; c'est fort divertissant.

— Vous étiez chef d'escadron aux chasseurs d'Afrique ; lorsque le 3ᵉ régiment de chasseurs en garnison à Constantine a reçu l'ordre de partir pour le Mexique, vous avez demandé au ministre à entrer comme simple capitaine dans ce beau régiment pour faire campagne avec lui ; votre demande a été accueillie et voici comment, au lieu d'être en Algérie, vous vous trouvez au Mexique ; est-ce bien cela, capitaine ?

— Parfaitement, j'en conviens, dit-il d'un air pensif ; mais vous conviendrez avec moi, mon hôte, qu'il faut que vous ayez été poussé par un intérêt bien grand, pour vous donner la peine de prendre sur moi des renseignements si détaillés et surtout si exacts.

— Qui sait? peut-être est-ce par simple curiosité, capitaine.

— Hum! fit l'officier en hochant la tête. Et ces renseignements s'arrêtent là?

— Je dirais oui, que vous ne me croiriez pas, capitaine.

— Alors vous savez?...

— Tout, vous dis-je.

— Et, vous pouvez m'apprendre...

— Rien... quant à présent du moins. A quoi bon? peut-être un jour viendra...

— Où vous me direz tout?

— Oui; mais jusque-là je vous prie de me pardonner mon silence.

— Vous êtes mon hôte; je vous dois la vie, je n'insisterai pas; conservez donc votre secret.

— A la bonne heure, capitaine; vous êtes un galant homme.

— Je le crois; un mot seulement.

— Dites.

— Où nous sommes-nous rencontrés?

— Deux fois: à Medellin et à la Vera-Cruz.

— Merci, répondit l'officier devenu subitement pensif.

— Voyons! un dernier verre de champagne, à votre santé!

— Excusez-moi, mon hôte, je ne saurais boire davantage; je tombe de fatigue et de sommeil, je vous demanderai au contraire la permission de me retirer.

— Vous êtes ici chez vous, mon hôte; ne vous gênez pas je vous prie.

— Mille grâces, dit le capitaine: ainsi vous ne m'en voulez pas de vous fausser compagnie?

— Pas le moins du monde, d'autant plus que moi-même je me sens fatigué; ainsi, mon cher capitaine, liberté entière.

Il prit une sonnette posée sur la table et sonna.

Un domestique parut.

— Eclairez ce cavalier et conduisez-le à son appartement.

Les deux hommes se levèrent.

— Bonne nuit, señor don Horacio, dit le capitaine.

— Bonne nuit, et doux rêves, monsieur le comte, répondit le jeune homme.

Les deux hommes se saluèrent cérémonieusement.

Arrivé près de la porte, le capitaine s'arrêta brusquement, se frappa le front, revint brusquement sur ses pas et tendant la main à son hôte:

— Nous sommes amis n'est-ce pas? lui dit-il avec une émotion contenue.

— Vous ai-je donné lieu de supposer le contraire? répondit don Horacio en lui pressant la main avec un charmant sourire.

— Je suis fou! murmura le comte.

Et il sortit à pas précipités.

Don Horacio retomba sur sa chaise d'un air accablé.

— Quel hasard fatal m'a placé en face de cet homme! murmura-t-il d'une voix sourde; que faire, mon Dieu! devais-je donc l'amener chez moi? en faire mon hôte?

En ce moment la porte s'ouvrit et un domestique parut.

— Que voulez-vous demanda le jeune homme en relevant brusquement la tête.

— Don Lopez est aux ordres de Votre Seigneurie, mi amo, répondit le domestique; il désire savoir s'il peut entrer?

— Ah! fit-il c'est juste; j'avais complétement oublié. Dites à don Lopez que je l'attends, qu'il vienne à l'instant.

Le domestique se retira après avoir respectueusement salué son maître.

Don Horacio avait laissé retomber sa tête sur la poitrine et s'était replongé dans ses tristes rêveries.

II

QUI ÉTAIT DON HORACIO VIVANCO, ET D'OÙ PROVENAIT SA GRANDE MÉLANCOLIE.

Christophe Colomb, après de longues études géographiques et plusieurs voyages entrepris dans les contrées les plus éloignées, se convainquit qu'il devait exister à l'ouest de l'Europe des terres encore inconnues, d'une étendue considérable, et qu'en les côtoyant on réussirait à trouver un chemin plus court pour se rendre dans les grandes Indes.

Traité de visionnaire par ses compatriotes les Génois et par les Portugais auxquels il avait proposé de l'aider dans ses recherches en lui fournissant les bâtiments nécessaires, le grand homme méconnu s'adressa à l'Espagne; ses offres furent longtemps repoussées; enfin, après huit ans de sollicitations, le gouvernement espagnol, soit qu'il fût séduit par les brillantes promesses du navigateur génois, soit qu'il voulût se débarrasser honorablement d'un solliciteur que rien ne rebutait, consentit enfin à lui confier le commandement de trois petits navires, dont deux n'étaient même pas pontés, mais à la condition expresse que toutes les découvertes faites par le hardi explorateur seraient et demeureraient à perpétuité la propriété de l'Espagne.

Christophe Colomb, sûr de lui, comme tous les grands hommes, accepta sans hésiter les conditions qu'on lui imposait et se rendit à Palos de Moguer, petit port de l'Andalousie, bâti à l'embouchure du Tinto pour prendre le commandement des navires qu'on lui confiait.

Ces navires se nommaient la *Santa-Maria*, la *Pinta* et la *Nina*.

La *Pinta* et la *Nina* n'étaient même pas pontées.

Jamais plus formidable expédition ne fut tentée avec des moyens plus faibles et plus restreints.

Mais rien ne pouvait décourager Colomb, et, comme s'il eût voulu braver jusqu'aux craintes superstitieuses de ses marins, il choisit précisément un vendredi pour mettre à la voile.

La plus audacieuse entreprise des temps modernes, celle qui devait donner un monde tout entier à l'Espagne, appareilla donc de Palos de Moguer, le vendredi 3 août 1492.

A bord de la *Santa-Maria*, montée par Colomb, se trouvait un gentilhomme de Huelva, appartenant à l'une des plus anciennes et des plus nobles familles de l'Andalousie, ce gentilhomme, nommé don Pedro Vivanco de Bustamente, avait eu le malheur, dans un duel sans témoins, de tuer son adversaire ; cet adversaire allié aux Médina-Cœli était fort aimé du roi don Fernand qui avait juré de tirer du meurtrier une vengeance éclatante.

Don Pedro Vivanco, malgré sa noblesse, était pauvre, sans protecteurs ; il risquait fort d'avoir la tête tranchée, lorsque, heureusement pour lui, Christophe Colomb, à qui en désespoir de cause il avait confié sa triste situation, consentit à le cacher d'abord sur la *Santa-Maria* et ensuite à le mettre au nombre de ses hasardeux compagnons.

Nous n'avons pas l'intention de raconter l'histoire de cette première expédition de Colomb, nous dirons seulement que l'amiral n'eut qu'à se féliciter d'avoir pris don Pedro Vivanco avec lui.

Ce jeune homme, car il avait à peine vingt-cinq ans, était beau, bien fait de sa personne ; mais ce qui vaut mieux encore, il était doué d'une haute intelligence, d'un grand cœur et d'un courage de lion, il se fit l'ami, le séide de celui qui l'avait si généreusement sauvé. Dans toutes les situations critiques où se trouva l'amiral, quand ses équipages se révoltèrent et refusèrent de s'avancer plus loin dans ces mers inconnues, chaque fois Colomb trouva don Pedro à ses côtés, prêt à le défendre et à se faire tuer pour lui.

Après la découverte de l'île de Cuba, Colomb, voulant assurer solidement à l'Espagne la possession de cette île magnifique, y fit construire une forteresse dont, à son départ, il confia le commandement à don Pedro Vivanco de Bustamente qui, à cause du duel dont nous avons parlé, ne pouvait retourner en Espagne.

A son second voyage, Colomb apporta à son ami sa grâce signée du roi, le titre de comte et la confirmation de sa nomination au poste qu'il occupait. Ce qui mit le comble à la joie du jeune et aventureux gentilhomme c'est que Colomb amenait à bord de son vaisseau amiral, non-seulement une partie de la famille de Vivanco, mais encore la jeune dame, cause involontaire de son duel malheureux, qu'il aimait et dont il était aimé.

Lorsqu'en 1519 Fernand Cortez, après avoir pris possession des côtes de Yucatan et du Goatzacoalco, s'arrêta sur le territoire des Totomaques et y fit construire un petit fort pour assurer en cas d'attaque la sûreté de ses troupes pendant que lui marchait sur Mexico, il confia le commandement suprême de la nouvelle ville, qu'il avait nommée Villa Rica de la Vera-Cruz, à don Pedro Vivanco de Bustamente, alors presque quinquagénaire, et dont le fils, don Adolfo Vivanco, âgé de vingt-deux ans à peine, était un des principaux officiers de celui qui plus tard devait être acclamé du titre héroïque de conquistador.

Après la conquête du Mexique, conquête à laquelle ses membres prirent une grande part, la famille Vivanco de Bustamente se fixa définitivement dans cette contrée où elle acquit bientôt des richesses immenses qui en firent en peu de temps une des familles les plus considérables de la vice-royauté de la Nouvelle-Espagne.

Les Vivanco, tout en conservant pur dans leurs veines le sang espagnol, furent du petit nombre des familles de cette nation qui adoptèrent complétement et sans arrière-pensée leur nouvelle patrie ; ils devinrent véritablement Mexicains et défendirent continuellement les droits et les franchises de la Nouvelle-Espagne contre les empiétements tyranniques de la mère patrie ; cette politique habile ne se démentit jamais. Lorsque la révolution éclata, les Vivanco n'hésitèrent pas, ils se jetèrent résolument dans la lutte, au risque de tout ce qui pouvait arriver, combattirent vaillamment les Espagnols, et jouèrent un rôle prépondérant dans cette sanglante tragédie qui, après dix ans d'une lutte héroïque, devait aboutir au traité d'Iguala, c'est-à-dire à l'indépendance du Mexique.

Contrairement à ce qui arrive d'ordinaire, le Congrès mexicain ne fut pas ingrat et, après l'avortement du fantôme d'empire improvisé par don Augustin Iturbide, gouvernement vigoureusement combattu par le Vivanco de ce temps-là, le Congrès rendit à cette famille non-seulement la totalité de ses biens mis sous séquestre par les Espagnols, mais encore y adjoignit des propriétés considérables confisquées sur des familles qui avaient combattu la cause mexicaine dans les rangs de l'armée de la péninsule.

Les Vivanco se trouvèrent ainsi mis en possession d'immenses richesses éparses sur toute l'étendue du vaste territoire mexicain ; ils furent ainsi propriétaires de maisons, d'haciendas et de mines, à faire envie au fameux marquis de Carabas des contes de fée. Mais les chefs de cette puissante famille ne se laissèrent pas éblouir par cette prospérité. Toujours prudents, ils se gardèrent de se laisser séduire par les fumées enivrantes de l'ambition, se bornant à conserver leurs richesses sans se jeter dans des hasards d'aucune sorte ; ils réussirent à traverser les quatre cents et quelques révolutions qui bouleversèrent leur pays, sans laisser ni pied, ni aile, ni même une plume dans aucune d'elles, se contentant de veiller à leur fortune et de la rendre de plus en plus florissante.

Aussi dit-on proverbialement au Mexique : Prudent et patriote comme un Vivanco.

Ce fut surtout lorsque la guerre éclata entre la France et le Mexique que se révéla l'esprit politique et réellement pratique de cette famille.

Elle avait alors deux chefs, reconnus, don Matias et don Ignacio Vivanco. Don Matias, l'aîné, sans se prononcer ni pour ni contre l'intervention, s'appliqua à être bien avec les deux partis, recevant en apparence avec un égal plaisir les Français et les Mexicains, les servant tour à tour avec un dévouement prudent qui ne pouvait le compromettre aux yeux des uns ou des autres ; rôle de neutralité excessivement difficile à jouer, mais dont se tirait à merveille don Matias, grâce à sa timidité reconnue pour ne pas dire plus, et à son avarice qui passait pour sordide.

Don Ignacio, au contraire, s'était jeté résolûment dans le parti libéral ; il était devenu un des lieutenants les plus braves, les plus actifs et les plus intelligents de Juarès, le représentant de ce parti.

Don Ignacio se montrait en toutes circonstances un ennemi acharné des Français et du gouvernement impérial ; sa tentative de meurtre contre le général Dominguez, tentative qui n'échoua que par hasard, en est une preuve éclatante.

Le nouveau gouvernement se trouva très-embarrassé en cette circonstance; don Matias, chef de la famille était le propriétaire nominal de tous les biens de cette opulente maison ; il n'y avait pas à songer à une confiscation qui aurait soulevé une opposition générale, d'ailleurs l'empereur Maximilien voulait à tout prix s'assurer l'appui de cette famille puissante dont l'importance était immense; cependant il était impossible de laisser impunie l'agression commise par don Ignacio Vivanco contre le général Dominguez, cela aurait produit un trop mauvais effet parmi les partisans et les courtisans de l'empire. Comme tous les gouvernements nouveaux qui ne se sentent pas assez solidement étayés pour agir avec vigueur, le gouvernement impérial prit un terme moyen, tout en assurant don Matias Vivanco de son estime, de son bon vouloir, lui faisant une commande considérable de remonte pour l'armée française et la nouvelle armée mexicaine en voie d'organisation ; il mit don Ignacio Vivanco hors la loi, le décréta d'arrestation, puis finalement mit sa tête à prix de quinze mille piastres, ordonnant de lui courir sus comme à une bête fauve et de le tuer comme un chien s'il opposait la moindre résistance.

Le gouvernement impérial croyait ainsi tout concilier, il se trompait ; il ne faisait que dévoiler sa faiblesse d'une part, de l'autre prendre une mesure odieuse réprouvée par tous les honnêtes gens et qui, sans qu'il s'en doutât, portait un coup terrible à sa popularité de fraîche date, si chèrement achetée.

Maintenant don Matias et don Ignacio jouaient-ils, avec une perfection rare, un rôle à l'avance convenu entre eux ? c'est ce que nous ne saurions dire en ce moment, mais que l'avenir nous apprendra sans doute.

Don Ignacio Vivanco, par suite de certaines circonstances sur lesquelles nous n'avons pas à nous étendre ici, était resté célibataire ; quant à don Matias, il s'était marié ; à vingt-cinq ans environ il avait épousé doña Carmen d'Aguilar, sa cousine, beaucoup plus jeune que lui et qui, disait-on, avait été contrainte par sa famille de lui donner sa main; on prétendit alors, mais le fait ne fut jamais bien éclairci, que non-seulement doña Carmen d'Aguilar n'aimait pas don Matias Vivanco, mais bien plus qu'elle avait donné son cœur à don Ignacio ; ce qui est certain, c'est que don Ignacio refusa d'assister au mariage de son frère, que le jour même de sa célébration il s'embarqua pour l'Europe, et que pendant plusieurs années il voyagea dans toutes les contrées du vieux continent.

Le mariage de don Matias et de doña Carmen fut-il heureux ? on a des raisons pour en douter, bien que rien ne transpirât jamais au dehors ; don Matias vivait fort retiré dans son hacienda del Palmar, dont les portes ne s'ouvraient que très-rarement et très-difficilement devant quelques visiteurs privilégiés.

Quoi qu'il en soit doña Carmen mourut d'une maladie de langueur après neuf ans de mariage, laissant don Matias veuf à trente-quatre ans avec un fils âgé de huit ans.

Don Matias sans doute complétement guéri du mariage par l'épreuve qu'il en avait faite déclara qu'il ne se remarierait plus, ne voulant pas donner à son fils une belle-mère qui peut-être n'aurait pas pour lui toute l'affection nécessaire, et il tint parole.

Un enfant âgé de huit ans est assez gênant pour un homme ; il a impérieusement besoin de ces soins attentifs que seule une femme sait et peut donner ; la question était grave ; elle devait être tranchée au plus vite ; doña Santa d'Aguilar, mère de doña Carmen, avait un fils nommé don Tiburcio qui s'était marié presque en même temps que sa sœur et avait épousé doña Linda de Salaberry ; ce mariage était fort uni, les deux époux s'aimaient comme aux premiers jours de leur union ; ils avaient deux enfants qui se portaient à ravir, un fils nommé Carlos, du même âge à peu près que Horacio le fils de don Matias, et une fille nommée Flor qui avait tout au plus quatre mois ; il fut convenu que le jeune Horacio serait élevé dans la famille de don Tiburcio d'Aguilar et recevrait la même éducation que ses enfants.

Don Tiburcio avait fort aimé sa sœur, morte si jeune et si malheureusement ; il avait conservé d'elle le plus affectueux souvenir, ce fut lui qui proposa cet arrangement à son beau-frère.

Arrangement que don Matias accepta avec empressement, mais à la condition *sine qua non* posée par don Tiburcio que lui seul s'occuperait de l'éducation de l'enfant jusqu'à sa majorité, sans que son père pût s'opposer en rien à ce que don Tiburcio jugerait à propos de faire dans l'intérêt de son pupille. Les conventions ainsi stipulées et signées par les deux parties, don Matias, malgré les refus réitérés de son beau-frère, qui était fort riche, déposa entre ses mains une somme de cent mille piastres afin de subvenir à tous les frais nécessités par les soins à donner à l'enfant et ceux de son éducation.

Tout cela bien entendu, le petit Horacio quitta l'hacienda del Palmar et alla habiter l'hacienda de Buena-Vista appartenant à don Tiburcio et sa résidence ordinaire, située à quelques lieues de la ville de Puebla de los Angelès.

Un an environ après l'installation du jeune Horacio dans sa nouvelle famille, don Ignacio Vivanco débarqua au Mexique de retour de ses longs voyages en

— Je ne bougerai pas de cette place, répondit don Ignacio, passe on me nomme el Escondido, page 47

Europe; sa première visite fut pour don Tiburcio.

Don Tiburcio et don Ignacio eurent entre eux un entretien secret, à la suite duquel don Ignacio fit accepter pour son neveu une donation de deux cent mille plastres qui devaient être placées sur les fonds français et anglais et dont les intérêts s'accumuleraient sans qu'on y touchât jusqu'à la majorité du jeune homme, époque où intérêts et capital lui seraient remis pour lui faire en cas d'événements impossibles à prévoir une position indépendante.

Cette première visite de don Ignacio fut suivie de beaucoup d'autres; il paraissait avoir pris son neveu en grande affection; de son côté l'enfant le voyait avec plaisir et s'attachait de plus en plus à lui; quant à don Matias, dès qu'il eût assuré à sa satisfaction particulière la position de son fils, il ne s'en occupa plus le moins du monde et parut ne pas plus songer à lui que s'il était mort.

Don Matias Vivanco était une de ces organisations essentiellement personnelles et égoïstes qui ne voient rien en dehors d'elles-mêmes, et qui, lorsqu'elles ont strictement rempli les devoirs imposés par les convenances sociales, se croient complétement dégagées et en droit de vivre à leur guise sans se préoccuper des liens de parenté ou autres.

Les choses marchèrent ainsi pendant plusieurs années; les trois enfants chéris et choyés par don Tiburcio et doña Linda qui ne faisaient pas de différence entre eux et les aimaient également, grandissaient, gais, forts, heureux, s'aimant comme frères et sœur et ne songeant nullement à l'avenir. Horacio aurait probablement oublié l'existence de son père si deux fois chaque année, à des époques déterminées, don Tiburcio n'avait pris l'habitude de le conduire au Palmar, pour saluer son père et lui faire son compliment.

Don Matias ne témoignait ni plaisir ni déplaisir de ces visites ; il accueillait froidement son fils, lui faisait de longs discours sur la façon de se conduire dans le monde, et le voyait repartir avec une complète indifférence ; du reste ces visites étaient courtes ; elles ne se prolongeaient jamais au delà de vingt-quatre heures ; mais elles attristaient beaucoup l'enfant à qui on prenait soin d'inspirer beaucoup de respect pour son père qu'il aurait voulu aimer, mais dont chaque élan du cœur était repoussé par le regard froid et indifférent de don Matias ; aussi était-ce avec un véritable soulagement que Horacio quittait le Palmar pour retourner à Buena Vista.

Les trois enfants prenaient leurs leçons en commun, sous la surveillance de don Tiburcio qui leur avait donné les professeurs les plus habiles et les plus capables de leur apprendre tout ce qu'un homme doit savoir.

Les leçons portaient leurs fruits. Les enfants travaillaient sérieusement et avec le désir d'apprendre ; aussi leurs progrès étaient-ils rapides, et certes ils étaient plus avancés que presque tous les autres enfants de leur âge.

Horacio, bien qu'il eût une profonde affection pour son frère, ainsi qu'il nommait Carlos d'Aguilar, se sentait comme malgré lui entraîné vers Flor, sa sœur adoptive, charmant lutin aux yeux bleus et aux cheveux blonds, chose fort rare au Mexique, qui riait, dansait et taquinait continuellement ses frères qui lui rendaient la pareille. Flor était véritablement la joie de la maison qu'elle remplissait tout entière de son rire cristallin ; Horacio éprouvait pour elle une affection dont il n'essayait nullement de se défendre, et qui chaque jour se faisait plus forte ; il l'aidait dans ses devoirs, lui faisait apprendre ses leçons et lui rendait une foule de petits services dont l'insouciante fillette se montrait parfois fort peu reconnaissante, ce qui chagrinait fort Horacio, bien qu'il n'osât pas s'en plaindre ; puis d'autres fois, pour une niaiserie qui certes n'en valait pas la peine, elle le remerciait avec une effusion qu'il ne pouvait comprendre ; il ne se trouvait heureux que près d'elle, Flor se sentait irrésistiblement entraînée vers lui ; ils étaient toujours à rire, à babiller ou à disputer ensemble.

Les parents souriaient en voyant entre ces enfants cette affection dont ils ne pouvaient encore entrevoir toutes les conséquences.

Horacio et Carlos avaient quinze ans, Flor un peu plus de sept, quand survint un événement qui bouleversa complètement leur existence jusque-là si calme.

Au Mexique, où la masse de la population n'est comptée pour rien, et est systématiquement laissée dans un état d'ignorance si absolue, où les Indiens ont pour ainsi dire remplacé les esclaves, sont presque considérés comme des bêtes de somme et flétris par l'épithète outrageante de *gente sin razon*, c'est-à-dire gens sans raison, ce qui est le contraire de la vérité, deux partis se disputent le pouvoir.

Ces deux partis composés de la classe riche, métisse et blanche, prennent les noms de cléricaux et de libéraux.

D'où viennent ces appellations, on ne saurait le dire ; il n'y a chez les uns et chez les autres ni patriotisme, ni véritable désir de servir utilement le pays et de remédier aux maux sans nombre qui le minent et le conduisent à une ruine inévitable.

Les cléricaux sont les anciens partisans de l'Espagne ; ils essaient de rétablir à leur profit les privilèges dont ils jouissaient sous la domination de la mère patrie.

Les libéraux sont les métis créoles émancipés par la révolution ; parfois ils s'appuient sur les Indiens qu'ils flattent et auxquels ils font de belles promesses, et alors ils réussissent pour un temps à renverser leurs rivaux et à s'emparer du pouvoir.

Mais quelle que soit celle de ces deux classes dirigeantes qui gouverne, les procédés ne changent pas ; tyrannie, corruption et pillage organisé des caisses publiques, on ne sort pas de là.

Si l'empereur Maximilien, mieux conseillé, avait en débarquant émancipé les Indiens et s'était appuyé sur eux, comme ceux-ci l'espéraient un moment, il régnerait encore aujourd'hui et peut-être serait-il parvenu à régénérer le Mexique ; mais, au contraire, il s'appuya sur les cléricaux, les combla d'or, de places, servit sans même s'en douter leurs haines et leurs désirs de vengeance, et resta ainsi pour la masse du peuple un étranger amené par une armée ennemie, et par conséquent fut dès les premiers jours abandonné par les Indiens dont il avait déçu l'espoir ; il tomba au milieu, sinon de la haine mais du moins de l'indifférence de la majorité du peuple mexicain qu'il n'avait pas su connaître ni apprécier et qui, lui, ne le connut pas.

Juarès, chef du parti libéral, profita de cette faute, d'autant plus facilement que le droit était de son côté, et suivit une ligne diamétralement opposée; on connaît les résultats.

Don Tiburcio était le chef du parti clérical à Puebla de los Angeles, par conséquent l'adversaire de Juarès qu'il combattait par tous les moyens. Juarès était Indien, c'est-à-dire vindicatif ; dès qu'il se vit débarrassé de Miramon qui lui disputait la présidence, et maître du pouvoir, il voulut se venger de ses ennemis ; le premier auquel il songea fut don Tiburcio d'Aguilar.

Heureusement pour celui-ci, don Ignacio Vivanco, ami dévoué de Juarès, veillait ; à force de sollicitations, il parvint à obtenir du nouveau président, qui lui avait de grandes obligations, que sa vengeance se bornât à un exil volontaire d'une durée indéterminée, mais à la condition expresse que don Tiburcio partirait sans retard, non pas pour un pays quelconque de l'Amérique, mais pour l'Europe où il résiderait jusqu'à ce qu'il plût au président de le rappeler.

Don Ignacio se hâta de se rendre à Buena-Vista et d'avertir son ami du danger terrible qui le menaçait s'il ne se soumettait pas aux dures conditions qu'il avait acceptées pour lui.

Il n'y avait pas à hésiter ; don Tiburcio se résigna ; après avoir mis tant bien que mal ordre à ses affaires et avoir confié la direction de ses biens à don Ignacio, afin de les mettre à l'abri de toute confiscation, il se rendit à la Vera-Cruz avec sa femme, ses enfants et ses domestiques ; huit jours après, il faisait route pour la France.

Arrivé à Paris, don Tiburcio loua un hôtel rue Montaigne, plaça sa fille au couvent du Sacré-Cœur et ses deux fils au lycée Corneille.

Nous ne disons ses deux fils, car il ne fut pas un instant question de rendre Horacio à son père ; ce fut don Ignacio qui engagea son parent à emmener l'enfant avec lui : don Matias fut averti par une lettre de cette détermination qu'il approuva.

Don Tiburcio était riche ; il portait un des plus grands noms du Mexique ; il conquit facilement sa place au milieu de l'aristocratie française dont tous les salons lui furent ouverts ; bientôt son hôtel de la rue Montaigne devint le rendez-vous, non-seulement de toute la haute société parisienne, mais encore des émigrés mexicains parmi lesquels il retrouva des amis et des parents.

Quelques années s'écoulèrent. Doña Flor avait quinze ans, l'enfant était devenue une ravissante jeune fille ; sa mère l'avait retirée du couvent. Don Carlos et don Horacio avaient eux aussi depuis quelque temps terminé leurs études et habitaient deux appartements séparés dans l'hôtel. Don Horacio et doña Flor s'aimaient est-il besoin de le dire ? tous deux étaient demeurés fidèles à leur affection première ; leur amour était chaste, pur et réservé comme tous les sentiments vrais ; c'était bien réellement une de ces affections élevées, venant du cœur, sincère, profonde et que le temps augmente au lieu de la diminuer. Les deux jeunes gens savaient qu'ils s'aimaient sans se l'être dit jamais ; à quoi bon ? leur amour était leur vie entière, dès le premier instant ils s'étaient aimés.

Don Tiburcio, bien que cette passion des deux jeunes gens ne lui causât aucun déplaisir, jugea cependant prudent, à cause de son ignorance des intentions de don Matias Vivanco sur son fils, de prendre certaines précautions afin de mettre sa responsabilité à l'abri, et de ne s'exposer à aucun reproche ; il écrivit à don Matias qu'il était temps qu'il rappelât son fils auprès de lui, afin de veiller lui-même à son établissement, mais sans lui rien dire de la passion du jeune homme pour doña Flor.

La réponse ne se fit pas attendre : don Matias ordonnait à son fils, maintenant que ses études étaient terminées, de venir le rejoindre au plus vite, l'état de sa santé ne lui permettant pas de se passer de lui plus longtemps.

Don Horacio eut le cœur brisé par cet ordre imprévu ; mais la pensée ne lui vint pas un seul instant de résister à son père ; il fit tristement ses préparatifs de départ.

Ses adieux à doña Flor furent caractéristiques :
— Flor, lui dit-il avec une douleur contenue en lui prenant la main, mon père m'appelle près de lui ; j'obéis ; je pars dans une heure. Flor, je vous aime plus que ma vie, vous le savez ; rien ne pourra arracher cet amour de mon cœur ; si comme tout me le fait supposer, vous m'aimez vous aussi, je vous jure que, dussé-je attendre dix ans, plus même, je n'aurai jamais d'autre femme que vous.

Une larme, perle précieuse, trembla à la pointe des longs cils de la jeune fille.
— Faites votre devoir, Horacio, répondit-elle doucement avec un sourire angélique ; partez sans crainte ; si loin que vous alliez, mon cœur sera toujours avec vous ; je vous aime, mon cœur ne se donnera pas deux fois, il est à vous pour la vie ; croyez en moi comme je crois en vous ; je vous attendrai, je vous épouserai ; rien ne pourra, ni le temps, ni la distance, nous empêcher d'être heureux un jour.
— Votre parole est gravée dans mon cœur, soyez bénie, ma Flor bien-aimée.

Les deux jeunes gens se penchèrent l'un vers l'autre et échangèrent un chaste baiser sur le front.
— Nous sommes fiancés, murmura tendrement la jeune fille qui devint cramoisie de pudeur et d'émotion.
— Pour la vie ! s'écria Horacio avec âme.

Don Carlos accompagna son cousin jusqu'au Havre où celui-ci allait s'embarquer ; le trajet fut triste et silencieux.

Sur le pont du paquebot, au moment de se séparer, don Carlos serra avec force la main de son cousin :
— Mon frère, lui dit-il, les deux jeunes gens se nommaient ainsi, tu aimes Flor et elle t'aime ?
— Oui ; répondit simplement Horacio.
— Pars sans inquiétude, ma sœur m'a tout confié ; et il ajouta, avec intention, je t'écrirai.

Les deux jeunes gens tombèrent dans les bras l'un de l'autre, et se tinrent longtemps embrassés ; en lui disant : je t'écrirai, don Carlos avait rendu la vie et le courage à don Horacio ; ce que doña Flor ne pouvait faire, lui il le ferait.

Le jeune homme partit presque joyeux.

En arrivant à l'hacienda du Palmar, il fut obligé de dire son nom à son père qui d'abord ne le reconnut pas ; d'ailleurs, l'accueil qu'il reçut de lui fut cordial, presque affectueux.

Don Matias mit son fils à la tête de l'hacienda.

La vie que menait le jeune homme lui était fort agréable, en ce sens qu'elle convenait parfaitement à son caractère rêveur et un peu romanesque. Presque constamment à cheval, galopant par monts et vaux, il pouvait en toute liberté se livrer à son amour en pensant à doña Flor.

Chaque paquebot, à son départ de la Vera-Cruz, emportait une lettre pour don Carlos d'Aguilar ; chaque paquebot à son arrivée en rapportait une pour don Horacio.

Ces lettres renfermaient toute la vie du jeune homme, les jours se passaient pour lui à attendre ces chères missives qui lui apportaient le bonheur en lui rendant l'espoir.

Les choses demeurèrent ainsi pendant deux ans ; un soir en dînant, don Matias demanda en souriant à son fils s'il ne songeait pas à se marier.

— Oui, répondit don Horacio sur le même ton, mais pas encore, mon père, la femme que je dois épouser n'est pas ici.

Don Matias ne comprit pas la réponse énigmatique de son fils ; mais comme il n'attachait pas grande importance à la question qu'il avait faite, il ne demanda pas d'explications et n'insista pas sur ce sujet.

— Quand il vous plaira, mon fils, dit-il.

Et il n'en fut plus autrement question.

Un jour le bruit se répandit que la France, l'Espagne et l'Angleterre, ne pouvant obtenir satisfaction de certains griefs fort graves, avaient résolu pour en finir de tenter en commun une intervention auprès du gouvernement mexicain. Ce bruit se changea promptement en certitude, et bientôt les flottes alliées apparurent devant la Vera-Cruz.

A cette démonstration menaçante, les Mexicains furent frappés de stupeur, mais cette épouvante disparut presque aussitôt ; avec cette jactance narquoise qui est le côté saillant de leur caractère, et qu'ils ont héritée des Andalous leurs ancêtres, les Mexicains se mirent à rire en disant :

— Bah ! qu'ils viennent, le général *Vomito* combattra pour nous.

En effet, le général *Vomito* combattit ; ce fut même le plus rude adversaire des Français demeurés seuls après le traité de la Soledad ; mais malgré tout le mal qu'il fit aux Français, il ne put les empêcher d'entrer à Mexico et de là de se répandre dans tout le Mexique.

Avec les Français et à leur suite arrivèrent les émigrés mexicains ; parmi eux se trouva naturellement la famille d'Aguilar.

Don Tiburcio, quoique clérical, n'approuvait pas l'intervention française dans son pays ; il résolut de se tenir à l'écart afin de voir venir et d'attendre la tournure que prendraient les événements. Après avoir débarqué à la Vera-Cruz, au lieu de se rendre à Mexico comme faisaient tous les autres, il se retira à Medellin, charmante *villa* située à deux ou trois lieues de la Vera-Cruz, dans une maison qu'il y possédait.

Don Horacio se hâta d'aller visiter son oncle ; don Tiburcio le reçut à bras ouverts ainsi que doña Linda, mais doña Flor se montra froide, embarrassée ; elle était fort entourée d'officiers français qui avaient fait la traversée sur le même bâtiment que sa famille ; ces officiers se montraient fort galants avec elle ; le jeune homme eut le cœur brisé par cet accueil froid, réservé et compassé auquel il était si loin de s'attendre ; il s'informa de don Carlos, espérant obtenir de lui quelques renseignements ; don Carlos était absent ; il était parti la veille, disait-on, pour rejoindre à Mexico l'empereur Maximilien qui y était arrivé depuis quelques jours. Parmi les officiers français les plus assidus auprès de doña Flor, on en désigna un à don Horacio : c'était un brillant officier de chasseurs qui, d'après ce qu'on assurait, allait avant peu épouser la jeune fille.

Don Horacio, tombé du haut de ses rêves, se retira la mort dans le cœur, en se jurant de ne jamais remettre les pieds dans cette maison où toutes ses illusions s'étaient si brutalement évanouies pour faire place à une affreuse réalité.

Chaque jour il allait rôder autour de Medellin ; parfois de loin et sans être vu de doña Flor il l'apercevait gaie, heureuse, souriante, entourée d'un essaim de jeunes officiers qui semblaient lui former une cour.

Il revenait d'une de ces tristes expéditions lorsque le hasard le mit en face du capitaine de Bussy auquel il sauva si généreusement la vie.

Maintenant que nous avons fait connaître au lecteur notre principal personnage, nous reprendrons notre récit au point où nous l'avons interrompu, c'est-à-dire au moment où le mayordomo don Lopez allait entrer dans la salle à manger où le jeune homme, demeuré seul, rêvait tristement à son amour trompé et à son bonheur détruit.

III

DANS LEQUEL DON LOPEZ SE DESSINE.

La porte s'ouvrit et don Lopez parut.

Le mayordomo demeura un instant immobile, sur le seuil, les yeux fixés sur le jeune homme avec une expression de dévouement et de douleur indicible, puis il hocha tristement la tête à plusieurs reprises.

— Il souffre, le pauvre enfant, murmura-t-il entre ses dents, il souffre et voilà déjà longtemps qu'il en est ainsi ; lui si gai, si joyeux, il y a à peine un mois, le voilà maintenant, sombre, pensif, ne voyant et n'entendant rien ; qui peut le rendre ainsi malheureux ? Lui, si beau, si brave, si riche et si aimé de tous ceux qui le connaissent ; et il ne dit rien, il ne répond à aucune question ; Demonios ! c'est à en devenir fou !

Et saisissant machinalement une coupe entre ses doigts crispés, il la brisa sur la table. A ce bruit inattendu le jeune homme tressaillit et releva tristement la tête comme un homme réveillé en sursaut.

— Hein ! qu'est cela ? s'écria-t-il.

— C'est moi, Seigneurie, veuillez me pardonner, répondit don Lopez tout penaud de la sottise qu'il avait faite, j'ai cassé cette coupe je ne sais comment ; je suis d'une maladresse !...

Le jeune homme partit d'un franc éclat de rire.

— Ah ! c'est toi mon bon Lopez, dit-il.

— Vous riez, Seigneurie, tant mieux ; alors il paraît que le mal n'est pas aussi grand que je le craignais.

— Ce n'est rien, ne t'occupe pas de cela ; à propos tu es ici pour quelque chose, tu as à me parler, je crois.

— Oui, señor don Horacio, si Votre Seigneurie daigne me permettre.

— D'abord, interrompit vivement le jeune homme, il est une chose que je ne te permettrai jamais et que je t'ai même péremptoirement défendue.
— A moi, Seigneurie?
— Oui, à toi; tu oublies toujours que je ne veux ni de Seigneur don Horacio ni de Seigneurie, entre nous.
— Cependant, le respect...
— Va te promener avec ton respect. Que tu t'obstines à me traiter ainsi devant des étrangers, passe encore, je le souffre pour ne pas te contrarier, mais entre nous je te répète que je ne le veux pas ; tu es mon père nourricier, le mari de cette bonne Incarnacion dont j'ai si longtemps sucé le lait de moitié avec Torribio ton fils; donc je suis votre enfant à tous deux et le frère de Torribio ; j'entends que vous me traitiez tous comme tel; ne m'oblige pas à te le redire, cela me fait de la peine, me chagrine, il me semble que vous ne m'aimez plus.
— Ne plus vous aimer ! Jésus ! moi qui donnerais avec joie ma vie pour vous éviter une contrariété; vous ne pensez pas à ce que vous dites Seign..., Horacio je veux dire, s'écria le digne homme avec un véritable chagrin.
— Allons! allons! calme-toi, tatita, dit-il en riant, tu sais bien que je ne le pense pas.
— A la bonne heure, voilà qui est parler.
— Et ma nourrice, comment va-t-elle ?
— Bien petitement, elle commence à vieillir.
— C'est vrai, fit-il avec sentiment ; mais toi, qui est plus vieux qu'elle, tu es encore droit et robuste comme un chêne.
— C'est vrai que je suis solide, fit-il avec satisfaction, mais moi je suis un homme.
— Et un fier homme j'en réponds ; et mon frère, voilà deux jours que je ne l'ai vu ?
— Il est arrivé ce soir, votre père l'avait, vous le savez, envoyé à la Vera-Cruz.
— C'est vrai, je n'y songeais pas : maintenant assieds-toi là près de moi et causons ; ah! pas de cérémonies, ou je me fâche.
— Ce sera donc pour vous obéir. Seign..., Horacio, veux-je dire.
— Voyons de quoi s'agit-il.
Le front de don Lopez se rembrunit.
— D'une affaire très sérieuse, fit-il à voix basse.
— Comme tu me dis cela ?
— C'est que la chose est grave.
— Hâte-toi alors de me la faire connaître.
— Attendez un instant.
Il se leva et sortit, mais rentra aussitôt.
— D'où viens-tu ? lui demanda le jeune homme.
— J'ai envoyé les domestiques se coucher; Torribio nous suffira, il sera dans le zaguan avant cinq minutes, il nous attendra, je lui ai donné mes instructions.
— Sais-tu que tu m'inquiètes, Lopez, je ne t'ai jamais vu comme aujourd'hui.
— Ah! fit-il en soupirant, c'est que mes yeux ont vu aujourd'hui ce que je pensais qu'ils ne verraient jamais : un frère insulter son frère proscrit, le menacer et le chasser comme un misérable de la maison de son père ; et pourtant voilà deux cents ans que de père en fils nous sommes mayordomos de l'hacienda del Palmar! vive Dios ! non, ajouta-t-il en hochant la tête, depuis que cette hacienda existe, jamais pareille chose ne s'y est passée.
— Au nom du ciel, Lopez, explique-toi, s'écria don Horacio d'une voix frémissante, tu me fais mourir d'inquiétude.
— C'est vrai, j'ai tort, je radote; excusez-moi, je vieillis ; c'est que l'honneur de votre famille est aussi le mien voyez-vous ; les Aguirre Lopez sont liés aux Bustamante par un dévouement séculaire, qui touche aux uns touche aux autres ; mais mieux vaut en finir tout de suite, si je tardais plus longtemps je n'aurais plus le courage de parler et il faut que vous sachiez tout, il le faut !.... écoutez moi donc.
— Parlez mon vieil ami, je vous écoute.
— Vous êtes bon, vous me donnez du courage, merci ; vous savez que le général don Vicente Dominguez (1), ce misérable traître qui nous a valu l'invasion des Français maudits et a causé la ruine de notre malheureuse patrie si éprouvée et si déchirée déjà par ses continuelles dissensions intestines, vous savez, dis-je, qu'il y a quelques jours, à Puente National, ce misérable Dominguez a été à l'improviste attaqué par des patriotes, dangereusement blessé, et que si un détachement français n'était pas arrivé il aurait été tué comme un chien, ainsi qu'il le mérite si bien.
— Je sais cela, Lopez; je sais même que mon oncle le colonel don Ignacio Vivanco a été hautement accusé d'avoir dirigé en personne cette attaque contre le général Dominguez, de l'avoir blessé de sa propre main, et que sa tête est mise à prix de quinze mille pesos.
— Oui, oui, don Ignacio de Bustamante, l'honneur, et la loyauté personnifiés, un patriote sincère, dévoué à son pays et qui ne veut accepter le joug ni des Allemands ni des Français, est traité comme une bête fauve, un chien enragé, parce qu'il a voulu châtier un misérable. Voilà comment on nous traite, nous Mexicains libres ; si nous ne voulons pas être lâches et fourbes, on nous prend, on nous fusille et on nous appelle rebelles !
— Calmez-vous, je vous en supplie, Lopez, et venez au fait.
— C'est juste, je m'égare, pardon, mais mon sang bout, et tout en moi se révolte quand je songe à ces horibles trahisons et à la tyrannie qu'on nous impose. Mais patience, l'Indien n'est pas mort, grâce à Dieu !.... Mais c'est fini maintenant, je me sens plus calme écoutez donc : Ce matin, vers six heures, un

---

1. Nous avertissons une fois pour toutes le lecteur que cette histoire est *rigoureusement vraie*, que toutes les pièces sont entre nos mains, mais que pour des raisons de convenance, faciles à comprendre, nous avons changé les lieux et les noms, qu'il sera facile de rétablir si on l'exige.

G. AIMARD.

peu après votre départ pour la chasse, j'étais sorti en compagnie du señor don Matias de Bustamente, votre père qui désirait visiter les *corales* dans lesquelles ont été parqués les chevaux que, selon ses ordres, j'ai fait, depuis un mois, *lacer* sur ses domaines de la *Tierra-Caliente*, et qu'il a vendus à l'intendance française. Après une visite minutieuse dont votre señor père paraissait satisfait, je revenais vers l'hacienda côte à côte avec lui, écoutant, sans répondre un mot, les longs discours que le digne señor me faisait sur les bienfaits de l'invasion française, l'avantage du gouvernement impérial et le bonheur dont jouirait certainement le Mexique sous le sceptre triomphant de l'empereur Maximilien d'Autriche qui, depuis quelques jours est débarqué à la Vera-Cruz où, par parenthèse, il a été fort mal accueilli par la population; je laissais parler le vieux seigneur sans le contredire. A quoi bon discuter avec lui, il tremble pour sa fortune, et s'est fait Français ou Allemand, que sais-je? pour la conserver; aucun raisonnement ne le ferait changer d'avis; je le laissais donc enfiler tout à son aise les paroles les unes après les autres sans autrement m'en soucier.

— Et vous faisiez bien. Lopez, que mon père ait tort ou raison d'agir ainsi, ce n'est ni à vous ni à moi de lui adresser des observations; à son âge on a souvent certaines idées d'intérêt personnel qui doivent être respectées, si fausses ou si injustes qu'elles paraissent.

— C'est aussi mon avis; je le laissais donc parler tout seul; il était environ onze heures du matin, nous n'étions plus qu'à une lieue tout au plus de Palmar, et nous allions traverser le bois de citronniers et de grenadiers situé près de la mare aux Chevreuils, lorsqu'en passant devant la busquet naturel de capoulins, une grande ombre sortit d'un fouillis de verdure et se dressa tout à coup devant nous; cette apparition fut même si subite et si imprévue que nos chevaux s'effrayèrent et firent un écart si brusque que don Matias, qui cependant est un gineto renommé, faillit être désarçonné. J'avais, du premier regard, reconnu l'homme qui se présentait ainsi devant nous.

— C'était mon oncle! s'écria don Horacio.

— Lui-même, mi amo, mais dans quel déplorable état! les larmes m'en viennent encore aux yeux en ce moment, rien que de me le rappeler : il était maigre, hâve, défait; ses vêtements n'étaient plus que des lambeaux sans nom, des guenilles informes, il chancelait et se soutenait avec peine en s'appuyant sur un tamarinier; don Ignacio était tellement changé que dans le premier moment son frère ne le reconnut pas. Ils se regardèrent pendant un instant en silence; votre père était pâle, il avait les traits bouleversés, les yeux injectés de sang et un tremblement convulsif agitait tout son corps; ce fut lui cependant qui le premier prit la parole :

— Malheureux, s'écria-t-il d'une voix rauque, pourquoi êtes-vous ici? que venez-vous y faire? voulez-vous donc par votre présence causer ma ruine et ma mort?

— Mon frère! répondit doucement don Ignacio.

— Je n'ai pas de frère parmi les rebelles et les assassins! interrompit-il avec violence, je suis dévoué au gouvernement et sujet loyal de l'empereur.

— Mon frère, reprit avec le même calme don Ignacio, je défends la cause sainte de la liberté, je sers mon pays en combattant les envahisseurs étrangers, je suis la voie que mon patriotisme et mon honneur m'indiquent.

— Retirez-vous, je ne vous connais pas, je ne veux pas vous connaître, reprit don Matias dont la voix tremblait de plus en plus, si votre présence ici était connue, je serais perdu, et tout ce que j'ai fait jusqu'à ce jour pour mettre ma fortune et moi à l'abri des maîtres actuels du Mexique serait inutile; mes ennemis n'attendent qu'une occasion pour me perdre; retirez-vous, vous dis-je, je ne vous connais pas.

— Soit! la peur vous fait oublier tous les liens du sang, l'avarice vous donne un cœur de tigre, je ne m'abaisserai pas à des supplications déshonorantes, vous n'êtes plus mon frère, vous êtes mon ennemi le plus cruel. Eh bien! cette occasion, que vous attendez sans doute, de mettre le sceau à votre lâche conduite en donnant à vos nouveaux maîtres un dernier gage de votre infamie servile et odieuse, cette occasion, je vous l'offre; je suis brisé de fatigue, à demi mort de faim, incapable de me défendre; dénoncez-moi, livrez-moi aux bourreaux, gagnez la prime de quinze mille piastres offerte pour ma tête, la voici, prenez-la, je ne vous la disputerai pas.

— Je le devrais peut-être! s'écria don Mathias au comble de la fureur, arrière misérable, laissez-moi passer.

— Je ne bougerai pas de cette place, répondit don Ignacio dont l'œil lança un fulgurant éclair, passe donc sur mon corps si tu l'oses, mais prends garde que notre père ne se lève de sa tombe pour te poursuivre de la malédiction divine en te criant : Caïn! Caïn! qu'as-tu fait de ton frère?...

Et, faisant un pas en avant, don Ignacio chancela comme un homme ivre, essaya de se retenir machinalement, battit l'air de ses bras et vint rouler, privé de sentiment, devant les pieds du cheval de son frère.

— Oh! c'est affreux, s'écria don Horacio en cachant sa tête dans ses mains.

— Oui, affreux, reprit sourdement le mayordomo, don Matias demeura un instant comme frappé de stupeur, ses yeux sans regard roulaient dans leur orbite, puis tout à coup il poussa un cri rauque, un rugissement de tigre aux abois, enleva son cheval, le fit bondir par-dessus le corps étendu de don Ignacio et s'élança ventre à terre dans la direction de l'hacienda en répétant comme saisi d'une folie subite :

— Caïn! Caïn! non, non, je n'ai pas de frère!

Je me jetai à bas de cheval, je cachai le malheureux don Ignacio dans le bosquet de capoulins, puis je me lançai à la poursuite de don Matias. J'arrivai en même temps que lui à l'hacienda; son état était affreux, il ne voyait et n'entendait rien, il n'avait plus conscience de lui-même; quand il voulut mettre pied à terre, il tomba comme une masse, et, si je n'avais réussi à le saisir dans mes bras, il se serait brisé le crâne sur le pavé de la cour, je le transportai dans sa chambre à

coucher et je le confiai à Antonio qui est dévoué et discret.
— Et depuis ?
— Il est tombé dans une espèce d'affaissement moral inexplicable ; il ne semble pas souffrir, cependant tout son corps est agité d'un tremblement convulsif, ses regards égarés sont sans cesse à fureter autour de lui, il s'est blotti dans l'angle le plus obscur de sa chambre et répète sans cesse la même phrase :
— Caïn !... non ! je ne suis pas Caïn ! je n'ai pas de frère ! cachez-moi ! cachez-moi ! les voilà !... l'or ! c'est à l'or qu'ils en veulent.
— Mon Dieu ! mon père serait-il fou ? s'écria don Horacio avec angoisse. Oh ! il ne me manquerait plus que cet horrible malheur !
— Non, répondit-il avec amertume, il n'est pas fou, il tremble de peur et d'avarice, il lutte avec le sentiment que malgré lui il éprouve pour son frère, le choc a été rude, mais il en reviendra ; d'ailleurs, depuis le coucher du soleil, il semble se calmer, j'ai même réussi à lui faire prendre quelques aliments ; il n'est pas fou, mais peut-être son intelligence affaiblie se ressentira-t-elle toujours de cet horrible coup.
— Oh ! je veux le voir !
— Gardez-vous-en bien ; le bruit le plus léger redouble ses terreurs, d'ailleurs il ne reconnaît personne que Antonio ; quand par hasard ses yeux se fixent sur moi, il frissonne comme s'il voyait un ennemi. Laissez passer cette nuit, la violence même de cette crise affreuse en amènera promptement la fin ; dans l'intérêt de votre père, il ne doit voir personne, et surtout il est important que tout le monde ignore ce qui s'est passé.
— C'est vrai, tu as raison, Lopez, mais c'est mon père, je l'aime ; quelle que soit sa conduite, je ne puis, je n'ose le juger ; il souffre, il est malheureux, je voudrais le consoler ; l'amour d'un fils peut beaucoup.
— Dans le cas qui se présente, vous précipiteriez peut-être la crise qui doit décider de son sort, et, au lieu d'être salutaire, peut-être par votre présence la rendriez-vous fatale en surexcitant encore une imagination qui n'a été que trop rudement frappée ; je vous en supplie, pour vous, pour votre père, n'insistez pas dans votre désir de le voir.
— Tu le veux, mon vieil ami, je t'obéirai, quoique ce soit bien cruel pour un fils de ne pouvoir embrasser et consoler son père dont le désespoir menace de briser la raison.
Il y eut un long silence entre les deux hommes.
Le mayordomo avait encore quelque chose à dire, cela se lisait clairement dans ses yeux, mais il hésitait et ne savait comment renouer l'entretien.
Quant à don Horacio, complètement absorbé par sa douleur, il semblait avoir tout oublié pour ne se souvenir que de l'état affreux dans lequel se trouvait son père.
Enfin, lorsqu'il fut parvenu à dominer à peu près l'émotion poignante qui lui serrait le cœur, le jeune homme releva la tête :
— Tu m'as dit des choses bien dures sur mon père et qui ne devraient pas s'échapper de la bouche d'un vieux et dévoué serviteur comme toi, Lopez, dit-il

d'une voix douce, cela m'a fait mal ; crois-tu donc que, parce que je ne dis rien et semble indifférent à ce qui se passe ici, j'ignore ou j'approuve ce qui se fait ? je suis le premier à en gémir ; mais que puis-je contre mon père ? Est-ce donc à toi à me jeter brutalement au visage des accusations justes peut-être, mais que je ne saurais entendre ? Assez, ne revenons plus là-dessus, ajouta-t-il en l'arrêtant d'un geste, n'essaie pas te disculper, c'est inutile ; je fais la part de la douleur que tu as dû éprouver et je te pardonne, mais à l'avenir que jamais des paroles semblables ne soient prononcées par toi en ma présence, je ne saurais les souffrir.
Le vieux serviteur baissa la tête sous cette dure réprimande et essuya furtivement une larme qui tremblait au bord de sa paupière.
Don Horacio reprit au bout d'un instant :
— Tu ne parles pas de mon oncle ?
— Votre oncle ? fit-il en hésitant.
— Oui, reprit le jeune homme avec force, toi, qui accuses ton maître, aurais-tu été lâche aussi ? l'aurais-tu abandonné ainsi sans secours, mourant sur le chemin ?
— Don Horacio, vous êtes cruel pour votre vieux serviteur, que puis-je dire ? sais-je seulement s'il m'est permis d'être vrai ? Votre père s'est mis du côté des Allemands, ce soir vous avez donné l'hospitalité à des Français, vous les avez introduits sous votre toit et accueillis à votre table ; que dois-je penser ? que dois-je croire ?
— Tu ne dois rien penser ni croire de mal sur moi, Lopez, ce n'est pas à toi de me juger. Sais-tu quelles sont mes pensées ? comment oses-tu essayer de scruter les secrets enfouis dans le plus profond de mon cœur ? suis-je donc un enfant qu'on mène à la lisière ? Réponds-moi sans ambages ni hésitation, franchement et loyalement comme un brave serviteur que tu es.
— Vous me le permettez, don Horacio.
— Je l'exige.
— Eh bien ! puisqu'il en est ainsi, vous saurez tout, d'ailleurs j'ai confiance dans votre cœur, je suis votre père nourricier et je vous connais mieux que vous ne vous connaissez vous-même ; malgré votre apparente indolence, j'ai foi en vous.
— Parleras-tu, vieux radoteur ? dit le jeune homme en souriant.
— Eh bien ! voilà ce que j'ai fait : Après avoir confié votre père à Antonio je suis retourné à franc étrier près de votre oncle ; il était toujours dans le bosquet à l'endroit où je l'avais caché, il n'avait pas repris connaissance ; je l'ai ficelé comme une carotte de tabac dans mon zarapé, je l'ai jeté sur le cou de mon cheval et je suis rentré avec lui à l'hacienda ; les peones étaient occupés de différents côtés, personne ne m'a vu. Aidé par Torribio, j'ai transporté don Ignacio, toujours évanoui, dans l'appartement secret que votre père, vous et moi connaissons seuls, Torribio ne compte pas, c'est mon fils ; j'avais eu soin avant de quitter votre père de lui enlever la clé qu'il porte toujours à son cou ; quand il s'apercevra qu'elle lui manque, il croira l'avoir perdue. J'ai eu beaucoup de

peine à faire revenir don Ignacio, il était tellement faible qu'un instant je l'ai cru mort ; depuis cinq jours il n'avait rien pris que quelques fruits trouvés par hasard, et pourtant, quand il a ouvert les yeux et qu'il a reconnu en quel lieu il était, son premier mouvement a été pour se lever et partir; il ne voulait pas demeurer un instant de plus sous le toit du frère dénaturé qui l'avait si odieusement chassé, ce sont ses propres paroles. Il m'a durement reproché de l'avoir amené à l'hacienda, il ne voulait écouter aucun raisonnement ni même accepter les rafraîchissements que je lui présentais : il exigeait que je le reconduisisse à l'endroit où je l'avais trouvé et que je l'abandonnasse à son sort, préférant tout à demeurer un instant de plus ici. Je ne savais plus que lui dire pour le retenir ou le faire consentir à réparer au moins ses forces ; à bout de raisonnements, je mentis.

— Toi, Lopez ?

— Oui, señor, pour la première fois de ma vie ; mais c'était pour sauver le frère de mon maître ; Dieu veuille que vous me pardonniez cette faute.

— Je ne te comprends pas.

— Voyant que don Ignacio ne voulait rien entendre, reprit-il avec hésitation, je lui dis d'un air délibéré qu'il avait tort de s'en prendre ainsi à moi, que je n'étais qu'un serviteur et que, s'il me voyait près de lui, c'était par votre ordre ; alors je lui racontai, Dieu me pardonne ce mensonge ! mais je le faisais dans une bonne intention, je lui racontai que, quelques minutes après le départ de don Matias et sans vous douter de ce qui s'était passé entre lui et son frère, le hasard vous avait conduit dans le même endroit à la poursuite d'un chevreuil, que vous l'aviez trouvé étendu sans connaissance à l'endroit où il était tombé, que vous l'aviez enveloppé dans votre zarapé, mis sur votre cheval et que vous l'aviez conduit dans la chambre secrète, mais que, redoutant de donner l'éveil et de révéler sa présence dans l'hacienda, sachant que sa tête était mise à prix, vous m'aviez chargé de veiller sur lui jusqu'à ce que vous trouviez une occasion propice de lui faire visite. C'est tout, señor, car, lorsque don Ignacio a su que c'était à vous qu'il devait la vie, ses traits ont changé subitement, il n'a plus insisté pour partir et a accepté la nourriture dont il avait un si pressant besoin.

— Tu as fait cela, Lopez ! s'écria le jeune homme avec explosion.

— Pardonnez-moi, mi amô, c'était pour...

— Te pardonner ! interrompit-il les yeux pleins de larmes, je te remercie du fond du cœur au contraire ; ah ! mon vieil ami, tu as raison, tu me connais mieux que je ne me connais moi-même. Merci, merci encore ; tiens, regarde, je pleure, mais c'est de joie, mon cœur était trop gonflé ; ces larmes sont douces, elles me font du bien ! Embrasse-moi, mon père ! je t'aime.

— Oh ! de grand cœur ! s'écria don Lopez en ouvrant ses bras.

Les deux hommes restèrent serrés dans les bras l'un de l'autre pendant quelques instants.

— C'est Dieu qui t'a bien réellement inspiré ce généreux mensonge, dit le jeune homme lorsque son émotion fut un peu calmée, mais sois tranquille, je

ne te démentirai pas. Les domestiques sont-ils couchés?

— Tout le monde dort, excepté Torribio et nous.

— Bien ; prends des vêtements, des armes, des munitions, pendant que je monterai un instant à ma chambre à coucher, et va m'attendre près de la chambre secrète, dans un instant je te rejoindrai.

— C'est entendu, mi amô, et Torribio ?

— Il veillera sur nous ; les Français sont couchés, n'est-ce pas ?

— Depuis plus d'une heure, ils dorment comme des opossums ; pourquoi diable les avez-vous conduits ici ?

— Je les ai empêchés d'être assassinés par le Pinto sur le chemin de Paso de Ovejas ; j'admets le combat au grand jour à forces égales, je ne comprends pas l'assassinat ; d'ailleurs, ajouta-t-il avec un sourire d'une expression singulière, le hasard comme toujours m'a bien servi, j'aurais donné beaucoup pour trouver l'occasion de faire connaissance avec ce capitaine français.

— Eh quoi señor ?

— Je te l'ai dit de ne pas me juger, Lopez, dit-il un peu sèchement, ce qui te semble obscur aujourd'hui s'éclaircira bientôt, je l'espère, et alors...

Il s'interrompit et, changeant de ton, il reprit au bout d'un instant :

— Va, mon vieil ami, hâte-toi ; don Ignacio doit être impatient de me voir maintenant que tu lui as annoncé ma visite.

— C'est juste ! dit le mayordomo.

Et il sortit vivement de la salle à manger.

Dix minutes plus tard, les deux hommes se retrouvèrent dans un délicieux cabinet de travail ayant vue sur les magnifiques jardins de l'hacienda.

Ce cabinet de travail, garni de hautes bibliothèques renfermant les œuvres des plus célèbres écrivains de la France, de l'Espagne, de l'Italie, de l'Angleterre et de l'Allemagne, était la pièce de prédilection de don Horacio ; c'était là que, pendant de longues heures, il venait étudier et plus souvent rêver, sans crainte d'être dérangé par personne, car tout le monde dans l'hacienda, et don Matias le premier, respectait ce refuge privilégié du jeune homme.

Don Horacio s'approcha de la muraille à un endroit où un cabinet, chargé de curiosités de toutes sortes, était adossé, il ouvrit un des tiroirs du cabinet et poussa un ressort admirablement dissimulé dans un nœud du bois ; tout un pan de mur tourna aussitôt sur lui-même avec les meubles, les tableaux et les bibliothèques qui s'y trouvaient appliqués et découvrit un escalier qui semblait s'enfoncer en terre.

Les deux hommes passèrent, le pan de mur reprit sa place ; don Horacio descendit éclairé par la lueur d'une lanterne dont le mayordomo avait eu soin de se munir ; après avoir franchi une dizaine de marches, ils se trouvèrent dans une espèce de cave sans issue apparente.

Don Horacio fit jouer un second ressort, une porte fut démasquée ; cette porte était entièrement recouverte de lames de fer ; don Lopez prit une clé microscopique dans la poche de son dolman et ouvrit la porte.

Ils se trouvèrent alors dans une chambre meublée

Dans un salon luxueusement meublé d'un magnifique hôtel, deux dames étaient assises.

avec soin; cette chambre était éclairée par une lampe à verre dépoli descendant du plafond.

Don Ignacio était étendu sur un lit placé dans un angle de la pièce.

Il dormait profondément.

IV

DANS LEQUEL L'ONCLE ET LE NEVEU FINISSENT PAR S'ENTENDRE.

Le visage pâle du proscrit, ses traits amaigris sur lesquels se lisaient de longues souffrances fièrement supportées, étaient calmes, reposés; on voyait au premier regard que l'homme qui dormait ainsi ne conservait aucune appréhension dans son sommeil et qu'il se savait en sûreté.

Sur la table, placée près du lit, se trouvaient quelques reliefs d'un repas, un verre à demi vide et, près d'une assiette, un volume des *Essais de Montaigne* ouvert sur lequel reposait, placé en pal, un poignard à lame triangulaire d'un acier bleuâtre, dont le manche était en argent merveilleusement ciselé par un artiste florentin du seizième siècle.

Bien que don Matias et don Ignacio parussent, à première vue, n'avoir entre eux aucune ressemblance, cependant lorsqu'ils étaient l'un près de l'autre on les reconnaissait immédiatement pour frères; seulement les traits de l'un étaient l'exagération bouffonne, presque la *charge* (qu'on nous passe cette expression aujourd'hui consacrée) des traits de l'autre.

L'un, don Ignacio, était un fier cavalier de haute taille, admirablement proportionné, sec, nerveux, élégant, au front large, au regard d'aigle, au teint olivâtre, aux pommettes saillantes, au nez recourbé en bec d'oiseau de proie sur une rude moustache, à la bouche sensuelle garnie de dents éblouissantes et au menton carré disparaissant à demi sous la royale, enfin le type héroïque du Cid Campeador, le guerrier légendaire, en exagérant ce type Cervantès a obtenu don Quichotte ; tel était aussi don Matias, seulement c'était le don Quichotte honteux, au dos voûté, au regard clignottant et faux, au sourire méchant, au front fuyant et aux mains longues, maigres et crochues comme une serre d'épervier.

Tandis que don Horacio s'asseyait près de son oncle dont il surveillait le sommeil d'un œil inquiet, le mayordomo allait poser sur un meuble les vêtements qu'il avait apportés et appuyer contre la muraille des armes de précision, fusils et revolvers d'un grand prix, puis, ce devoir accompli, il vint à pas de loup s'asseoir au pied du lit.

Le sommeil réparateur du proscrit se prolongea ainsi, calme et reposé, jusqu'à plus de quatre heures du matin, sans que don Horacio ou le mayordomo changeassent de position et sentissent un seul instant le besoin de dormir. Au bruit de la demie après quatre heures, sonnant à la grande horloge de l'hacienda, don Ignacio ouvrit les yeux ; son premier regard tomba sur son neveu penché vers lui.

Il sourit et lui tendit la main.

— Vous êtes là, Horacio, dit-il d'une voix affectueuse, tant mieux, je suis heureux de vous voir ; je rêvais et dans mon rêve vous étiez près de moi, mon enfant.

— Moi, mon oncle ?

— Oui, c'était au milieu d'une bataille, nous chargions côte à côte les Français aux cris de : Mort à l'envahisseur étranger ! Vive la liberté ! Et nous les voyions fuir devant nous... Mais c'était un rêve, ajouta-t-il en soupirant.

Le jeune homme détourna la tête d'un air embarrassé, mais ne répondit pas.

— Je vous remercie, mon neveu, reprit don Ignacio après une pause d'un instant, sans vous Dieu sait ce que je serais devenu.

— Vous sentez-vous mieux, mon oncle ? demanda le jeune homme avec intérêt.

— Je me sens tout à fait bien, Horacio ; la faim et la fatigue m'accablaient ; j'ai bu, mangé et dormi, je me sens fort et capable de recommencer mes courses errantes jusqu'à ce que j'aie réussi à rejoindre quelques-uns des nôtres, Carvajol par exemple qui, autant que je puis le savoir, n'est pas très-éloigné.

— Vous ne nous quitterez pas encore, mon oncle, vous n'avez rien à redouter ici, vous attendrez d'être complétement rétabli.

— Je suis aussi bien que je puis être. Un soldat n'est pas une vieille femme accoutumée à se dorloter ; la fatigue et le danger ne sont rien pour moi ; je partirai dans deux heures.

— Aussi tôt, en plein jour ! vous n'y songez pas mon oncle, attendez au moins la nuit.

— Non pas, sangré de Dios ! il faut que je me remette en campagne.

Horacio savait que dès que son oncle avait pris une résolution, il n'y avait pas à discuter avec lui ; il n'insista pas.

— Au moins vous me permettrez de renouveler votre garde-robe, et de vous fournir d'armes et de munitions.

— Oh ! cela de bon cœur, mon neveu, tout ce que vous voudrez. Ah ça ! fit-il en regardant fixement le jeune homme, mon frère sait-il que je suis son commensal ?

— Mon père et vous, vous n'êtes pas très-bien ensemble, mon oncle, répondit tranquillement le jeune homme, de plus vous avez en politique des opinions diamétralement opposées, j'ai cru devoir ne lui rien dire, me réservant de vous demander quelle est votre intention à ce sujet.

— Vous avez eu raison de garder le silence, mon neveu, répondit don Ignacio d'un ton de bonne humeur ; mon frère Matias a ses idées comme j'ai les miennes, nous ne sommes pas souvent d'accord ensemble ; toute réflexion faite, il vaut mieux qu'il ignore tout.

— Comme il vous plaira, mon oncle.

— Ah ça ! et vous Horacio, que comptez-vous faire ?

— Rien, mon oncle, dit-il en soupirant.

— Comment ! rien ? Acceptez-vous donc le joug de l'usurpateur étranger ?

— Je n'accepte rien, mon oncle ; mais mon père est vieux et faible ; il est riche et par conséquent a beaucoup d'ennemis ; parfois l'appât d'un gain plus ou moins licite l'emporte un peu plus loin qu'il est convenable ; il a besoin de moi pour le défendre et le protéger ; sans moi, il ne durerait pas quinze jours.

— Il y a du vrai, beaucoup de vrai, dans ce que vous dites là, mon neveu, répondit don Ignacio en hochant la tête, bien que vos raisons me semblent assez spécieuses ; faites donc ce que vous pensez être votre devoir ; mais, ajouta-t-il en lui frappant amicalement sur l'épaule, vous nous reviendrez dans un temps prochain, peut être plus prochain que vous ne le supposez vous-même, car vous êtes à nous.

Le jeune homme détourna la tête en même temps qu'un sourire énigmatique plissait les commissures de ses lèvres si finement dessinées.

Don Ignacio bondit hors de son lit et procéda à sa toilette.

Don Horacio causait à voix basse avec Lopez, celui-ci fit un signe affirmatif et sortit.

Le visage du proscrit était radieux ; privé depuis longtemps de donner les soins convenables à sa personne, ce qui est une grande contrariété pour les personnes d'une certaine classe car les exigences hygiéniques sont pour elles un véritable besoin, obligé de se couvrir de guenilles sordides et qui lui faisaient honte, ce fut avec un sentiment de voluptueuse sensualité que don Ignacio se couvrit du riche costume de Ranchero, préparé pour lui par don Horacio.

— A la bonne heure ! s'écria-t-il en se regardant

avec complaisance dans la glace placée au-dessus d'une toilette, me voici redevenu moi-même, je me reconnais ! cela fait du bien de jeter au vent la livrée lépreuse de la misère pour reprendre son individualité. Eh ! qu'est cela ? s'écria-t-il en retirant une longue bourse de soie de ses calzoneros ; de l'or sur ma foi !

— Le nerf de la guerre, mon oncle ; la clé qui ouvre toutes les portes et faute de laquelle on périt, surtout quand on est proscrit.

Don Ignacio sembla réfléchir un instant, puis, faisant sauter la bourse dans sa main et la remettant dans la poche dont il l'avait retirée :

— Vous avez raison, mon neveu ; cette attention délicate me touche ; je ne ferai donc pas de façons avec vous ; j'accepte ce prêt jusqu'à des jours meilleurs, et cela de grand cœur, Horacio.

— Merci, mon oncle.

Le proscrit se mit à rire et passa à l'examen des armes devant lesquelles il s'extasia ; du reste elles étaient magnifiques, c'étaient de véritables chefs-d'œuvre, sortant de chez Devisme, l'armurier artiste.

La carabine à canons tournants, les longs revolvers à six coups furent maniés et remaniés, puis ce fut le tour d'une longue rapière espagnole du seizième siècle.

— Allons, dit-il, en mettant son poignard dans sa botte, ses revolvers à sa ceinture et agrafant la rapière à son côté par un ceinturon de cuir verni dans lequel étaient passées deux cartouchières gonflées de munitions ; allons, voilà qui est parfait. Vive Dios ! Je vaux dix hommes maintenant.

Et, tendant la main au jeune homme :

— Merci, Horacio, lui dit-il avec émotion.

— Vous me comblez, mon oncle, répondit-il avec un radieux sourire.

En ce moment don Lopez rentra, portant sur un plateau un déjeuner complet.

— A table, dit joyeusement don Horacio, il vous faut prendre des forces.

— Me laisserez-vous donc manger seul ?

— Non pas, nous vous aiderons, mon oncle, puisque vous le permettez.

On se mit à table, et en moins de dix minutes le repas fut expédié. Le proscrit avait hâte de sentir l'air pur lui frapper le visage ; il étouffait entre ces épaisses murailles.

— Je pars, dit-il, j'ai trop tardé déjà.

— Il y a encore une heure de nuit, Seigneurie, répondit don Lopez.

— Tant mieux, je m'éloignerai sans danger alors.

Il mit son chapeau, jeta son zarapé sur l'épaule et saisit sa carabine.

— Par où dois-je sortir ? demanda-t-il.

— Nous vous accompagnerons pendant quelques pas, mon oncle ; laissez-vous guider par nous.

— Je m'abandonne complètement à votre connaissance des localités ; du diable si je pourrais faire un pas tout seul, dit-il en riant.

Don Horacio s'approcha alors de la glace posée au-dessus de la toilette, en examina un instant le cadre, puis posa le doigt sur un nœud presque invisible.

Un pan de muraille tout entier avec la toilette et la glace tourna sur lui-même et démasqua une ouverture sombre par laquelle arriva aussitôt une bouffée d'air froid et humide.

— Venez, mon oncle, dit-il, voici notre chemin.

Don Lopez avait déjà pris les devants avec une lanterne.

— Comme c'est machiné ! s'écria le proscrit avec admiration ; décidément nos ancêtres étaient de grands hommes.

Les trois hommes s'engagèrent alors dans un long et étroit souterrain, faisant maints détours et coupé de distance en distance par d'énormes herses de fer levées en ce moment. Après avoir marché pendant environ vingt minutes, ils arrivèrent à une espèce de grotte très-grande, très-haute, couverte de stalactites, mais complètement inondée.

— Mille diables ! s'écria avec désappointement le proscrit en s'arrêtant sur le bord de l'eau qui venait doucement mourir à ses pieds, nous sommes pris, mon neveu, il nous faut retourner sur nos pas.

— Non pas, mon oncle, répondit en riant don Horacio.

— Allons-nous donc traverser ce lac à la nage ?

— Ni à la nage ni à gué, attendez, mon oncle.

— Soit, mais j'ai bien peur...

Il s'interrompit subitement. Lopez, qui s'était éloigné un instant, reparaissait dans une pirogue qu'il fit accoster près d'un bloc de rochers.

— C'est prodigieux ! s'écria le proscrit.

Il s'embarqua ainsi que don Horacio ; le mayordomo prit les rames ; la pirogue vogua pendant quelques minutes sur ces eaux tranquilles dans des ténèbres profondes, puis une lueur d'abord très-faible apparut au loin, grandit peu à peu et bientôt on aperçut les étoiles dont l'éclat commençait à s'affaiblir.

La pirogue aborda.

— Voilà notre navigation terminée, dit don Horacio, venez, mon oncle, nous n'avons plus que quelques instants à demeurer sous ces sombres voûtes.

— Cuerpo de Cristo ! je serai heureux quand je me trouverai au grand air.

— Soyez donc satisfait alors, dit gaiement le jeune homme.

Au même instant un quartier de roche se déplaça et les trois hommes se trouvèrent en rase campagne.

Le proscrit se retourna machinalement, mais le rocher était déjà rentré dans son alvéole, et il ne restait plus trace de passage.

— Bravo ! s'écria-t-il, tout cela est admirablement disposé ; mais à présent, continua-t-il, tout en marchant, qu'allons-nous faire ?

Ils se trouvaient déjà à une centaine de pas du souterrain, la nuit était claire, embaumée, fraîche ; quelques bandes d'opale commençaient cependant à rayer l'horizon, annonçant le lever prochain du soleil.

Don Ignacio aperçut à quelque distance en avant un groupe sombre, immobile, sous un bouquet d'arbres.

— Qu'est cela ? demanda-t-il en posant la main sur un revolver.

— Nos chevaux qui nous attendent, mon oncle, répondit paisiblement don Horacio, en sifflant légèrement. Un sifflet pareil lui répondit.
— Approchons, reprit-il.
Ils atteignirent la remise et, près d'un bosquet de capoulins, ils virent un cavalier qui tenait trois chevaux en bride.
Ce cavalier était Torribio, le fils de don Lopez.
Torribio était un grand garçon, bien découplé, aux traits intelligents, au regard rusé, et qui avait le même âge que don Horacio dont il était le frère de lait.
Il mit pied à terre, salua les arrivants et aida don Ignacio à chausser les énormes éperons d'argent à molettes larges comme des assiettes et acérées comme des poignards, dont se servent les Rancheros.
Don Ignacio remarqua avec satisfaction qu'une reata était lovée et attachée à la selle, des alforjas placées en arrière sous le *pellon*, et qu'une valise honnêtement gonflée se trouvait solidement sanglée derrière la selle.
— Ne retirez pas vos revolvers de votre ceinture, mon oncle, dit vivement don Horacio ; vous en avez d'autres dans les fontes.
— Comment, mais alors cela me fait vingt-six coups de feu à tirer avant que d'en venir à la rapière ! s'écria-t-il avec une évidente satisfaction.
— Tout autant, mon oncle ; ainsi armé, un homme comme vous passe partout.
— Je le crois bien, vive Dios !
— Il ne faut plus que vous soyez exposé à ce qui déjà vous est arrivé, mon oncle.
Don Ignacio lui prit la main, la lui serra fortement et lui dit avec sentiment :
— Mon neveu, on ne remercie pas de pareils services, on se souvient ; je me souviendrai.
— A cheval ! à cheval ! mon oncle, nous perdons du temps.
— C'est juste ; vous êtes un homme, Horacio ; je vous aime.
Ils se mirent en selle et partirent au galop.
Ils ne causaient que de choses indifférentes ; une heure s'écoula ainsi. Tout à coup don Horacio s'arrêta.
— Eh bien ! que faites-vous donc, Horacio, vous vous arrêtez, dit don Ignacio avec surprise.
— Oui, mon oncle, c'est ici que nous nous séparons.
— Déjà ! fit-il avec regret, j'étais si content de vous sentir près de moi.
— Et moi aussi, mon oncle, mais il le faut.
— Soit donc, puisque vous le voulez.
— Ce n'est pas moi qui le veux, mon oncle, c'est le devoir.
Don Ignacio soupira.
— Où suis-je ici ? demanda-t-il.
— De l'autre côté de Jalapa que nous avons tourné il y a un quart d'heure ; vous êtes sauvé, ou du moins je l'espère.
— Et moi j'en suis sûr ; grâce à vous, à vous seul.
— Mon oncle !
— Embrassez-moi, Horacio, et vous aussi, Lopez, vous êtes de la famille par votre cœur et votre dévouement.

Les trois hommes s'étreignirent longuement, leur émotion était profonde et vraie ; c'étaient des cœurs de lion, indomptables et généreux.
— C'est bien, reprit le proscrit ; maintenant séparons-nous.
— Mon oncle, avant de nous quitter, sans savoir si nous nous reverrons jamais, ne me direz-vous pas une bonne parole pour mon père ?
Don Ignacio fronça les sourcils, devint pâle, chancela comme s'il allait tomber, et, lâchant la bride, il partit à fond de train.
Mais revenant presque aussitôt, il s'arrêta près du jeune homme, demeuré immobile et pensif à la place où il l'avait laissé.
— Pardonnez-moi, Horacio, lui dit-il d'une voix hachée par l'émotion, j'ai eu tort, dites à votre père.... dites-lui.... que je lui pardonne !...
Et faisant brusquement pivoter son cheval, il lui mit les éperons aux flancs et s'envola comme emporté par une trombe.
Mais cette fois il ne revint pas, ne détourna pas la tête et ne tarda point à disparaître dans un nuage de poussière soulevé par sa course effarée.
— Il est près de sept heures du matin, on pourrait s'apercevoir de votre absence, dit Lopez, il est temps de rentrer à l'hacienda, señor Horacio.
— Tu as raison, mon vieil ami, répondit mélancoliquement le jeune homme, retournons donc sur nos pas ; d'ailleurs nous n'avons plus rien à faire ici.
Il jeta un dernier regard en arrière, fit volter son cheval et reprit le chemin de l'hacienda.
Lui et Lopez rentrèrent par le souterrain, laissant à Torribio le soin de reconduire les chevaux au coral.
Il était environ huit heures du matin ; le capitaine de Bussy regardait, le cigare aux lèvres, des peones occupés à étriller son cheval et celui du Chacal qui à quelques pas de là, astiquait son fourniment tout en sifflant une polka entre ses dents, lorsque don Horacio parut sur le perron et descendit dans la cour.
Le capitaine vint vivement à sa rencontre.
Les deux hommes se saluèrent de la façon la plus cordiale.
— Eh bien ! capitaine, lui demanda gaiement le jeune homme, comment vous trouvez-vous ce matin ?
— Mais fort bien, monsieur, je vous remercie, répondit l'officier sur le même ton ; j'ai passé une nuit délicieuse, je n'ai fait qu'un somme.
— L'exercice violent d'hier vous avait disposé à bien dormir, dit en riant don Horacio.
— Ma foi, c'est bien possible.
— Etes-vous levé depuis longtemps ?
— Depuis le point du jour ; nous autres soldats nous sommes peu dormeurs, et puis l'air frais du matin a un charme inouï ; dans les terres chaudes, ainsi que vous nommez cette région où nous sommes, il n'y a réellement que le matin et le soir où l'on puisse respirer à l'aise ; pendant le milieu de la journée on n'aspire que de l'air enflammé : il faut être une véritable salamandre pour se plaire dans une telle atmosphère.
— C'est un peu vrai ; mais nous autres, Mexicains,

vous le savez, nous sommes les fils du soleil, et cette chaleur qui vous cause tant de souffrance nous semble agréable ; d'ailleurs nous connaissons les moyens de neutraliser ses effets. Je regrette que vous ne m'ayez pas fait prévenir, capitaine, nous nous serions promenés aux environs de l'hacienda qui sont excessivement pittoresques ; mais ce ne sera qu'un retard, ce que nous n'avons pu faire aujourd'hui, nous le ferons demain, je vous montrerai des sites véritablement curieux.

— Allons, dit le capitaine d'un air dépité, vous allez augmenter mes regrets, monsieur.

— Comment? de quels regrets parlez-vous, capitaine?

— De ceux que j'éprouve déjà de ne pouvoir jouir plus longtemps de votre charmante hospitalité.

— Eh quoi ! songeriez-vous déjà à nous quitter ?

— Malheureusement j'y suis forcé, monsieur, mon devoir me l'ordonne.

— Bon, reprit en riant don Horacio, rien ne presse, capitaine, tout est tranquille autour de nous.

— Hum ! pas positivement, témoin mon affaire d'hier.

— Bah ! c'est un hasard, quelques guerilleros fourvoyés loin de leurs quartiers qu'ils cherchaient probablement à regagner lorsque vous vous êtes rencontré sur leur route ; ce n'est pas cela qui peut vous engager à partir si vite ; un jour ou deux passés tranquillement ici ne nuiront en aucune façon aux exigences de votre service ; vous nous restez, c'est convenu, n'est-ce pas capitaine ?

— Je le voudrais, sur l'honneur, tant l'accueil que vous m'avez fait a été cordial et bienveillant ; malheureusement cela m'est impossible.

— Bon ! quel motif si impérieux vous oblige à tant de presse?

— Le plus impérieux de tous, monsieur, le devoir ; si je n'avais écouté que lui je serais parti au lever du soleil, mais je n'ai pas voulu quitter cette hacienda sans vous serrer la main et vous remercier une fois encore du service que vous m'avez rendu.

— S'il en est ainsi, monsieur, répondit le jeune homme d'un air piqué, je n'insisterai pas d'avantage, nous ferez-vous au moins l'honneur de déjeuner avec nous ?

— Tenez, j'aime mieux tout vous dire, monsieur ; vous êtes un homme d'honneur et je ne veux pas avoir de secrets pour vous ; je suis chargé par le général en chef de remettre des dépêches de la plus haute importance et fort pressées au général commandant l'état de Vera-Cruz.

— Excusez-moi, monsieur, je l'ignorais ; ainsi vous partez tout de suite ?

— Tout de suite, monsieur, si vous me le permettez.

Le jeune homme regarda autour de lui et apercevant Lopez, il lui fit signe d'approcher ; le mayordomo se hâta d'obéir.

— Lopez, lui dit don Horacio, que dix peones bien armés montent immédiatement à cheval, selle aussi ton cheval, tu les commanderas.

Le mayordomo salua et se retira sans faire d'observations.

— Que signifie cela ? demanda le capitaine avec surprise ; pourquoi cet ordre, monsieur ?

— Je vais m'expliquer en deux mots, capitaine ; quelles que puissent être mes opinions au sujet des événements dont mon pays est en ce moment le théâtre, je suis Mexicain, et comme tel je considère, mon honneur engagé à protéger quels qu'ils soient les étrangers qui mettent le pied sur mes terres et qui pendant tout le temps qu'ils restent sur mes domaines, doivent par cela même être considérés comme sacrés ; nous sommes un peu sauvages nous autres ; il faut nous prendre comme nous sommes ; ainsi par exemple si hier je vous avais rencontré deux lieues plus loin, il est plus que probable que je vous aurais laissé vous tirer d'affaire comme vous auriez pu avec les gens qui vous attaquaient et qui en somme défendent la cause de leur pays ; mais vous vous trouviez sur mes terres vous aviez droit à ma protection, je vous ai défendu ; vous partez ce matin, je vous donne une escorte qui vous accompagnera jusqu'à l'extrême limite de mes domaines, c'est-à-dire presque en vue de la Vera-Cruz ; mon honneur est engagé à ce qu'il ne vous arrive rien de fâcheux tant que vous serez chez moi ; et pour terminer, je considérerais comme un mortel affront le refus de cette escorte.

— Monsieur, dit le capitaine avec une dignité suprême, vous êtes un grand et noble caractère, un cœur généreux ; si des circonstances indépendantes de ma volonté comme de la vôtre nous séparent et nous font adversaires, jamais, quoi qu'il arrive, nous ne serons ennemis ; voici ma main, serrez-la sans crainte dans la vôtre, c'est celle d'un honnête homme qui, dans quelque position qu'il se trouve, n'oubliera jamais les obligations qu'il a contractées envers vous.

Don Horacio lui serra cordialement la main.

— Les guerres les plus acharnées finissent, répondit-il, les circonstances changent ; qui sait si le hasard ne nous mettra pas un jour en face l'un de l'autre.

— Dieu veuille que ce soit bientôt et dans des circonstances plus heureuses et surtout plus favorables pour tous deux, monsieur ; mais, ajouta-t-il en saisissant la bride de son cheval qu'un peon lui présentait, il me faut partir, adieu, monsieur, quoi qu'il arrive, jamais mon épée ne se dirigera contre votre poitrine.

— Qui sait? murmura le jeune homme entre ses dents ; et il ajouta à haute voix : Bon voyage, monsieur, ne vous souvenez de cette rencontre que comme je m'en souviendrai moi-même, c'est-à-dire comme d'un songe agréable trop tôt évanoui ; tout nous sépare ; le meilleur souhait que je puisse vous faire est de ne pas essayer de me revoir.

Il salua le capitaine qui lui rendit son salut et sortit de la cour de l'hacienda en compagnie du Chacal, et suivi à quelques pas par dix peones bien armés et bien montés que don Lopez commandait.

En passant sous l'arcade du pont-levis, le capitaine se retourna une dernière fois et fit un salut courtois à don Horacio qui fixait sur lui un regard d'une expression singulière.

— Cet homme me hait! murmura-t-il à part lui, et pourtant sa conduite envers moi est des plus honorables; quel motif peut-il avoir de me détester? nous ne nous connaissons pas; il y a là-dessous un secret que je découvrirai, je le jure.

Et il s'éloigna tout rêveur.

V

OU L'ON RETROUVE LA FAMILLE D'AGUILAR.

Les environs de la Vera-Cruz sont affreux; ils ont l'aspect le plus triste et le plus désolé qui se puisse imaginer; aussi le voyageur européen qui, pour la première fois, pose le pied sur le sol de l'ancien empire de Montézuma, s'écrie-t-il avec stupéfaction :

— Eh quoi! est-ce donc là le Mexique, cette terre si riche, si fertile, privilégiée entre toutes, et que les historiens et les romanciers, leurs émules, nous représentent comme la copie exacte du paradis terrestre!

Ces braves gens ont à la fois raison et tort; ils se pressent trop de porter un jugement qui, à cause même de sa précipitation, ne saurait être juste; d'ailleurs il en est de même en toutes choses : avant de se prononcer il faut prendre le temps de s'instruire et de voir.

Au côté nord de la Vera-Cruz s'étend une vaste plaine de sable, aride et désolée; au sud se trouvent les abattoirs et le cimetière qui n'ont rien de fort réjouissant à l'œil ; un peu en arrière sont des dunes, des marais fangeux et pestilentiels, et la perspective se continue par des *chaparrals* couverts de buissons épineux presqu'infranchissables qui servent de repaires à des fauves de toutes sortes : ajoutez un ciel de feu, quelques aigles pêcheurs filant dans l'espace, des vautours tournoyant avec des cris rauques au-dessus de quelque carcasse invisible ou quelque cadavre en décomposition sur lequel ils vont s'abattre, et vous aurez le plus épouvantable paysage qui se puisse voir.

En somme pour atteindre la véritable végétation tropicale et retrouver ses illusions perdues, il faut avoir le courage de franchir ce cercle infernal tracé par les sables, les dunes, les marécages et les chaparrals; après avoir fait trois ou quatre lieues tout change subitement d'aspect et le découragement cède instantanément la place à l'admiration la plus vraie.

Medellin fut fondée par Gonzalo de Sandoval, un des plus célèbres capitaines de Fernand Cortez qui la nomma ainsi en souvenir de Medellin, petite ville de l'Estramadure où lui et son illustre chef étaient nés.

Comme on le voit, c'est une des plus anciennes colonies établies par les Espagnols à leur arrivée au Mexique; elle est aujourd'hui reliée par un chemin de fer à la Vera-Cruz dont elle n'est éloignée que de trois lieues.

C'est une délicieuse oasis coquettement enfouie au milieu de bois odorants et toute parfumée d'orangers et de grenadiers; ses coquettes maisons se groupent sur la rive droite du Rio de Jamapa.

C'est à Medellin que les riches habitants de la Vera-Cruz et de Jalapa viennent en villégiature; on s'y baigne, et surtout on y joue un jeu effréné, particulièrement à l'époque de la fête patronale qui y attire en foule toutes les populations des environs ; c'est alors une véritable *feria de plata* ; on joue partout : dans les maisons, dans les rues, sur la place, autour de la fontaine; le démon du jeu règne alors en maître, et les vols et les assassinats vont grand train sur les routes où souvent les joueurs décavés prennent, le couteau à la main, une sanglante revanche de leur mauvaise chance au *monte*, ce lansquenet mexicain, plus émouvant et surtout plus expéditif que le nôtre.

A l'époque où se passe notre histoire, Medellin servait de quartier général à l'une des plus importantes contre-guerillas au service de la France; les rues et les places étaient incessamment sillonnées par quelques-uns de ces contre-guerilleros.

Rien de plus étrange que l'aspect de ces formidables soldats, tous armés jusques aux dents d'armes de précision, fièrement déguenillés et dont les traits bronzés, l'expression farouche et froidement résolue, inspiraient la terreur; il y avait de tout dans les contre-guerillas : c'était le port où venaient s'échouer tous les déclassés et tous les réfractaires de la civilisation; aussi quelle riche et complète collection de bandits de sac et de corde, sans foi ni loi. Là se trouvaient côte à côte des Grecs, des Suisses, des Piémontais, des Américains du Nord et du Sud, des Français, des Anglais, des Mexicains, des Hollandais, des Russes, des Espagnols et jusqu'à des Malais et des Égyptiens ; toutes les nationalités avaient fourni leur contingent; tous les aventuriers, matelots, pirates, chercheurs d'or, flibustiers, coureurs de bois, banqueroutiers, étaient accourus, comme à la curée, prendre leur place dans les rangs de ces écorcheurs modernes, dont les actes et les allures rappelaient si bien ceux de leurs prédécesseurs du moyen âge.

La première contre-guerilla avait été formée par un Suisse, nommé M. de Stœklein; puis les Mexicains Murcia, Llorenté et Figarrero en avaient formé d'autres; plus tard le général Forey en organisa une qu'il plaça sous les ordres d'un colonel français.

La présence de ces hommes, dont la conduite était d'ailleurs irréprochable, à Medellin, formait un contraste saisissant avec les manières paisibles et douces de la population de cette charmante bourgade.

Il était trois heures et demie, la siesta venait de finir; les portes et les fenêtres fermées pendant la grande chaleur se rouvraient de toutes parts ; les rues désertes se peuplaient d'allants et de venants ; la vie suspendue depuis plusieurs heures reprenait son cours ordinaire.

Dans le salon luxueusement meublé d'un magnifique hôtel qui s'élevait sur la place même de Medellin, deux dames étaient assises de chaque côté d'une coquette table à ouvrage sortie des ateliers de Tahan, et s'occupaient ou semblaient s'occuper à broder au plumetis ; nous disons semblaient s'occuper, parce qu'en réalité la broderie qu'elles tenaient leur servait tout simplement de contenance ; elles causaient.

La première de ces deux dames, déjà sur le retour, conservait encore de nombreux restes d'une beauté qui avait dû, vingt ans auparavant, être véritablement éblouissante ; sa physionomie douce, fine et intelligente avait une grande expression de bonté.

La seconde était une jeune fille de dix-sept ans à peine ; ses traits avaient une grande ressemblance avec ceux de sa compagne ; jamais les poëtes du Nord emportés par leur imagination n'ont rêvé beauté plus accomplie, plus vaporeuse et aux contours plus chastes ; tout en elle était suave et délicieusement féminin ; Espagnole de pied en cap, elle était cependant blonde et rêveuse comme une langoureuse fille d'Arminius.

Elle avait une profusion de cheveux or pâle, qui tombaient en énormes tresses sur des épaules d'une forme exquise et qui rivalisaient de blancheur avec la neige ; ses yeux d'un bleu azuré laissaient filtrer sous leurs longues paupières un regard à la fois rêveur et caressant ; sa bouche mignonne faisait en souriant entrevoir ses dents de l'émail le plus pur ; sa physionomie n'avait cependant rien de triste ou de mélancolique, elle était plutôt vive et gaie ; son teint sans être animé était d'une pureté presque transparente, et la plus légère émotion colorait d'une nuance pourprée son visage et son cou ; sa taille un peu au-dessous de la moyenne était d'une élégance parfaite ; enfin tous ses mouvements étaient pleins d'aisance, de grâce et de légèreté.

— Votre père tarde bien à revenir, niña, dit la plus âgée des deux dames en levant les yeux sur une magnifique pendule de Boule posée sur un piédouche.

— Il aura été retenu plus tard qu'il ne le supposait, mamita — petite mère —, répondit la jeune fille ; il ne faut pas vous inquiéter ; d'ailleurs le train n'est pas encore arrivé.

— En êtes-vous sûre, Flor ?

— Nous l'aurions entendu, mamita ; nous sommes, vous le savez, à dix minutes à peine du débarcadère.

— C'est vrai, mon enfant, vous avez raison, mais nous vivons dans un temps si troublé que la moindre chose m'effraie ; nous aurions dû rester en France jusqu'à ce que tout fût fini, ajouta-t-elle avec un soupir.

— Mais tout est fini à présent, mamita ; il n'y a plus de craintes à avoir ; il paraît que l'Empereur a fait son entrée à Mexico et que la population l'a reçu avec enthousiasme et l'a couvert de fleurs ; il est vrai, ajouta-t-elle malicieusement, que l'on dit tout bas que ces fleurs avaient été achetées et payées par les Français.

— Qui ose répéter de pareilles calomnies ?

— Les Français eux-mêmes et ils ne se gênent pas pour en rire.

— Les Français rient de tout.

— L'Empereur a été bien mal reçu à la Vera-Cruz quand il a débarqué.

— La Vera-Cruz n'est pas une ville mexicaine, ma fille ; la population est composée de marchands et de commerçants de tous les pays ; ce n'est pas chez ces gens-là qu'il faut chercher le patriotisme. Mais voici quatre heures et votre père ne vient pas ; mon Dieu, pourvu qu'il ne lui soit rien arrivé !

— Tranquillisez-vous, ma mère ; j'entends le pas de mon père dans le zaguan ; il est avec une autre personne.

Doña Flor ne s'était pas trompée ; au bout d'un instant une porte du salon s'ouvrit et don Tiburcio d'Aguilar parut en compagnie d'un officier français.

Don Tiburcio avait cinquante ans, mais il paraissait beaucoup plus jeune et portait avec beaucoup d'élégance le pittoresque costume mexicain ; il embrassa sa femme, donna un baiser à sa fille, et dit, en montrant l'officier qui avait courtoisement salué les dames:

— Je vous amène le capitaine de Bussy ; je l'ai rencontré au moment de monter dans le train et ma foi je l'ai enlevé ; il nous sacrifie le reste de la journée ; il paraît que depuis que nous avons eu le plaisir de le voir il lui est arrivé les aventures les plus extraordinaires ; il nous contera cela tout en dînant. Avons-nous quelqu'un ce soir ?

— Quatre personnes seulement, mon ami ; doña Mencia Izquierdo et sa fille doña Clara, nos voisines que vous-même avez invitées hier.

— C'est ma foi vrai, je l'avais oublié.

— Le colonel Morin et le capitaine de Salvy.

— Les deux inséparables, tant mieux ; ils causeront guerre et batailles avec M. de Bussy.

— Y a-t-il longtemps que vous êtes de retour à la Vera-Cruz, monsieur le comte ? demanda doña Linda d'Aguilar.

— Deux jours, madame ; je suis arrivé de Mexico avant-hier dans l'après-dînée.

— Que faisait-on à Mexico quand vous en êtes parti, monsieur le capitaine ? demanda la jeune fille à son tour.

— On riait, on chantait, on dansait, et on criait : Vive l'Empereur ! señorita.

— S'il en est ainsi la guerre est finie, Dieu soit loué !

— Hum ! je ne saurais trop vous dire, madame.

— Tirait-on beaucoup de *cohetes* ? dit doña Flor en riant.

— Des cohetes ? fit le capitaine embarrassé.

— Des pétards, dit don Tiburcio.

— Ma foi je vous avoue, señorita, que je ne m'en suis pas aperçu.

— Alors on n'en tirait pas, reprit la jeune fille en hochant la tête, mauvais présage.

— Comment, señorita, mauvais présage parce qu'on ne tirait pas de cohetes comme vous les nommez ?

— Précisément, monsieur le capitaine, je suis Mexicaine, moi, et je sais cela ; quand les Mexicains sont véritablement joyeux, qu'ils n'ont pas d'arrière-pensée, ils adorent faire des feux d'artifice ; seulement ils les tirent en plein midi, on n'a jamais su pourquoi.

Le capitaine se mit à rire.

— Ah! señorita, vous vous moquez de moi, un étranger! et moi qui vous écoutais sérieusement.

— Ce que dit ma fille est plus sérieux que vous ne le supposez, capitaine; vous ne connaissez pas le caractère des Mexicains aussi bien que nous qui sommes de ce pays.

— Il serait vrai? s'écria le capitaine avec surprise.

— Je n'affirme rien... cependant il se pourrait que cette joie fût plus affectée que réelle.

— Peut-être. Du reste je vous avoue que quant à moi je n'ai qu'une foi très-médiocre dans l'enthousiasme des Mexicains pour l'empereur.

— C'est un étranger! s'écria vivement doña Flor.

— Il descend de Charles-Quint, ma fille.

— Croyez-vous, mon père? c'est possible, mais il est Autrichien.

— Ah ça! dit en riant don Tiburcio, seriez-vous une libérale, une rebelle, ma fille?

— Non, mon père, je ne suis ni rebelle ni libérale; je suis bonne Mexicaine, et je hais les étrangers.

— Señorita!... dit le capitaine assez embarrassé du tour que prenait la conversation.

— Pardonnez-moi, monsieur le capitaine, je parle en général; ces paroles ne s'adressent pas à vous; vous êtes notre hôte, et vous n'avez pas la prétention d'imposer le joug de la France à notre malheureux pays.

— Oh! bien loin de là, señorita; j'aime votre beau pays maintenant que je le connais et que je puis l'apprécier comme il mérite de l'être, je voudrais de grand cœur le voir riche, paisible et florissant.

— Je vous remercie pour mon pays, monsieur le capitaine, dit-elle avec un charmant sourire.

— N'en veuillez pas à cette enfant gâtée, monsieur le comte, dit doña Linda; elle babille comme l'oiseau moqueur de nos forêts, sans trop savoir ce qu'elle dit.

— Pardon, madame, votre charmante fille, à mon avis, sait très-bien ce qu'elle dit; je la félicite des sentiments qu'elle a si franchement exprimés; elle aime son pays.

— Toutes nos femmes et nos filles sont folles, mon cher capitaine; sur cent vous en trouverez quatre-vingt-dix-neuf qui vous parleront comme cette folle enfant vient de le faire.

— Si j'osais vous dire ma pensée, mon cher don Tiburcio, je vous répondrais que je trouve que vos femmes et vos filles n'ont pas tout à fait tort; cela prouve tout au moins qu'elles sont patriotes; un pays dans lequel le patriotisme est encore aussi vivace est bien près de se relever quel que soit l'état d'abaissement auquel il soit momentanément réduit.

— C'est vrai, c'est vrai, mais la prudence...

— N'empêche pas d'aimer son pays, don Tiburcio, interrompit vivement le capitaine; croyez-vous que nous autres soldats nous approuvons tout ce qui se fait ici et que nous ignorons la haine que nous inspirons?

— Oh! capitaine, vous allez trop loin!

— Non pas, je dis la vérité; mais nous sommes soldats, le devoir commande, nous obéissons; c'est toujours une mauvaise chose qu'une intervention militaire, si louables qu'en soient les motifs.

— Non, vous vous trompez, capitaine, les Mexicains ne vous haïssent pas.

— J'ai eu la preuve du contraire, il y a de cela trois ou quatre jours, à quelques lieues à peine de Medellin, mon cher don Tiburcio.

— Comment, que voulez-vous dire?

— Ce serait trop long à vous raconter en ce moment; d'ailleurs cela se rapporte aux aventures dont je vous ai touché quelques mots et dont j'ai été bien malgré moi le héros pendant mon voyage de Mexico à la Vera-Cruz.

— Comptez-vous nous rester pendant quelque temps, monsieur le comte? demanda doña Linda pour donner un autre tour à la conversation.

— Je l'ignore, madame; je suis arrivé avec des dépêches du commandant en chef pour le gouverneur de la Vera-Cruz; je reste à la disposition du gouverneur dont j'attends les ordres.

Un domestique annonça messieurs le colonel Morin et le capitaine de Salvy.

Le colonel Morin était un homme de quarante-cinq ans, de haute taille et vigoureusement constitué, dont les traits durs et anguleux, la longue moustache grisonnante avaient quelque chose de sombre; son regard fixe, perçant, ironique, donnait à cette physionomie, déjà fort peu attrayante, une expression presque sinistre; il était coiffé d'un large sombrero mexicain, portait une pelisse rouge de colonel sur laquelle étaient attachées un grand nombre de décorations; il était chaussé de bottes jaunes à l'écuyère armées d'éperons d'argent à la mode des ginetes, un long revolver à six coups était passé dans sa ceinture et un sabre droit de cavalerie pendait à son côté.

On racontait une foule d'histoires terribles sur cet officier; les Mexicains l'exécraient et en avaient une peur horrible; ils le nommaient El *desollador*, c'est-à-dire l'écorcheur, et quelquefois El *degollador*, l'égorgeur, et même El *verdugo*, le bourreau; on le désignait de mille manières différentes, mais, comme on le voit toutes étaient caractéristiques.

Ces terribles appellations étaient-elles justifiées? malheureusement oui jusqu'à un certain point; cet officier, d'une bravoure hors ligne et doué de hautes capacités militaires, avait plusieurs fois terni sa réputation par des actes de cruauté et des exécutions sommaires que ni la justice ni le droit des gens ne sauraient justifier; il est vrai de dire que les circonstances étaient terribles, que les ennemis qu'il avait à combattre ne respectaient rien, commettaient les plus horribles excès et que c'était seulement par la terreur qu'on pouvait les maintenir et leur imposer; mais le colonel Morin avait l'honneur de faire partie de l'armée française, il ne s'en souvenait pas toujours suffisamment.

Le capitaine de Salvy était un jeune officier d'une physionomie martiale et énergique; il passait pour être fort brave et partager complétement les idées de son chef sur la manière de combattre les Mexicains; voilà tout ce que nous pouvons dire de lui; nous

Le guerillero était accompagné d'un homme àmine chafouine, aux regards en dessous... page 31.

ajouterons seulement, et ceci a son importance, qu'il avait un caractère inquiet, hautain, vaniteux, et qu'il était dévoré d'une ambition sans bornes ; avec cela brouillon et un peu vantard comme tous les méridionaux.

Les deux officiers furent reçus de la façon la plus affectueuse ; ils étaient des visiteurs assidus de la famille et jouissaient d'une certaine liberté amicale qui frisait l'intimité.

Lorsque les premiers compliments furent épuisés, le colonel serra affectueusement la main du capitaine de Bussy.

— Pardieu, lui dit-il, voilà un heureux hasard, mon cher comte ; j'en profiterai pour vous adresser mes remerciements bien sincères pour le service que vous m'avez rendu ; je sais de source certaine que sans vous cette croix de commandeur que je viens d'obtenir m'aurait encore échappé.

— Allons donc, mon cher colonel, répondit en riant le comte, cette distinction vous était due depuis longtemps ; je n'ai fait que la hâter un peu, voilà tout.

— Oui, comme ma promotion au grade de colonel et ma nomination au commandement supérieur des contre-guerillas ; je sais ce que je vous dois, mon ami, je ne l'oublierai pas ; donnez-moi seulement l'occasion de vous servir à mon tour, vous verrez si j'hésiterai.

— Bah ! dit-il en riant, rien n'est fait quand il reste encore à faire, mon cher colonel ; je me suis juré que vous seriez général avant la fin de la campagne et cela sera.

Le colonel lui serra la main.

— En attendant vous voilà chef d'escadron, mon ami.
— Il est question de cela en effet, mais rien n'est décidé encore.
— Vous vous trompez, mon cher comte, c'est fait, signé et paraphé ; votre nomination est à la Vera-Cruz ; c'est vous-même qui l'avez apportée sans vous en douter.
— Voilà qui est singulier, le général ne m'en a rien dit.
— Il voulait me laisser le plaisir de vous annoncer cette bonne nouvelle ; mais ce n'est pas tout.
— Bon, que peut-il y avoir encore ?
— Le maréchal, qui a pour vous beaucoup d'estime, sachant que pour certaines raisons particulières, dit-il avec un sourire un peu railleur en jetant à la dérobée un regard sur doña Flor qui causait en ce moment avec le capitaine de Salvy, le maréchal, dis-je, sachant que vous seriez très-heureux de rester dans les terres chaudes dont le climat ne vous effraie pas, vous a placé sous mes ordres ; c'est-à-dire que vous êtes le second chef des contre-guérillas ; que pensez-vous de cela ?
— Est-il possible ! s'écria le comte avec une surprise joyeuse.
— Le maréchal a pensé vous être agréable ; s'il s'est trompé...
— Au contraire, mon cher colonel, interrompit-il vivement ; rien ne pouvait me faire plus de plaisir que d'être placé sous vos ordres.
— Je comprends parfaitement cela, dit-il d'un air narquois. Eh bien ! mon cher comte, puisqu'il en est ainsi, ajouta-t-il en lui présentant des papiers qu'il retira de la poche de sa pelisse, je ne veux pas vous faire attendre plus longtemps, voici votre brevet de chef d'escadron, votre nomination dans la contre-guérilla et une lettre de compliments du général ; j'ai reçu ce paquet il y a dix minutes à peine, vous voyez que je ne l'ai pas conservé longtemps.
Le nouveau chef d'escadron fut chaleureusement félicité par don Tiburcio et les deux dames, et la conversation ne tarda point à devenir générale.
Doña Mencia Izquerdo et sa fille furent annoncées.
Doña Mencia comme doña Linda avaient dû être belles, mais maintenant son teint couperosé et quelques rides profondes ne laissaient deviner que de très-faibles restes de cette beauté ; sa fille, doña Clara, un peu plus âgée que doña Flor, était très-jolie, elle pouvait même passer pour belle ; autant doña Flor était blonde et rieuse, autant doña Clara était brune et sérieuse ; c'était une Andalouse langoureuse, aux ondulations serpentines, et dont le grand œil noir au regard languissant était rempli de voluptueuses promesses.
A peine ces dames avaient-elles eu le temps de s'asseoir et d'échanger ces longs compliments qui sont de rigueur entre femmes au Mexique, lorsqu'un domestique annonça que l'on était servi.
Le colonel Morin offrit le bras à doña Linda, don Tiburcio présenta le sien à doña Mencia, le comte de Bussy et le capitaine de Salvy se firent les cavaliers de doña Flor et de doña Clara et l'on passa dans la salle à manger.

Cette salle à manger était meublée avec luxe et surtout avec goût ; le service était fait à la française, mêlé de quelques plats mexicains.
Le repas fut gai, les convives semblèrent faire assaut d'amabilité, la conversation ne tarit pas un instant.
— A propos, mon cher commandant, dit le colonel en s'adressant au comte de Bussy lorsque le dessert eut été mis sur la table, d'après ce que j'ai entendu dire, vous avez bien failli ne pas arriver à la Vera-Cruz.
— Qui peut vous avoir dit cela, colonel ?
— Le Chacal, le brigadier qui vous accompagnait.
— Le vieux bavard ; il lui est impossible de retenir sa langue.
— Il a l'air d'un rude soldat ; ce serait une bonne acquisition pour la contre-guérilla.
— Excellente ! je ne connais pas de gaillard plus résolu ; pourquoi ne le prendriez-vous pas en le nommant maréchal-des-logis ; il pourrait vous rendre de grands services ; il parle espagnol et connaît bien le pays.
— C'est convenu, je l'enrôlerai ; ce qu'il m'a dit est-il vrai ?
— Monsieur le commandant, dit doña Flor, vous nous avez promis de nous faire le récit de vos aventures.
— C'est vrai, monsieur le comte, appuya en riant don Tiburcio ; voyons vos impressions de voyage.
— Elles n'ont malheureusement rien de commun avec celles d'Alexandre Dumas, dit le comte avec bonne humeur, et sont beaucoup moins amusantes.
— Nous en jugerons, dit finement doña Flor.
— Parlez, commandant, parlez, s'écrièrent tous les convives.
Le comte de Bussy s'inclina sur sa chaise.
— Un désir de ces dames doit être un ordre pour moi ; j'obéis, dit-il en souriant.
— A la bonne heure ! dit don Tiburcio.
— Voyons un peu cela, fit le colonel avec un véritable intérêt.
Le comte mis ainsi en mesure ne se fit pas prier davantage et raconta son aventure jusqu'au moment où, perdant tout espoir, il avait vu don Horacio s'élancer à son secours.
— Pardieu ! voilà un brave garçon pour un Mexicain, dit le colonel.
— Merci pour mes compatriotes, monsieur le colonel, dit doña Flor avec un sourire railleur.
— Pardonnez-moi, mademoiselle, je crois que la langue m'a fourché et que j'ai été sur le point de lâcher une sottise.
Tout le monde se mit à rire de cette boutade.
— Et ce cavalier était seul ? demanda doña Flor.
— Tout seul, señorita.
— Que firent les guerilleros ?
— Ils le saluèrent, écoutèrent respectueusement les rudes reproches qu'il leur adressa, puis sur son ordre ils s'envolèrent comme si le diable les emportait.
— Et vous dites que c'était le Pinto qui commandait les guerilleros ? reprit le colonel d'un air préoccupé.
— Du moins je l'ai entendu nommer ainsi.

— Hum ! fit le colonel en hochant la tête, le Pinto est un drôle fort peu respectueux de sa nature ; c'est un coquin de la pire espèce qui m'a vingt fois glissé entre les doigts comme une couleuvre ; tout cela n'est pas clair ; continuez, mon cher commandant.

— Je n'ai pas grand'chose à ajouter ; mon sauveur m'engagea à accepter l'hospitalité chez lui, m'affirmant que vu l'état où je me trouvais, mieux valait prendre une nuit de repos ; je l'accompagnai dans une magnifique hacienda, où je fus reçu de la façon la plus gracieuse, et le lendemain je repartis ; j'oubliais de vous dire que mon hôte me força à accepter une escorte de dix cavaliers bien armés, et comme je voulais m'en défendre : « Monsieur, me dit-il en excellent français, car il parle notre langue comme un Parisien, ce que j'en fais est surtout pour moi ; si vous étiez insulté ou attaqué sur mes terres, mon honneur serait compromis ; cette escorte vous accompagnera jusqu'à l'extrême limite de mes domaines ; là elle vous quittera et vous vous tirerez d'affaire comme vous pourrez, cela ne me regardera plus. »

— Voilà qui est net et précis, s'écria en riant le colonel ; ce brave haciendero ne doit pas être beaucoup de nos amis.

— Sa conduite a du moins été noble et généreuse ; sans lui j'étais mort ; rien ne lui était plus facile que de passer tranquillement son chemin et de me laisser assassiner, ce qui n'aurait pas tardé.

— Bah ! qui sait ? peut-être avait-il quelque but qui vous a échappé ?

— Je ne vois pas lequel, mon cher colonel ; il ne m'a pas adressé une seule question ; il savait que je portais des dépêches, il me les a laissées quand rien ne lui aurait été plus facile que de me les faire enlever pendant mon sommeil ; quelles que soient les opinions de ce jeune homme, et nous ne pouvons lui faire un crime d'aimer son pays, c'est un homme de cœur ; j'irai même plus loin, il est généreux et loyal, car il m'a prouvé qu'il me connaissait ; il m'a même donné à entendre qu'il éprouvait pour moi, non pas de la haine, ce serait trop dire, mais de la répulsion, de l'antipathie ; cela pour des motifs qu'il a refusé de me faire connaître ; pourtant malgré cela, ses manières n'ont pas cessé un instant d'être franches et même cordiales ; mon plus grand désir est de pouvoir quelque jour m'acquitter envers lui.

— Voilà de très-beaux sentiments, fit le colonel avec une pointe d'ironie ; admettons que je me suis trompé, mon cher commandant, et n'en parlons plus.

— Mais, reprit doña Flor, vous avez commis un grave oubli, monsieur de Bussy.

— Moi, señorita, lequel, s'il vous plaît ?

— Vous ne nous avez dit ni dans quel endroit vous avez été conduit par votre sauveur, ni comment il se nomme lui-même ; aurait-il conservé l'incognito vis-à-vis de vous ?

— Pas le moins du monde, señorita ; je ne sais vraiment pas comment j'ai pu oublier ces deux particularités importantes pourtant.

— C'est vrai, dit doña Clara, ces noms sont indispensables.

— Tout à fait indispensables, appuya le colonel.

— Cette faute est, grâce à Dieu, facile à réparer, dit le comte en souriant, et si vous le désirez…..

— Nous l'exigeons, dit don Tiburcio gaiement.

— Soyez donc satisfaits ; j'ai reçu l'hospitalité à l'hacienda del Palmar et mon sauveur se nomme don Horacio Vivanco de Bustamente.

En entendant ces paroles doña Flor fut comme frappée de la foudre ; elle rougit, puis elle pâlit subitement ; un frisson convulsif agita tous ses membres ; elle baissa la tête et cacha son visage avec son mouchoir pour ne pas révéler l'état dans lequel elle se trouvait.

Don Tiburcio qui, au nom de l'hacienda, avait reconnu celui qui allait suivre prit brusquement la parole pour détourner l'attention des convives qui n'avaient encore rien remarqué :

— Voilà qui est extraordinaire, monsieur le comte.

— Quoi donc, monsieur ?

— Ce que vous venez de dire tout simplement.

— Je ne comprends pas.

— C'est bien simple ; don Horacio Vivanco est mon parent, presque mon fils, puisqu'il a été élevé dans ma maison.

— Pauvre enfant ; c'est vrai, dit doña Linda, je lui ai servi de mère ; il est le fils de la sœur de mon mari.

— Il n'est pas étonnant qu'il parle aussi bien le français, reprit don Tiburcio ; il a fait ses études à Paris dans le même lycée que mon fils don Carlos.

— Oh ! s'il en est ainsi, tout s'explique, s'écria le colonel ; son père, don Matias Vivanco, est très-bien disposé pour les Français ; nous avons même une affaire considérable de remonte à traiter avec lui.

— Je suis réellement charmé d'apprendre ce que vous me dites, monsieur d'Aguilar, reprit le comte, je ne m'étonne plus maintenant d'avoir été si bien accueilli par ce jeune homme ; seulement je ne m'explique pas comment il peut me connaître, je ne me souviens pas m'être jamais rencontré avec lui.

— Vous vous trompez, monsieur le comte, je me rappelle qu'il est venu nous faire visite un jour que vous vous trouviez ici ; n'est-ce pas, Flor, mon enfant ?

Grâce à l'adroite intervention de son père, la jeune fille avait eu le temps de se remettre de l'émotion qu'elle avait éprouvée, mais elle était restée songeuse.

— Oui, mamita, répondit-elle en relevant vivement la tête ; mais comme mon cousin n'est resté que fort peu de temps, il est probable que monsieur le comte ne l'aura pas remarqué.

Le dîner était fini ; on se leva de table, et, par une large porte-fenêtre, les convives passèrent dans la huerta où le café avait été disposé sous un bosquet touffu de capoulins.

La soirée était délicieuse ; cependant, au bout d'une heure, doña Flor prétexta un violent mal de tête et se retira dans son appartement.

La jeune fille avait besoin de se retrouver face à face avec elle-même, afin de remettre de l'ordre dans ses idées bouleversées par ce qu'elle avait appris, et peut-être aussi pour interroger sérieusement son cœur.

Tout en se promenant et fumant un excellent honradez, le colonel dit au nouveau chef d'escadron :

— Quels projets avez-vous pour ce soir, cher ami ?

— Aucuns ; je suis complètement désœuvré, répondit celui-ci qui, depuis la disparition de doña Flor, commençait à s'ennuyer considérablement.

— Voulez-vous commencer votre service tout de suite ? reprit le colonel en le regardant fixement.

— Pourquoi non, mon cher colonel, si la chose en vaut la peine.

— Vous en parlerais-je sans cela ?

— C'est juste ; vous avez donc ordonné une expédition pour cette nuit ?

— Oui, et une très-sérieuse ; j'ai été averti que les guerilleros se proposent d'enlever un convoi d'argent considérable qui vient de la Sonora et se rend à la Vera-Cruz ; l'escorte de ce convoi est assez faible, les guerilleros le guettent depuis longtemps et se sont réunis au Mal Paso, à quelques lieues d'ici, dans le but de l'enlever quand il passera.

— Eh ! c'est sérieux. Quand le convoi arrivera-t-il au Mal Paso ?

— Cette nuit, à trois heures du matin. Acceptez-vous ?

— Certes ! vous pouvez compter sur moi ; je serai des vôtres.

— A la bonne heure ; nous allons prendre congé de notre hôte et nous retirer ; il nous reste beaucoup de choses à faire, et nous n'avons que peu de temps devant nous.

— Je suis à vos ordres, mon cher colonel.

— Venez donc alors.

Ils prirent immédiatement congé, et se retirèrent en compagnie du capitaine de Salvy.

— Il faut que je voie Horacio et que j'aie une explication avec lui, dit don Tiburcio à sa femme, dès qu'il se trouva seul avec elle.

— Oui, répondit doña Linda ; le plus tôt sera le mieux. Flor devient triste, elle pleure depuis quelque temps, elle semble souffrir.

— Interrogez-la, chère Linda ; il faut que nous sachions tout.

VI

OU IL EST PROUVÉ QUE DE TOUT TEMPS LES PRUSSIENS, ONT EU LA BOSSE DE L'ESPIONNAGE.

La nuit était sombre ; des nuages d'un jaune gris, chargés d'électricité, roulaient lourdement dans l'espace et interceptaient la vue des étoiles ; un épais brouillard descendait des hauts sommets dans les vallées, et les ravins, répandant une odeur âcre et pénétrante, augmentaient encore l'obscurité ; un souffle mystérieux courait dans les arbres et faisait entrechoquer leurs branches avec de sourds et lugubres murmures ; on n'entendait d'autre bruit que celui des nappes d'eau invisibles qui rebondissaient avec fracas de roche en roche pour aller s'engloutir dans des gouffres inconnus, la chute de quelque géant des forêts, mort de vieillesse, et précipité sur les pentes abruptes des ravins, entraînant tout sur son passage, et par intervalles, le cri lugubre du hibou, auquel répondaient les miaulements railleurs du jaguar, les abois saccadés du chacal, et les sanglots presque humains de l'alligator vautré dans la boue des lagunes.

C'était une de ces nuits sinistres pendant lesquelles la nature attristée semble souffrir et se plaindre.

La demie après dix heures sonna à la grande horloge de l'hacienda del Palmar.

A peine le timbre eut-il cessé de retentir que la poterne dont nous avons parlé plus haut s'entr'ouvait avec précaution pour laisser passer un homme soigneusement enveloppé dans les plis épais d'un zarapé de couleur sombre, puis se referma sans bruit aussitôt après lui avoir livré passage.

Cet homme, malgré l'obscurité presque complète qui régnait dans le fossé, se dirigea sans hésiter vers le sentier qui montait sur le glacis, le gravit presqu'en courant, puis s'éloigna à grands pas du côté de la forêt et bientôt disparut sous le couvert ; sans ralentir sa marche, sans hésiter une seconde, l'inconnu prit un sentier étroit, à peine tracé et en suivit rapidement les détours pendant une dizaine de minutes ; arrivé près d'un énorme rocher couvert de lichens et de plantes grimpantes, qui s'élevait sur le bord même d'un ruisseau alors invisible, mais dont on entendait murmurer doucement les eaux fuyant sur les cailloux, l'inconnu s'arrêta enfin, puis après avoir, de son regard perçant, essayé, mais probablement sans succès, de sonder les ténèbres épaisses qui l'enveloppaient de toutes parts, rassuré par le silence profond qui régnait autour de lui, il siffla doucement.

Un sifflet pareil lui répondit immédiatement à une légère distance de l'endroit où il se trouvait.

L'inconnu se remit aussitôt en marche, franchit le ruisseau d'un bond prodigieux exécuté avec une adresse remarquable, et fit quelques pas au delà, se glissant comme un serpent au milieu des buissons et des taillis qui à chaque instant obstruaient le passage.

— Es-tu là ? demanda-t-il d'une voix basse et contenue.

— Oui, Seigneurie, répondit-on aussitôt.

— Approche-toi le temps presse.

Il se fit un certain bruit dans les buissons qui s'écartèrent comme s'ils eussent été violemment repoussés à droite et à gauche, et un homme émergea de l'obscurité conduisant deux magnifiques chevaux par la bride.

— En selle ! commanda l'inconnu en saisissant un des chevaux et le montant d'un bond.

L'autre personnage ne fut pas moins leste à exécuter le même mouvement.

— Maintenant, en route ! dit l'inconnu en se penchant en avant, rendant la bride et sifflant doucement.

Les deux chevaux bondirent en avant et détalèrent avec la rapidité de l'éclair sillonnant la nue au plus fort de la tempête.

Où allaient ces deux fantastiques cavaliers qui dévoraient l'espace avec la rapidité vertigineuse du cheval-fantôme de la ballade de Burger ?

L'obscurité semblait ne pas exister pour eux ; ils n'hésitaient jamais et se dirigeaient dans ces ténèbres opaques avec autant de certitude et de sécurité que s'ils eussent galopé en plein midi par un éblouissant soleil.

Cette course effarée dura cinq quarts d'heure ; tout à coup les chevaux s'arrêtèrent sur leurs jarrets frémissants.

Quelques lumières faibles et qu'on aurait pu prendre presque pour des feux-follets ou des lucioles, brillaient à une courte distance à travers les arbres de la forêt.

Les deux cavaliers échangèrent quelques rapides paroles à voix basse, ôtèrent leurs larges sombreros, puis ils prirent dans leurs fontes, deux petits objets noirs qui se trouvèrent être des bonnets de soie ; ils se les enfoncèrent sur la tête de façon à ce que ces bonnets descendissent jusqu'à l'endroit où le cou se joint à la poitrine, puis ils les assurèrent au moyen d'une cravate nouée solidement ; cela fait, ils remirent leurs sombreros. Ces masques singuliers étaient percés de trous pour les yeux, les narines, la bouche et les oreilles.

On ne saurait se figurer l'aspect étrange de ces deux visages rendus ainsi complètement méconnaissables et dont les yeux, brillant d'une lueur sauvage, semblaient deux tisons ardents.

Ils repartirent, mais cette fois au pas et marchant avec la plus grande précaution.

Tout à coup une voix se fit entendre tout près d'eux au milieu des buissons ; cette voix disait comme si elle se fût adressée à un interlocuteur invisible :

— N'est-ce pas le cri du chevreuil appelant sa compagne que j'ai entendu il y a un instant ?

Les deux cavaliers firent halte ; l'un d'eux répondit :

— Le chevreuil dort paisiblement dans son fort auprès de sa compagne ; à cette heure le jaguar seul règne en maître dans la forêt.

— Que cherche le jaguar dans la forêt au milieu des ténèbres ? reprit la voix.

— Il cherche la vengeance que la trahison et la lâcheté de ceux à qui il s'est confié, l'empêchent de trouver au grand jour.

Un bruit assez fort se fit dans les buissons, et un homme parut.

— Soyez le bienvenu, Seigneurie, dit-il, nous vous attendons.

— Etes-vous nombreux ?

— Assez ; mais tout notre monde n'est pas arrivé encore.

— C'est bien ; marchons.

L'homme s'inclina et se plaça à l'avant-garde ; au bout de quelques minutes les trois inconnus arrivèrent à une espèce de clairière au centre de laquelle s'élevaient quelques ranchos qui tous étaient éclairés.

Des hommes bien armés étaient assis par groupes de cinq ou six autour des feux de bivouac ; un grand nombre de chevaux attachés à des piquets et complètement harnachés sauf les mors, mangeaient leur provende.

Les deux cavaliers s'arrêtèrent devant le plus grand des ranchos, mirent pied à terre, et, abandonnant leurs chevaux à l'homme qui leur avait servi de guide, ils ouvrirent la claie qui servait de porte et pénétrèrent dans l'intérieur du rancho.

Ils se trouvèrent alors dans une pièce assez vaste, éclairée par quelques candiles fumeux et deux ou trois longues chandelles de suif jaune plantées dans des chandeliers de fer blanc.

Cette pièce était entièrement dépourvue de meubles, sauf une grande table carrée placée au milieu, quelques tabourets, deux bancs de bois, et trois ou quatre bottes de paille jetées à terre contre la muraille.

Sur la table se trouvait une carte très-complète et très-détaillée du Mexique, de la Vera-Cruz à Mexico, une gargoulette pleine d'eau, plusieurs gobelets d'étain, et trois bouteilles d'excellente eau-de-vie de Cognac, dont deux étaient pleines et la troisième à peine entamée.

Cinq hommes seulement se trouvaient dans cette pièce ; leurs traits énergiques, les armes qu'ils portaient ne laissaient aucun doute sur leur identité, c'étaient des chefs de guerilleros ; tous cinq étaient penchés sur la carte qu'ils semblaient étudier avec la plus sérieuse attention.

La richesse de leurs brillants costumes formait un contraste singulier avec l'aspect misérable de la pièce dans laquelle ils se trouvaient.

A l'entrée des deux arrivants les guerilleros se retournèrent, toutes les mains se tendirent et la même parole s'échappa de toutes les bouches :

— Soyez les bienvenus.

— Bonne nuit et tous nos compliments, caballeros ; répondirent les nouveaux venus.

Ces cinq guerilleros se nommaient ou du moins se faisaient nommer el Pinto, el Rabioso, el Niño, el Rastreador et el Muchacho ; tous noms significatifs ; ces cinq hommes étaient la terreur des terres chaudes, et pourtant à les voir nul ne s'en serait douté ; le plus âgé n'avait pas vingt-cinq ans ; ils avaient la physionomie gaie, ouverte, insouciante, la bouche souriante, le regard clair et droit, la voix douce, les manières presque efféminées, le ton et les expressions de la bonne compagnie, et portaient des costumes d'une incroyable richesse et du meilleur goût ; nous en décrirons un, sauf la couleur ils avaient tous la même coupe ; c'était le pittoresque costume andalou coquettement modifié ; les deux nouveaux venus étaient, eux aussi, revêtus de costumes semblables.

Leur cou se détachait sur le col rabattu d'une chemise de flanelle rouge brodée en soie blanche, ou gris-perle brodée en soie rouge, ou encore blanche brodée en soie bleue ; la veste, le gilet et le pantalon de velours bleu étaient soutachés de broderies d'argent, et la *botonadura*, c'est-à-dire la garniture du pantalon, composée de cent-vingt boutons, représentait une série de petites têtes de jaguar, de puma, de loup, selon la fantaisie du propriétaire ; un des deux inconnus masqués, avait une botonadura de tête de mort ; tous ces boutons admirablement ciselés étaient en argent massif ; une faja ou ceinture en crêpe de Chine aux couleurs nationales serrait la taille et supportait deux longs revolvers à six coups et un poignard à pommeau d'argent curieusement travaillé ; sous la faja s'agrafait le ceinturon en cuir fauve auquel le sabre à fourreau d'acier ou même d'argent était attaché, les jambières ou guêtres étaient en peau de jaguar ; quelques-uns des guerilleros commençaient à remplacer les guêtres par les bottes molles, leurs éperons en argent massif et à molettes grandes comme des soucoupes les obligeaient à marcher sur la pointe du pied.

Leurs larges sombreros tout galonnés d'or étaient négligemment jetés sur leurs magnifiques zarapés posés au hasard sur le dos des chaises.

— Quoi de nouveau ? demanda l'inconnu aux têtes de mort qui n'était connu que sous le nom assez mystérieux de el Escondido.

— Pas grand'chose, répondit el Pinto ; el Verdugo fait toujours le diable.

— Ceci n'est pas une nouvelle.

— Je puis vous en donner une certaine ; j'attendais votre arrivée, caballero, pour la faire connaître, dit el Muchacho en tordant une cigarette de paille de maïs entre ses doigts délicats.

— Parlez ! parlez ! s'écrièrent tous les assistants en se pressant autour de lui.

— Est-elle bonne ? demanda el Rabioso.

— Je la crois telle : du reste vous en jugerez ; don Ignacio Vivanco dont on n'avait plus entendu parler depuis l'affaire de Dominguez a échappé, on ne sait comment, à la poursuite obstinée d'el Verdugo ; il vient de reparaître ; il est à la tête d'une partida, ou cuadrilla si vous le préférez, très-nombreuse ; il a signalé son passage à paso del Macho en détruisant un détachement français jusqu'au dernier homme et en enlevant un convoi considérable d'armes et de munitions dirigé de la Vera-Cruz sur Mexico.

— Caraï ! s'écria el Rabioso, el Verdugo doit être furieux, lui qui a juré de le prendre de sa propre main.

— Don Ignacio ne se laissera pas facilement mettre la main au collet, dit en riant el Escondido ; quand cela s'est-il passé ?

— Il y a deux nuits.

— Ah ! caraï ! quand je le rencontrerai, je lui ferai mon compliment bien sincère ; voilà une admirable entrée en campagne.

— Vous n'aurez pas longtemps à attendre, amigo Escordido, dit el Niño en riant, don Ignacio sera ici dans une demi-heure.

— Il serait possible ! s'écria el Escondido avec émotion.

— Rien n'est plus certain, reprit el Niño ; il nous a promis de nous donner un coup de main pour l'affaire de cette nuit.

— L'affaire tient donc toujours ?

— Pardieu ! comme disent ces démons de Français ; pourquoi serions-nous tous ici sans cela ?

— C'est juste, reprit el Escondido devenu subitement pensif ; à propos, s'écria-t-il tout à coup, qu'avez-vous donc fait, Muchacho querido, de ce docteur prussien que vous aviez attaché à votre cuadrilla ? Son nom ne me revient pas.

— Le docteur Shimelmann ? répondit en riant el Muchacho.

— C'est cela, le docteur Shimelmann ; qu'est-il donc devenu ?

— Il est devenu l'homme indispensable de ma cuadrilla et de celle d'el Niño ; c'est un gaillard bien précieux ; il est à la fois médecin, chirurgien, cambusier, tailleur, il nous sert d'espion au besoin.

— Oui, dit el Niño, il a surtout un talent particulier pour cette dernière occupation ; c'est une véritable vocation chez lui ; il se glisse au milieu des Français avec une adresse incroyable et nous fournit d'excellents renseignements ; c'est un homme bien utile, je le crois un peu vendu au diable.

— Est-ce qu'il vous a accompagné ici ?

— Certainement ; comment ferions-nous s'il n'était pas là ? nous ne pouvons nous passer de lui.

— Je ne serais pas fâché de le voir.

— C'est facile ; il doit dormir dans quelque coin plus qu'à moitié ivre, ces Prussiens boivent toujours ; si vous le désirez, je vais l'envoyer chercher.

— Ne vous donnez pas cette peine ; el Mozo ira.

— Comme il vous plaira. Que lui voulez-vous donc

— Vous verrez tout à l'heure ; à quelle heure passe le convoi au Mal Paso ?

— Il a une heure de retard ; il ne passera pas avant quatre heures.

El Escondido tira de son gousset une magnifique montre ornée de brillants et la consulta.

— Bon ! dit-il, il est à peine onze heures et demie ; nous avons le temps.

Il replaça la montre dans son gousset et, prenant à part son compagnon, dont le nom de guerre était el Mozo, lui dit quelques mots à voix basse.

Celui-ci répondit par un geste d'intelligence et quitta aussitôt le rancho.

— Mille Diablos ! amigo, dit el Niño en riant, vous prenez des manières tragiques, est-ce qu'il y aurait quelque chose ?

— Moins que rien, répondit el Escondido avec indifférence.

— A la bonne heure ; je commençais à être inquiet sans savoir pourquoi, tant votre voix était devenue brève tout à coup.

— Allons donc, vous rêvez, querido ; je désire causer avec ce digne Prussien, voilà tout.

La porte du rancho s'ouvrit et un homme parut sur le seuil.

Tous les guerilleros poussèrent un cri de joie en le reconnaissant.

Cet homme était don Ignacio Vivanco de Bustamente.

Il était vif, allègre, et semblait rajeuni de dix ans; il serrait toutes les mains, répondait à tous les compliments avec un entrain et une gaîté qui faisaient plaisir à voir.

— Vive Dios, caballeros! s'écria-t-il lorsque le premier émoi causé par son arrivée fut un peu calmé; nous allons donc tailler des croupières à nos bons amis les Français, qui ont bien voulu faire trois mille lieues tout exprès pour nous civiliser nous autres sauvages, et nous révéler les secrets d'un empire d'occasion; cuerpo de cristo, avant que cette vision cornue leur eût fêlé le cerveau, ils auraient bien dû se donner un bon gouvernement puisqu'ils s'y entendent si bien; mais c'est toujours comme cela, on voit la paille dans l'œil du voisin, je vous passe le reste; en attendant, nous allons les frotter d'importance.

— Nous ferons tout pour cela du moins, dit el Niño.

— Ce sont de véritables démons! il n'y a pas à dire non, reprit don Ignacio; ils n'ont peur de rien et manient la baïonnette! enfin nous ferons de notre mieux! on ne peut exiger davantage.

— Si, dit el Escondido d'une voix sourde, la guerre a ses chances; ce n'est pas un déshonneur d'être vaincu quand on s'est bravement battu; mais ce qu'il faut, c'est savoir prendre ses précautions, et ne pas aller se jeter dans la gueule du loup, comme des agneaux sous le couteau du boucher, par trop de confiance et de loyauté!

— Que voulez-vous dire, Escondido? s'écrièrent les guerilleros d'une seule voix.

— Serions-nous trahis cette fois encore? fit don Ignacio en fronçant le sourcil.

— Vous êtes trahis, vendus, reprit el Escondido nettement, et si vous n'y prenez garde, bientôt vous serez livrés.

— Expliquez-vous! expliquez-vous!

— Je suis venu tout exprès pour cela, amigos, mais avant de venir me joindre à vous, j'ai pris mes précautions de telle sorte que la trahison ourdie contre nous, si vous le voulez, tournera à notre avantage et à la confusion des Français.

— Mais le traître, qui est-il? le connaissez-vous?

— Je le connais.

— Oui, mais sans doute il a eu soin de se mettre à l'abri de notre vengeance.

— Vous vous trompez, il ne soupçonne rien, et se croit si bien en sûreté qu'il est ici, préparant ses batteries de mensonges pour nous livrer sans défense aux Français.

— Mort au traître!

— Silence, caballeros, il pourrait vous entendre; il faut qu'il soit démasqué et convaincu devant vous tous; d'ailleurs vous ne voudriez pas, si misérable qu'il soit, condamner cet homme sans l'entendre.

— Non certes, dit el Niño, il nous faut des preuves de sa culpabilité, mais ces preuves comment les obtenir?

— Je m'en charge si vous me laissez agir à ma guise.

— Nous vous donnons carte blanche, dit el Pinto.

— Carte blanche! répétèrent les autres d'une seule voix.

— C'est bien, caballeros, je vous remercie, et maintenant feignez de tout ignorer et laissez-moi faire; j'entends un bruit de pas au dehors, voici notre homme.

Au bout d'un instant la porte du rancho s'ouvrit et el Mozo entra.

Le guerillero était accompagné d'un individu à mine chafouine, aux regards en dessous, ayant près de six pieds de haut, maigre à proportion, vêtu d'une lévite verte, boutonnée militairement, coiffé d'une casquette plate à visière tombante et chaussé de bottes molles; sa parole était douce, mielleuse, ses manières obséquieuses et rampantes avaient quelque chose de bas et de dégradant; en somme cet individu, Prussien de naissance et probablement de caractère, n'avait rien qui inspirât la sympathie, bien au contraire; il y avait en lui du renard, du loup et de la vipère; son contact faisait éprouver cet horrible dégoût que l'on ressent quand on touche un reptile, quelque chose de froid, de gluant et de visqueux, qui donne des nausées et glace le cœur.

Cet honorable personnage, ainsi que nous l'avons dit plus haut, répondait au nom singulier de Shimelmann, qui traduit littéralement signifie : homme-chameau; le hasard, par un de ces caprices singuliers, dont il est plus prodigue qu'on ne le suppose, semblait s'être plu à établir une ressemblance bizarre entre cet homme et le nom qu'il portait; en effet il y avait du chameau dans son profil et dans les allures générales de son corps lourd et mal conformé, et cela de telle sorte qu'en le voyant on était saisi de ce jeu étrange de la nature, et on comprenait qu'il devait s'appeler ainsi et non autrement.

Il se présenta à demi courbé, le visage blafard, un sourire quêteur sur ses lèvres pendantes et charnues, et malgré l'assurance qu'il affectait, le regard vaguement inquiet.

— Vous avez daigné me faire appeler, Seigneurie, dit-il au Nino.

— Ce n'est pas moi, master Shimelmann, répondit el Nino, d'un ton de bonne humeur, c'est ce cavalier el Escondido qui désire vous demander quelques renseignements.

— Je suis aux ordres de sa Seigneurie, répondit le Prussien en saluant très-bas et jetant à la dérobée un regard assez peu satisfait sur el Escondido, et prêt à répondre à toutes les questions qu'il lui plaira de m'adresser.

— Voilà qui est bien, je vous remercie master Shimelmann, répondit el Escondido, vous comprenez n'est-ce pas que, sur le point de tenter une opération aussi sérieuse que celle qui se prépare nous avons besoin de nous entourer des renseignements les plus complets, les plus détaillés et surtout les plus positifs.

— Parfaitement; dit-il en ponctuant ce mot d'un nouveau salut.

— Ainsi vous êtes bien certain des mesures prises par les Français pour protéger la conducta de plata?

— J'ai tout entendu et tout vu.

— Ceci est péremptoire; asseyez-vous donc, cher master Shimelmann, nous sommes véritablement heureux d'avoir avec nous un ami aussi dévoué et aussi intelligent que vous.

Le Prussien s'assit; rien dans les manières d'el Escondido ni des autres guerrilleros n'était de nature à éveiller ses soupçons; ils semblaient causer entre eux et n'attacher aucune attention à ce qui se disait entre lui et el Escondido.

— Mais, reprit celui-ci, pour avoir tout vu et tout entendu, il faut que vous soyez demeuré pendant quelque temps au milieu des Français, confondu avec eux et vivant de leur vie.

— C'est ce qui est arrivé en effet, Seigneurie, dit-il avec un sourire blafard; j'avais été envoyé à Mexico par le señor el Niño et d'autres caballeros guerrilleros pour acheter des provisions et prendre certains renseignements; j'appris qu'une conducta de plata considérable, longtemps attendue et que l'état de guerre n'avait pas permis de mettre plus tôt en route était arrivée à Mexico, et qu'un convoi s'organisait pour l'escorter jusqu'à la Vera-Cruz; je pris l'uniforme du 2º régiment de chasseurs d'Afrique dont un escadron est en garnison à Orizaba ainsi que vous devez le savoir.

— Oui en effet; vous m'intéressez beaucoup; j'aime les gens de ressource. Qu'avez-vous fait alors?

— Je me présentai muni d'excellents papiers, dit-il avec un nouveau salut accompagné de son éternel sourire, je me présentai au général en chef, comme un soldat Alsacien mis provisoirement en subsistance au 2º chasseurs et désireux de rejoindre son corps.

— Le prétexte était simple, il devait réussir.

— Il réussit en effet, Seigneurie, je fus attaché au convoi; en ma qualité d'Alsacien, on ne se défiait pas de moi.

— Certes les Alsaciens jouissent d'une haute réputation de loyauté et de courage parmi leurs compatriotes, réputation bien méritée.

— C'était là-dessus que je comptais, reprit-il avec un sourire plein de fiel; je ne m'étais pas trompé; aussi pendant le trajet de Mexico à Orizaba j'eus le temps d'apprendre tout ce que je désirais savoir.

— En effet, mais en arrivant à Orizaba, vous vous êtes sans doute trouvé dans une situation délicate?

— Nullement, Seigneurie; j'avais prévu le cas depuis longtemps, mes mesures étaient prises en conséquence; un peu avant d'arriver en vue de la ville, je m'arrangeai de façon à rester en arrière et à laisser filer le convoi; puis profitant d'un coude de la route, je me jetai dans les buissons sans être aperçu par l'arrière-garde et je me hâtai de me rendre auprès du señor Niño à qui je fis mon rapport.

— Décidément vous êtes un homme très-adroit, master Shimelmann; je vois que l'on peut avoir une entière confiance en vous.

Le Prussien fit le gros dos et prit un air modeste; el Escondido souriait sous son masque; il avait atteint le but qu'il se proposait, le Prussien complètement rassuré n'était plus sur ses gardes.

El Escondido prit un magnifique porte-cigares en paille de Gayaquil dans la poche de sa veste, choisit deux honradez et en présentant un à l'Allemand:

— Quel jour déjà le convoi est-il entré à Orizaba dit-il négligemment?

— Le mardi vers deux heures de l'après-dînée.

— C'est vrai; et vous avez rejoint le Niño?

— Le mercredi soir.

— Vous en êtes sûr?

— Que dites-vous donc là, señor Shimelmann, interrompit en riant el Niño? c'est le vendredi seulement que vous m'avez rejoint au rancho de la Paloma.

— Vous croyez Seigneurie!

— Vive Dios! j'en suis certain.

— Du reste c'est bien possible, j'ai tant de choses dans la tête que je puis me tromper.

— Vous vous trompez bien certainement, reprit el Niño; d'ailleurs, cela n'a point d'importance.

— Pas la moindre, dit el Escondido en allumant son cigare; mais tenez, fit-il en se frappant le front de la main, voici qui lève tous les doutes; le mercredi soir, vous avez couché dans le rancho del Pino; vous souvenez-vous d'un cavalier qui s'est arrêté pendant quelques minutes à la porte de ce rancho pour boire un verre de tepache et faire manger son cheval?

— En effet, je crois me souvenir vaguement, fit-il avec une hésitation subite.

— Je vais vous mettre entièrement sur la voie, reprit en riant el Escondido; je savais bien que je vous avais vu quelque part, ce cavalier c'était moi, bien entendu je n'étais pas masqué, nous avons causé pendant quelques instants.

— C'est bien possible, Seigneurie; mais je ne me rappelle aucunement ce détail, dit-il en devenant vert.

— Allons donc; tenez tout en causant vous m'avez dit ceci: Señor, si vous avez des motifs particuliers de craindre d'être vu des Français, je vous engage à vous éloigner au plus vite, car la guerilla du colonel Morin bat la montagne aux environs et ne tardera pas à paraître; je vous témoignai ma reconnaissance et, après vous avoir forcé à accepter une once d'or, je profitai de votre avis, je remontai à cheval aussitôt et je partis. Vous ne pouvez avoir oublié cela, que diable?

— En effet je me souviens vaguement, répondit-il de plus en plus embarrassé.

Les guerrilleros s'étaient peu à peu rapprochés, et maintenant ils écoutaient avec la plus sérieuse attention; ils commençaient à soupçonner que quelque chose d'important ne tarderait pas à sortir de ce singulier interrogatoire.

Quant au sieur Shimelmann il commençait à se sentir très-mal à son aise et à jeter à la dérobée des regards inquiets sur les figures narquoises qui l'entouraient, et dont l'expression n'avait rien de positivement rassurant pour lui.

— J'étais bien sûr que la mémoire vous reviendrait, dit el Escondido avec un sourire ironique, j'achève donc.

— Oh! inutile, Seigneurie, dit le malheureux Prussien complètement déferré, et voulant tenter un dernier effort pour sortir de la mauvaise situation où il se

Cinq minutes plus tard, il se balançait la corde au cou, page 34.

trouvait ; tous les faits de cette rencontre que vous me rappelez sont maintenant entièrement présents à ma mémoire.

— Bon, laissez-moi dire, nous verrons après ; je suivis donc votre conseil et je partis ; mais, à une lieue du rancho del Pino, je m'arrêtai dans une cabane que je connaissais de longue date ; j'y cachai soigneusement mon cheval et après m'être barbouillé le visage et avoir changé mes vêtements contre ceux d'un misérable Indien, m'étant ainsi rendu méconnaissable, je revins en toute hâte au rancho del Pino, j'avais un très-grand désir de connaître ce fameux colonel Morin qui est devenu la terreur des terres chaudes et, puisque l'occasion m'était offerte de le voir, je voulais en profiter ; je rentrai dans le rancho par une porte de derrière et je causai avec le ranchero, un vieil ami, qui se mit aussitôt à ma disposition. Un fort détachement de la contre-guerilla gardait les abords du rancho. Quant à vous, señor, vous étiez à table avec le colonel Morin, un bien bel homme, on ne peut pas dire le contraire ; au moment où j'arrivai, vous commenciez à dîner, vous causiez en français avec le colonel, vous mangiez comme un loup et buviez comme une éponge, c'est une justice à vous rendre, et vous paraissiez fort gai ; vous vous moquiez avec beaucoup d'esprit de ces brutes de Mexicains auxquels vous alliez jouer un si bon tour ; vos rires et ceux du colonel devinrent si éclatants qu'ils en ébranlaient la maison ; vous souvenez-vous de l'Indien endormi et à moitié idiot qui vous servait et dont vous aviez une peine extrême à vous faire comprendre, c'était moi, cher master Shimelmann ; comment trouvez-vous que, pour un Mexicain, j'aie joué mon rôle ?

— Seigneurie, j'ignore dans quel but vous me racontez cette histoire, fort bien imaginée et fort divertissante sans doute, mais à laquelle je vous avoue que je ne comprends absolument rien, répondit-il en tremblant.

— Pauvre honnête homme calomnié, reprit el Escondido avec un écrasant mépris. Voici comment l'affaire se termina : à la fin du dîner, le colonel vous écrivit un bon de mille piastres, touchable à vue à la Vera-Cruz, chez l'intendant militaire français; bon auquel il joignit une lettre explicative des motifs de cette considérable générosité en votre faveur; puis le colonel partit et vous laissa dans le rancho où vous passâtes la nuit; vous étiez tellement ivre après le départ du colonel, que c'est à peine si vous fûtes capable de vous traîner jusqu'à la botte de paille qui devait vous servir de lit, cependant, au point du jour, vous vous mettiez en route pour la Vera-Cruz; arrivé chez l'intendant militaire, il se trouva que vous aviez perdu votre lettre d'introduction, bien que vous eussiez conservé le mandat; heureusement pour vous, le colonel se trouvait précisément chez l'intendant qu'il avait tenu à avertir de vive voix, sans cela vous n'auriez pas été payé, les intendants militaires français étant très-formalistes; le lendemain soir, c'est-à-dire le vendredi, vous rejoignîtes el Niño au rancho de la Paloma. Vous n'aviez certes pas perdu de temps; en deux jours, vous aviez fait les affaires des Français, les vôtres et les nôtres.

Le Prussien était atterré.

— Caballeros, dit el Escondido en se levant, vous avez tout entendu ; cet homme est un misérable et odieux coquin qui nous a vendus à nos ennemis pour quelques milliers de francs.

— Au nom du ciel écoutez-moi, señores, s'écria l'espion, je ne suis pas coupable.

El Escondido haussa les épaules.

— Faites-le fouiller, dit-il, on trouvera sur lui l'once que je lui ai donnée; c'est une once espagnole au millésime de 1775, sur la face, elle porte gravée avec la pointe d'un poignard, à droite un T, à gauche un V; le revers est rayé d'une croix de Saint-André.

Malgré la résistance du Prussien, et elle fut terrible, car le misérable était doué d'une rare vigueur, il fut renversé, fouillé minutieusement et on lui enleva une ceinture en cuir, gonflée d'or et de papiers, billets de banque et onces. Il y en avait une somme très-considérable ; au milieu de beaucoup d'autres, on trouva l'once désignée par el Escondido.

Il n'y avait plus de doutes à avoir; cependant el Escondido, qui voulait sans doute que les preuves de la culpabilité du Prussien fussent complètes, retira de son portefeuille un papier renfermé dans une enveloppe décachetée ; ce papier était la lettre écrite par le colonel Morin à l'intendant militaire, et que l'espion croyait avoir égarée étant ivre.

— Quelle sentence prononcez-vous contre ce misérable ? dit el Escondido.

— Cet homme, dit don Ignacio, a abusé indignement de l'hospitalité qu'il avait reçue dans notre pays et de la confiance sans bornes que nous avions mise en lui, pour nous vendre lâchement à nos ennemis, je demande qu'il soit pendu à l'instant, et qu'un écriteau soit placé sur sa poitrine portant son nom, sa nationalité et les motifs du châtiment qui lui a été infligé.

— Qu'il en soit ainsi ! dirent tous les guerilleros d'une seule voix.

El Escondido fit un geste, le misérable fut aussitôt bâillonné, garotté et transporté hors du rancho.

Cinq minutes plus tard, il se balançait la corde au cou à la branche maîtresse d'un immense cèdre qui s'élevait à quelques pas du rancho.

— Grâce à vous, caballero, nous l'avons échappé belle ! dit don Ignacio à el Escondido en lui tendant la main que le guerillero serra.

— Tout n'est pas fini encore ! dit el Escondido en hochant la tête, nous avons écrasé le serpent, mais les filets dans lesquels il nous a enlacés nous enveloppent encore.

VII

OU LES ENNEMIS SE TROUVENT EN PRÉSENCE.

El Escondido alla fermer solidement la porte du rancho, puis revenant près des guerilleros qui le regardaient faire d'un air étonné, sans cependant oser lui demander compte de cette conduite singulière :

— Señores, leur dit-il de sa voix sympathique et douce, je viens, je le crois, de vous rendre un grand service.

— Un immense, en démasquant le traître qui s'était glissé parmi nous, interrompit don Ignacio avec élan.

— Je me prépare à vous en rendre un plus grand encore, continua el Escondido ; et avec l'aide de Dieu, je réussirai je l'espère ; mais pour cela je réclame de vous deux choses :

— Parlez ! parlez ! s'écrièrent les guerilleros d'une seule voix.

— La confiance la plus absolue et une obéissance passive aux ordres que je croirai devoir donner pendant le cours de l'opération que nous allons tenter pour nous sortir du guêpier dans lequel nous sommes ; en assumant sur moi seul la responsabilité de l'effort que nous ferons, moi seul dois prendre le commandement.

— Señor, interrompit vivement don Ignacio, vous nous avez rendu il y a un instant un service signalé ; je ne doute pas que vous ayez la ferme intention de nous en rendre bientôt un plus grand encore, seulement permettez-moi de vous faire une observation fort juste et en même temps fort grave à cause des circonstances dans lesquelles nous nous trouvons.

— Parlez, caballero, je suis prêt à répondre à toutes

les observations qu'il vous plaira de m'adresser dans l'intérêt général.

— Là gît précisément le nœud de la question, caballero, je commence avant tout par vous déclarer que ce que j'ai à dire ne peut avoir rien de blessant pour vous.

— J'en suis convaincu, señor ; mais parlez je vous prie, car le temps marche et nous presse.

— Vous avez raison, je serai donc net et bref ; tous nos compagnons vous aiment et vous tiennent en grande estime ; ils apprécient votre courage ; et, depuis le commencement des hostilités, ils vous ont toujours vu accourir à leur aide à la tête de votre brillante et brave petite cuadrilla, chaque fois qu'ils se sont trouvés, comme aujourd'hui par exemple, dans une situation critique pour ne pas dire plus.

— Eh ! bien señor.

— Nous sommes ici, sans vous compter, six chefs de guerillas, tous appartenant aux premières familles du pays, tous combattant à visage découvert ; un seul d'entre nous el Pinto assure qu'il sait qui vous êtes, mais qu'il a fait serment de vous garder le secret.

— Êtes-vous bien sûr que el Pinto soit le seul ici qui me connaisse dit en riant el Escondido ; señor don Ignacio, si vous m'aviez laissé parler sans m'interrompre, vous et nos amis sauriez déjà qui je suis. Voici ce que je voulais vous dire quand après avoir fermé la porte je suis revenu près de vous. Des raisons dont vous apprécierez et reconnaîtrez toute la gravité, m'obligent quant à présent à conserver le plus strict et le plus sévère incognito vis-à-vis de nos soldats : mais vis-à-vis de vous qui êtes tous des caballeros et des hommes dans la parole desquels j'ai la plus grande confiance, cet incognito ne saurait durer plus longtemps surtout après ce qui s'est passé il y a quelques instants, et les événements graves qui se préparent. El Pinto est mon ami et mon lieutenant ; il n'a pas les mêmes raisons que moi pour demeurer inconnu ; en mon absence c'est lui qui commande ma cuadrilla, peu nombreuse à la vérité, mais entièrement composée d'hommes braves, fidèles et dévoués jusqu'à la mort. Maintenant soyez satisfaits, señores, ajouta-t-il en se détournant pour enlever son masque et se mettant aussitôt en pleine lumière ; regardez-moi, me reconnaissez-vous ? Mais je vous en supplie soyez prudents, que mon nom ne sorte pas de vos lèvres.

Les guerilleros poussèrent un cri de surprise joyeuse.

— Lui ! s'écrièrent-ils.
— Nous doutions de lui !
— Nous le prenions pour un afrancesado !
— Et moi qui l'accusais presque ! s'écria don Ignacio.

Toutes ces exclamations se croisèrent au même instant et se confondirent en une seule ; chacun se pressait autour du jeune homme et l'accablait de témoignages de sympathie ; mais le plus joyeux, le plus ému de tous était don Ignacio.

— Mais alors l'homme qui vous accompagne, demanda-t-il, est sans doute...

— Mon frère de lait ; je n'ai pas voulu que son père connût mon secret, sa position exige qu'il ignore tout.

— C'est juste ; pauvre diable, quand il saura ce qui se passe, il sera bien étonné.

— Il m'en voudra de mon silence, mais cela s'arrangera. Se tournant alors vers ses amis il continua : Maintenant, señores, vous savez qui je suis, vous connaissez les raisons de haute convenance qui exigent qu'aux yeux de nos compagnons cet incognito qui a cessé pour vous, dure quelque temps encore.

— Nous vous approuvons complètement, querido amigo, dit el Niño ; pour tous, vous continuerez à être el Escondido, le chef redouté de la terrible guérilla-fantôme, pour nous, seulement dans l'intimité, vous serez notre ami, notre frère.

— Toute discussion devient désormais oiseuse ; nous vous suivrons les yeux fermés partout où il vous plaira de nous conduire, et nous vous obéirons avec le plus complet dévouement, dit el Rabioso en lui pressant la main.

— À présent dites-nous, demanda don Ignacio, ce que vous comptez faire et le plan que vous avez conçu.

— Ce plan est simple, répondit le jeune homme en remettant son masque. Les Français nous attendent au Mal Paso ; ils sont embusqués aux environs au nombre d'une cinquantaine ; la conducta est escortée par une compagnie de la légion étrangère et un peloton de chasseurs d'Afrique ; le colonel Morin avec trente hommes de sa contre-guérilla se tient prêt à prendre les assaillants en écharpe dès que l'attaque sera devenue sérieuse ; voilà le plan de nos ennemis. Maintenant voici le mien : les soldats français, tout compris, sont au nombre de deux cent cinquante environ, bons soldats, disciplinés et se battant avec un entrain presque irrésistible, nous devons nous en souvenir ; mais, à cause de la disposition des lieux, ils ont été contraints d'occuper un assez grand espace, ce qui rend les conditions d'un ralliement longues et difficiles ; nous ne devons avoir qu'un but, détruire l'escorte et infliger une défaite à la guérilla du colonel Morin, afin de lui faire perdre son prestige aux yeux des populations des terres chaudes qui tremblent devant elle ; si nous réussissons en même temps à nous emparer de la conducta, tant mieux ; mais je le répète nous ne devons pas nous y attacher particulièrement, notre objectif devant être la destruction de la colonne ; le convoi a avec lui des malades, des femmes et des enfants dont les cris, en augmentant le désordre, nous seront très-utiles. Mes mesures sont prises pour que, dès que les voitures seront engagées dans la partie la plus étroite du passage, ayant à droite le précipice et à gauche la montagne presque à pic, le chemin soit en quelques secondes obstrué en avant et en arrière du convoi de façon à ce que les différents tronçons de l'escorte ne se puissent rejoindre ; au signal donné, le convoi sera attaqué en queue et en tête, en même temps que des matières incendiaires pleuvront sur les charrettes contenant les munitions afin de provoquer une explosion ; nos hommes mettront pied à terre, s'embusqueront derrière les arbres et combattront à couvert, une centaine de cavaliers seulement restera en selle pour faire face, s'il est nécessaire, à la cavalerie ennemie ; je ne puis pour le moment entrer dans de plus grands détails. J'ai cru devoir modifier nos signaux de combat pour mieux dérouter les Français : le cri du hibou répété deux fois donnera le signal de l'attaque ; un coup de sifflet signifiera de reculer sans cesser de combattre ; deux coups de sifflet, l'attaque générale de tous les côtés à la fois ; le chant du coq, l'ordre de battre en retraite. El Pinto, avez-vous exécuté mes ordres ?

— Ponctuellement, señor ; les hommes sont embusqués depuis le coucher du soleil ; tout est prêt.

— Montez à cheval avec le reste de nos hommes et faites ce dont nous sommes convenus ; vous attacherez des branches de cèdre à la queue des chevaux pour effacer la trace des fers sur le sol.

— Oui, señor.

El Pinto salua et sortit.

— Les señores el Rabioso et el Niño avec leurs guerrillas, continua el Escondido, vont se rendre à l'instant avec toute la rapidité possible au Quemado où ils s'embusqueront ; ils cacheront leurs chevaux, dont les naseaux seront serrés afin de les empêcher de hennir ; ils feront disparaître leurs traces avec des branches de cèdre.

Les deux chefs quittèrent le rancho après avoir serré la main d'el Escondido.

— El Muchacho et el Rastreador se dirigeront le premier vers Aguas Frescas, le second vers el Palo Verde, en ne laissant derrière eux aucune trace de leur passage ; ces deux points atteints, ils convergeront sur le Mal Paso et s'embusqueront au Portillo ; mais ils auront grand soin de dissimuler leurs traces afin de ne pas laisser deviner à l'ennemi leur nouvelle direction ; surtout ne vous faites pas voir, il est important que cette embuscade ne soit pas soupçonnée. Partez donc et faites diligence, mes chers camarades, je compte principalement sur vous.

— No tenga usia cuidado, n'ayez pas de soucis, Seigneurie, — répondit gaiement el Muchacho.

Les deux derniers chefs de guerillas prirent alors congé et quittèrent le rancho à leur tour.

Don Ignacio, el Escondido et el Mozo demeurèrent seuls.

— Et nous que faisons-nous, demanda don Ignacio ; vous ne comptez pas me laisser les bras croisés, je suppose ?

— Soyez tranquille, je vous ai conservé près de moi pour la besogne la plus intéressante.

— Bon, voyons un peu cela, je suis friand en diable, vous le savez.

— Combien avez-vous d'hommes avec vous ?

— Quatre-vingts, pas davantage ; mais il n'y a pas un seul porteño parmi eux ; ce sont tous des vaqueros des savanes sonoriennes, des démons incarnés qui ne craignent ni Dieu ni diable.

— Bravo ! ce n'est pas tant la quantité que la qualité que je recherche.

Il consulta sa montre.

— Mozo, continua-t-il, pars en avant avec la cuadrilla de don Ignacio et les dix cavaliers qui nous restent ; va, frère, je te rejoindrai bientôt. Ça maintenant que nous sommes seuls, reprit-il dès que el Mozo eut refermé la porte du rancho derrière lui, causons un peu ; il s'agit d'ajuster nos flûtes, comme disent les Français.

— De quoi retourne-t-il donc ?

— De ceci : ce n'est pas un convoi qu'il faut attaquer cette nuit, mais deux convois.

— Deux convois ! madre de Dios ! que me dites-vous donc là ?

— La vérité ; écoutez-moi bien.

— Vive Dios ! je ne perds pas une syllabe.

— Voici la chose en deux mots : les Français, sachant que toutes les guerillas ou du moins les plus importantes des terres chaudes se sont réunies et associées pour tenter d'enlever la conducta de plata, du reste entre nous l'affaire en vaut la peine, cette conducta étant une des plus considérables qui aient été réunies depuis plusieurs années, les Français, dis-je, ont imaginé de faire passer en même temps et sans coup férir un convoi de vivres et de munitions de guerre, supposant avec raison que les guerilleros, occupés après la conducta, ne s'apercevraient pas du passage du convoi remontant, qui se glissera inaperçu à portée de fusil de l'autre.

— Eh ! eh ! l'idée est bonne, bien imaginée ; elle a de grandes chances de réussite.

— Oui, elle est bonne et réussirait si nous n'étions pas prévenus ; le secret est bien gardé ; excepté moi, personne ne se doute de cette double combinaison ; mais grâce à Dieu, rien ne se fait ni à la Vera-Cruz ni à Puebla sans que j'en sois immédiatement informé ; le convoi de munitions n'a qu'une faible escorte, il a été rendu aussi mobile que possible pour qu'il puisse échapper promptement, tandis que tout l'effort de l'attaque sera dirigé sur la conducta ; d'ailleurs, à moins que d'être averti, il ne peut venir dans l'esprit de personne que deux convois montant et descendant se croiseront ainsi à la même heure dans un endroit déterminé à l'avance ; or, comme nous avons beaucoup plus besoin de poudre, d'armes et d'équipements militaires que de barres d'argent, j'ai tout préparé pour que le convoi soit enlevé, tandis qu'une fausse attaque sera dirigée sur la conducta de plata ; si le bonheur veut que nous nous en emparions, tant mieux, mais je me consolerai facilement qu'il en soit autrement, si le convoi tombe, comme je l'espère, entre nos mains ; du reste, mes précautions sont prises avec le plus grand soin des deux côtés, Dieu décidera ; et à présent que pensez-vous de tout cela ?

— Je pense que vous avez eu raison de faire ce que vous avez fait, et que vous entendez la guerre de partisans beaucoup mieux que bien d'autres qui depuis dix ans battent la montagne dans toutes les directions.

— Merci. Le moment approche ; nous partirons quand il vous plaira.

— Tout de suite, vive Dios ! j'ai hâte de sentir un

peu la poudre ; il y a longtemps que je ne me suis trouvé à pareille fête.

Leurs chevaux renâclaient et frappaient la terre du pied avec impatience. Les deux hommes se mirent en selle, lachèrent la bride, et filèrent dans la nuit comme deux fantômes.

La clairière demeura déserte ; il n'y restait que le misérable Prussien pendu au majestueux cèdre placé près du rancho, et dont à chaque rafale le corps, ballotté dans l'espace, s'agitait avec les contorsions les plus folles, les plus bizarres et les plus ridicules.

Le temps était toujours à peu près le même, seulement il s'était un peu amélioré ; le vent, en se levant, avait dissipé le brouillard qui s'était condensé et était devenu plus intense au fond des vallées et des précipices ; les nuages moins pressés laissaient voir çà et là quelque lambeau étoilé du ciel, la lune apparaissait par intervalles et répandait sa triste et morne lumière sur le sombre paysage auquel elle imprimait un caractère presque grandiose.

Les deux cavaliers ne s'occupaient ni du temps ni du paysage ; ils couraient à toute bride, franchissant ravins et fondrières, bondissant par-dessus les quartiers de roche tombés des hauts sommets, ou les arbres renversés qui leur barraient le passage.

Ils n'échangeaient pas une parole ; l'oreille aux aguets, ils essayaient de saisir ces mille bruits qui, la nuit, troublent sans cause appréciable le silence majestueux du désert, essayant d'en deviner la signification.

Ils galopèrent ainsi pendant près de trois quarts d'heure, sans ralentir la rapidité de leur course, allant de front, botte contre botte.

Tout à coup el Escondido posa la main gauche sur le bras droit de son compagnon.

— Halte ! lui dit-il à voix basse.

Les deux chevaux s'arrêtèrent aussitôt.

Don Ignacio jeta un regard rapide autour de lui ; ils se trouvaient sur une rampe rapide qui courait le long d'un précipice d'une profondeur immense ; à leur gauche d'énormes cèdres escaladaient les pentes abruptes d'une haute montagne ; près d'eux et empiétant un peu sur la rampe dont il diminuait la largeur d'un quart à peu près, se trouvait un énorme chaos de rochers.

— Pied à terre, ordonna el Escondido, ôtez vos éperons et prenez votre carabine.

Don Ignacio obéit.

El Escondido était déjà à terre et attachait ses éperons après ses fontes ; voyant que son compagnon était prêt, il siffla doucement.

Aussitôt un Indien émergea de derrière les rochers.

— Quoi de nouveau, José ? lui demanda le jeune homme.

— Rien encore, mi amo, mais vous arrivez à temps cela ne tardera pas.

— Bien ; garde les chevaux, bouchonne-les, et tiens-les prêts au premier signal.

— Oui, mi amo, répondit l'Indien.

Il prit les chevaux par la bride et disparut presque aussi rapidement qu'il s'était montré.

— Venez, dit le jeune homme à son compagnon.

Ils s'avancèrent alors avec précaution le long de la rampe, pendant une centaine de pas ; puis faisant subitement un crochet, ils se jetèrent dans la montagne et bientôt disparurent au milieu des arbres et des buissons ; ils marchèrent ainsi pendant quelques instants, au milieu d'un fouillis de plantes en apparence inextricables, et atteignirent un endroit où les arbres plus serrés les uns contre les autres semblaient former comme une barrière naturelle qui empêchait de s'enfoncer plus profondément dans la forêt. Arrivé là, el Escondido s'arrêta en faisant signe à son compagnon d'en faire autant ; puis il siffla doucement ; au même instant un homme se dressa du milieu d'un buisson fort touffu dans lequel il se tenait caché et fit quelques pas au-devant des deux hommes.

— Nous sommes arrivés, dit alors el Escondido en s'adressant à don Ignacio ; c'est ici qu'est postée l'embuscade préparée contre le convoi venant de la Vera-Cruz ; je vous laisse le commandement et la direction de l'attaque ; el Mozo, mon frère de lait que voici, a reçu mes instructions détaillées ; il vous instruira des mesures que j'ai cru nécessaire de prendre et de la façon dont l'expédition doit être conduite ; bonne chance et surtout bon succès ; d'ailleurs comptez sur mon aide, vous me verrez accourir au moment opportun ; quant à présent je vous laisse et me rends en toute hâte auprès de nos amis, car l'attaque ne va pas tarder et il est important que je sois là ; j'ai le pressentiment que l'affaire sera chaude.

— Allez sans crainte, faites votre devoir, je saurai faire le mien.

Ils se serrèrent affectueusement la main, et pendant que don Ignacio suivait el Mozo sous bois, el Escondido descendait en courant les pentes rapides de la montagne dans la direction du Mal Paso, où sa première embuscade était établie.

Il ne lui fallut que dix minutes à peine pour atteindre son but tant les deux embuscades étaient rapprochées l'une de l'autre ; il est vrai que la route qu'il se frayait allait toujours en descendant.

Le lecteur a compris sans doute déjà que les deux chemins sur lesquels les deux convois devaient passer suivaient deux lignes parallèles placées au-dessus l'une de l'autre sur les flancs presque à pic de la même montagne ; bien que très-rapprochés, car il y avait à peine mille mètres entre eux, la forêt qui couvrait les flancs de la montagne et à travers laquelle ils avaient été tracés, empêchait que de l'un on pût apercevoir l'autre ; nous ajouterons que les flancs de la montagne étaient impraticables pour les cavaliers, et que même les fantassins, à moins d'être très-alertes et très-adroits, auraient éprouvé de très-grandes difficultés à les escalader ; du Mal Paso il était impossible à moins de faire un détour considérable d'atteindre le chemin d'en haut.

Qu'on nous pardonne ces fastidieux détails, mais ils sont absolument indispensables pour l'entière intelligence des faits qui vont suivre et se passeront presque simultanément sur les deux chemins.

A l'époque où se passe notre histoire, les Français occupaient la plus grande partie du vaste territoire de la république mexicaine; ils se préparaient à occuper le reste en envahissant les états riverains de l'Océan Pacifique et poussant leurs audacieux détachements jusqu'en Sonora et aux extrêmes limites du territoire indien.

Cette campagne, dans des états à demi sauvages, qui ne sont que de vastes solitudes dans lesquelles l'eau manque presque totalement, fut une faute qui amena d'irréparables malheurs; on fatigua inutilement les hommes et les chevaux à poursuivre un insaisissable ennemi, que l'on sentait partout et qu'on ne voyait nulle part; qui fuyait sans cesse et, dès que nous avions quitté une ville, y rentrait pour la mettre à sac; on revint de cette campagne avec beaucoup de gloire, mais sans aucuns résultats satisfaisants. Si l'on s'était contenté d'occuper solidement les grandes villes, en lançant des colonnes volantes après les troupes juaristes; celles-ci, à bout de ressources, auraient été contraintes de se disperser; il aurait été alors facile d'organiser les grands centres de population, de rétablir la sécurité et de créer la confiance, en laissant de côté les inutiles solitudes de la Sonora du Sinaloa, etc., qui d'eux-mêmes auraient fini par se soumettre.

On jugea à propos de procéder autrement et on eut tort, les faits l'ont surabondamment prouvé; mais nous nous arrêtons, ce sujet nous mènerait trop loin; d'ailleurs, nous ne racontons pas l'expédition du Mexique, mais seulement quelques épisodes de la guerre de guerillas dans les terres chaudes.

Donc les Français préparaient en ce moment une campagne dans les états du Pacifique. Occupant un immense territoire et ne possédant que des forces très-restreintes, le général en chef ne pouvait disposer que d'un petit nombre de soldats pour assurer ses communications avec la mer et surveiller les partis ennemis; les escortes étaient presque toujours insuffisantes pour protéger les convois considérables qui allaient constamment de la Vera-Cruz à Mexico et vice versâ.

Ces immenses convois étaient presque toujours attaqués par les guerillas mexicaines pendant leur long trajet dans les chemins impraticables des montagnes; beaucoup furent enlevés et si le plus grand nombre échappa, ce ne fut que grâce à la discipline et à la bravoure indomptable de nos soldats qui se faisaient résolument tuer jusqu'au dernier, plutôt que d'abandonner leur poste ou consentir à mettre bas les armes.

Plusieurs escortes se firent ainsi tuer jusqu'au dernier homme sans reculer d'une semelle en protégeant le convoi confié à leur honneur militaire; cette partie de l'histoire de l'expédition du Mexique abonde en traits d'héroïsme malheureusement trop oubliés.

Depuis fort longtemps déjà, un énorme convoi de vivres de campagne, de munitions de guerre, d'équipements militaires, avait été formé à la Vera-Cruz. Ce convoi, destiné à ravitailler les troupes qui devaient entreprendre la campagne dans les terres chaudes du Pacifique, était impatiemment attendu par le général en chef qui envoyait émissaires sur émissaires pour qu'on le lui expédiât dans le plus bref délai. Malheureusement, les moyens manquaient; il était impossible de lui fournir une escorte de plus de soixante hommes, ce qui était dérisoire pour protéger un convoi qui avait plus d'un kilomètre de long; il est vrai que les Français, voyant toujours fuir les Mexicains devant eux, s'étaient formé une opinion erronée de leur courage; la poltronnerie des Mexicains était devenue proverbiale dans l'armée, et en rase campagne, un peloton de quarante ou cinquante Français n'hésitait pas à charger deux et même trois cents Mexicains, et presque toujours ceux-ci s'enfuyaient à toute bride. En désespoir de cause, le gouverneur de la Vera-Cruz allait donner l'ordre du départ du convoi, s'en fiant beaucoup au hasard pour le succès de cette expédition, lorsque le colonel Morin vint le réconforter en lui annonçant le départ de Mexico de la conducta de Plata, et la résolution prise par les guerilas de se réunir pour l'enlever au passage du Mal Paso.

Le colonel avait fait un plan très-simple et qui offrait quatre-vingt-dix chances sur cent de réussite. Ce plan, que nous avons expliqué plus haut, fut adopté avec enthousiasme par le gouverneur, et les mesures furent aussitôt prises pour le mettre à exécution; les plus grandes et les plus minutieuses précautions furent employées pour que rien ne transpirât et que l'affaire demeurât complétement secrète; deux ou trois familles mexicaines que des affaires pressantes appelaient dans l'intérieur furent autorisées, au dernier moment, à se joindre au convoi.

Enfin tous les préparatifs étant terminés, un soir, vers neuf heures, après la fermeture des portes, le signal du départ fut donné; par une nuit sombre et brumeuse, le convoi concentré à la Tejeria se mit en marche et déroula lentement ses anneaux multiples sous la protection de soixante soldats de la légion étrangère commandés par un capitaine et un lieutenant et quinze cavaliers de la contre-guerilla du colonel Morin, ayant à leur tête le comte de Bussy, le nouveau chef d'escadron.

Ce n'était pas chose facile que de mettre en mouvement ces lourdes charrettes attelées de six, huit, dix et même douze paires de mules, qui allaient cahotant dans les ornières où parfois elles s'enfonçaient jusqu'au moyeu et dont on avait une peine extrême à les sortir.

Heureusement la saison des pluies torrentielles était passée : la terre complétement séchée offrait une certaine résistance malgré la nature friable du sol, mais les chemins défoncés par les convois précédents, mal réparés au moyen d'arbres énormes enterrés tout entiers dans les ornières, et plus souvent pas réparés du tout, offraient à chaque pas des difficultés inouïes que l'on ne pouvait surmonter qu'à force de patience et surtout de dévouement et de courage.

Cependant le convoi marcha ainsi cahin-caha jusqu'à quatre heures du matin et s'arrêta pendant trois heures sur les premières pentes des montagnes pour donner un peu de repos aux animaux et les faire manger ; puis on se remit en route et on continua à monter ; plus on avançait, plus le chemin devenait difficile ; ce ne fut que trois jours après son départ de la Vera-Cruz que le convoi ne se trouva plus qu'à une lieue environ de l'endroit où il devait, sans cependant la voir, se croiser avec la conducta de Plata arrivant de Mexico.

Les soldats de l'escorte, qui jusque-là avaient marché avec cette nonchalance caractéristique qui les distingue pendant leurs longues étapes, étaient devenus sérieux ; ils marchaient en ordre, le doigt sur la détente, l'œil et l'oreille au guet ; les cavaliers avaient pris la tête de la colonne et poussaient des reconnaissances en avant afin d'éclairer la route.

Parmi les quelques voitures qui s'étaient jointes au convoi, il y en avait une fort belle, hermétiquement fermée, et que le commandant de Bussy surveillait avec un soin tout particulier ; chaque fois que son devoir le lui permettait, il s'approchait de cette voiture, se penchait à la portière et échangeait à voix basse quelques paroles avec les personnes qu'elle renfermait.

Parfois une voix douce au timbre mélodieux lui répondait par deux ou trois mots de remerciement, mais cela était rare ; chaque fois que cela arrivait, le visage du commandant s'épanouissait et un éclair jaillissait de sa prunelle.

En même temps et presque à la même heure que le convoi de la Vera-Cruz se remettait en marche, la conducta de Plata reprenait sa route par le chemin d'en bas, s'avançant dans le meilleur ordre et usant des plus grandes précautions pour éviter toute surprise ; l'escorte de ce second convoi, beaucoup plus nombreuse que celle du premier, s'élevait à un peu plus de deux cents hommes, tant infanterie que cavalerie, et était commandée par un chef de bataillon ayant sous ses ordres trois capitaines dont un de cavalerie, trois lieutenants et trois sous-lieutenants.

Quant à la cavalerie irrégulière du colonel Morin, sans doute elle s'était placée en embuscade dans une position déterminée à l'avance, car on ne l'apercevait nulle part.

La nuit était sombre ; un brouillard humide enveloppait les soldats, glaçait leurs membres, les empêchait de voir à trois pas devant eux et les obligeait à marcher presque à tâtons, sur cette rampe étroite, où toute chute pouvait être mortelle.

Les deux convois s'avançaient donc l'un vers l'autre avec des difficultés et des fatigues énormes, ayant à lutter contre les obstacles de toute nature qui, incessamment, se dressaient devant eux, au milieu de ténèbres presque opaques.

Cependant, vers une heure du matin, le vent se leva et balaya le brouillard en même temps que les nuages, s'évanouissant à l'horizon, laissaient apparaître quelques parcelles étoilées de la voûte céleste et permettaient à la lune de répandre quelques fugitifs rayons sur le sol ; la nuit devint alors presque claire, et les soldats, que l'obscurité avait rendus tristes et moroses, se sentirent subitement ragaillardis par ces lueurs bien faibles cependant, et s'avancèrent d'un pas plus ferme et plus résolu.

La conducta de Plata put alors marcher un peu plus vite, les animaux eux-mêmes semblant sentir l'influence bienfaisante de la lumière et se guidant avec plus de certitude.

Un peu avant quatre heures du matin la conducta atteignit le Mal Paso ; et, après une halte de quelques minutes, elle s'engagea résolument dans le passage redouté ; un tiers environ du convoi avait franchi l'endroit le plus étroit du Mal Paso, le reste s'y trouvait engagé en grande partie, quand tout à coup le cri du hibou se fit entendre dans la nuit et troubla subitement le morne silence qui régnait dans le convoi.

— Voilà un oiseau de mauvais augure qui chante bien tard ! dit le chef de bataillon d'un ton bourru.

— Je crains que ce cri ne cache quelque diablerie indienne, lui répondit en hochant la tête un capitaine qui marchait à son côté.

— Attention ! cria le commandant en poussant son cheval, en avant ; et vous, messieurs les officiers, soyez prêts à faire votre devoir, nous allons être attaqués avant cinq minutes.

Le cri du hibou s'éleva une seconde fois dans l'air ; au même instant un craquement terrible se fit entendre sur les flancs de la montagne et une masse énorme d'arbres coupés par le pied roulèrent en bondissant sur les pentes et vinrent s'abattre avec un bruit horrible sur le convoi, brisant et renversant tout ce qui s'opposait à son passage.

Le convoi était coupé en deux ; au même instant une fusillade bien nourrie partit de derrière les arbres laissés intacts pour servir d'abri aux assaillants, et deux troupes nombreuses de cavaliers chargèrent la conducta en tête et en queue.

Un horrible désordre régnait dans le convoi, les charrettes renversées avec leurs attelages gisaient littéralement englouties sous les arbres précipités de la montagne, les parties du convoi qui n'avaient pas été atteintes par cette effroyable avalanche étaient dans le plus grand désarroi ; les mules se cabraient et ruaient de frayeur ; les arrièros criaient, plusieurs charrettes mal dirigées perdaient pied et roulaient dans le précipice ; des attelages dont les traits avaient été rompus ou traîtreusement coupés, galoppaient effarés sur la route étroite et augmentaient encore le désordre que les balles dirigées par des mains invisibles, venaient, en fouillant le convoi et frappant ses défenseurs, rendre plus grand encore.

— Clairons, sonnez le ralliement ! s'écria le commandant d'une voix de tonnerre, sacredieu nous laisserons-nous *embêter* par ces sauvages ? capitaine Guérin, prenez-moi vingt hommes et délogez-moi cette vermine, et vous autres, enfants ! feu ! triple Dieu ! feu sur ces démons, montrons-leur que nous sommes Français !

Ces différents ordres furent exécutés avec une rapidité et un ensemble admirables ; pendant qu'une partie des soldats s'embusquaient et commençaient à tirailler vigoureusement contre les Mexicains toujours invisibles, le capitaine Guérin, à la tête d'une vingtaine d'hommes, s'élançait bravement sur les pentes abruptes et les escaladait avec un entrain irrésistible.

Les deux sections de chasseurs d'Afrique placées l'une à la tête, l'autre à la queue du convoi, ne restaient pas non plus inactives et chargeaient les Mexicains.

Pendant ce temps des hommes armés de haches s'occupaient activement à déblayer la route et à ouvrir un passage au convoi.

Les soldats un instant surpris par la spontanéité de cette attaque avaient presque aussitôt repris leur sang-froid et faisaient vaillamment leur devoir, fermes, souriants et railleurs comme à la parade.

L'ordre était presque complétement rétabli, grâce à l'énergie du commandant et à son imperturbable sang-froid.

— C'est une répétition de la retraite de Roncevaux, dit gaiement un jeune fourrier qui faisait tant soit peu clerc, *non bis in idem*, mes camarades, nous allons vous tailler des croupières.

Cette boutade fut accueillie par de bruyants éclats de rire et le combat continua avec cette insouciance héroïque et narquoise qui est le côté saillant du caractère français.

VIII

COMMENT LE COLONEL MORIN SE CRUT TROP TOT VAINQUEUR ET CE QUI EN ADVINT.

Le combat se maintenait avec des chances presque égales de part et d'autre.

Le capitaine Guérin et ses vingt hommes avaient bravement escaladé les pentes en se faisant un rempart de chaque buisson, de chaque rocher ou de chaque tronc d'arbre; il avait réussi, en perdant seulement deux hommes, à obliger l'ennemi à reculer d'une centaine de mètres; et, s'embusquant à son tour, il soutenait lui un feu bien nourri de tirailleurs.

Ce succès, si léger qu'il fut, était cependant fort avantageux pour le convoi qui, n'ayant plus qu'à faire face en tête et en queue, pouvait s'occuper plus rapidement à réparer autant que possible le dommage qui d'abord lui avait été causé; soldats et arrieros s'occupaient activement à déblayer la route, soulevant les arbres avec des pics et des leviers, et les faisant rouler dans le précipice; trois quarts d'heure se passèrent ainsi à travailler avec ardeur sous le feu de l'ennemi dont les balles venaient à chaque instant faire de nouvelles victimes parmi les Français; enfin le passage, grâce à des efforts inouïs se retrouva libre en avant et le convoi toujours combattant put se remettre en route.

Sa ligne s'allongea de nouveau et bientôt on eut l'espoir que le Mal Paso serait enfin franchi sans plus de mal.

Mais au moment où les dernières charrettes s'engageaient dans la partie la plus étroite de la rampe, le feu, qui depuis quelques instants avait semblé se ralentir sur le flanc de la montagne, reprit tout à coup une nouvelle intensité et bientôt on aperçut les soldats qui reculaient pas à pas tout en continuant de tirer.

Le commandant qui se tenait à l'arrière-garde, envoya aussitôt une section soutenir les tirailleurs et fit embusquer le reste des hommes dont il pouvait encore disposer, sans affaiblir l'arrière-garde qui continuait à soutenir une lutte acharnée contre les cavaliers qui la chargeaient avec rage.

Mais il ne fallut qu'un coup-d'œil au commandant pour reconnaître que demeurer plus longtemps dans la position qu'il occupait serait s'exposer non-seulement à subir des pertes graves, mais encore à compromettre la sûreté du convoi, tant les forces démasquées par les Mexicains étaient écrasantes; il fit donc sonner le ralliement.

Il commença alors à opérer lentement sa retraite en reculant pas à pas du côté du convoi et sans cesser de faire face à l'ennemi.

Les Mexicains, trompés par ce mouvement rétrograde dont ils ne comprenaient pas les motifs, l'attribuèrent à de l'hésitation, peut-être à de la crainte, et se croyant déjà vainqueurs, ils s'élancèrent en avant en poussant de grands cris.

Mais ils furent accueillis par une fusillade terrible qui leur causa des pertes sérieuses et les contraignit à se rejeter sous le couvert, plus vite encore qu'ils ne l'avaient quitté.

Pendant ce temps le convoi avait enfin franchi le Mal Paso, derrière lequel la route s'élargissait considérablement et devenait beaucoup moins difficile. Les soldats avaient continué lentement leur mouvement de retraite et avaient atteint à leur tour le Mal Paso; là ils s'arrêtèrent et firent tête à l'ennemi tandis que la cavalerie défilait derrière eux et que leurs camarades élevaient en toute hâte avec des débris de charrettes, des troncs d'arbre et tout ce qui leur tombait sous la main, une solide barricade.

Les guerilleros, voyant une trentaine d'hommes seulement disposés à leur disputer le passage, poussèrent une charge désespérée contre eux; les soldats les laissèrent arriver presque sur leurs baïonnettes et les reçurent par une effroyable décharge; les cavaliers tourbillonnèrent sur eux-mêmes, plusieurs tombèrent et les autres firent volte-face et s'éloignèrent au plus vite poursuivis par les balles implacables des Français qui en jetèrent encore quelques-uns à bas de la selle.

Les Mexicains se rallièrent hors de portée de fusil et se préparèrent à pousser une autre charge; mais alors ils virent que les Français avaient disparu, et qu'ils n'avaient plus devant eux qu'une énorme barricade au-dessus de laquelle brillaient aux rayons blafards de la lune les canons de fusil de leurs terribles ennemis.

Les guerilleros, reconnaissant l'impossibilité de déloger les Français de la forte position qu'ils occupaient, n'essayèrent pas de faire une nouvelle attaque; ils tournèrent bride, et ne tardèrent pas à disparaître dans les méandres de la route.

On me nomme el Escondido; ce nom est bien connu des français, page 47.

L'arrière-garde se trouvait ainsi dégagée et libre de ses mouvements; elle se hâta de se remettre en marche, d'autant plus qu'à l'avant-garde et sur les flancs du convoi, le combat continuait avec acharnement.

Les Mexicains, lorsqu'ils se furent assurés que les soldats français avaient abandonné la barricade, se laissèrent glisser le long des pentes de la montagne, renforcèrent la barricade et en firent un retranchement solide qu'ils retournèrent et qu'une cinquantaine d'entre eux gardèrent contre un retour offensif de l'escorte.

Pourquoi les guerilleros prenaient-ils ces précautions qui semblaient inutiles, c'est ce que nous saurons bientôt.

Aussitôt le Mal Paso franchi, les montagnes s'éloignaient presque brusquement; leurs pentes s'adoucissaient jusqu'à une certaine hauteur, et à deux ou trois cents pas du passage, la route faisait un coude et traversait un plateau large de près de deux kilomètres, presque complétement déboisé, et par lequel la cavalerie pouvait manœuvrer avec la plus grande facilité.

Aussi à cause même de cette disposition des lieux, le convoi ne possédant que très-peu de cavaliers et pouvant être chargé de tous les côtés à la fois se trouvait-il dans une situation excessivement critique.

Les Mexicains le pressaient de toutes parts, faisant évoluer leurs chevaux avec une vélocité et une habileté remarquables, ils accouraient ventre à terre, lançaient le lasso, pointaient leurs lances et repartaient avec quelques malheureux soldats qu'ils traînaient derrière eux, à demi étranglés et essayant en vain de se délivrer du lacet fatal qui leur serrait la gorge.

Le convoi avait été contraint de s'arrêter une seconde fois, et les soldats embusqués sous les charrettes et derrière les chevaux faisaient un feu roulant sur ces insaisissables ennemis qui voltigeaient autour d'eux et semblaient se multiplier.

En effet, en ce moment, les cavaliers mexicains n'étaient pas moins de quatre cents; tous hommes résolus et combattant avec une incroyable ardeur en hommes qui ont juré de vaincre.

La situation du convoi se faisait à chaque instant plus critique et plus précaire; les soldats succombaient les uns après les autres, presque sans vengeance; leur nombre diminuait rapidement, et le moment ne tarderait pas où il ne resterait plus assez d'hommes pour continuer cette lutte insensée d'un contre six ou sept au moins.

Les soldats étaient accablés de fatigue; la colère seule soutenait leurs forces épuisées; le commandant, impassible et ferme en apparence, mordait fiévreusement sa moustache et était en proie à un morne désespoir, car il comprenait que ce combat de géants ne pouvait se prolonger davantage et que lui et tous les siens étaient, à moins d'un miracle, condamnés à périr misérablement à cette place.

Tout à coup des cris discordants se firent entendre; les masses ennemies oscillèrent comme battues par une rafale terrible, s'écartèrent brusquement, et la terre trembla sous les pas pressés de nombreux cavaliers qui passèrent comme une trombe, sabrant et renversant tout ce qui leur faisait obstacle dans leur course échevelée, puis ces cavaliers sombres et silencieux rompirent leurs rangs, se scindèrent en petits pelotons de cinq, six et dix hommes et sans s'arrêter une seconde se lancèrent à la poursuite des Mexicains qui fuyaient dans toutes les directions en poussant des hurlements de terreur et criant :

— El Verdugo! el Verdugo!

Il y eut alors une foule d'engagements partiels, des combats corps à corps, où le sabre et le revolver étaient seuls employés, puis le combat se changea en boucherie et il se fit un horrible carnage des fuyards qui imploraient vainement la pitié de leurs implacables vainqueurs.

Le convoi, cette fois, était dégagé, sauvé d'une défaite certaine par l'arrivée providentielle de la contre-guerilla du colonel Morin.

Lorsque les ennemis eurent définitivement disparu, le colonel Morin fit sonner le ralliement et s'avança vers le commandant du convoi dont il serra la main avec force.

— Merci pour mes soldats, colonel, dit le commandant avec émotion, vous nous avez tous sauvés; sans vous nous serions morts à présent.

— Oui, il était temps que j'arrivasse, répondit le colonel; j'enrageais de ne pouvoir vous venir plus tôt en aide, mais il me fallait le terrain nécessaire pour manœuvrer; il m'était impossible de rien faire tant que vous ne seriez pas ici; votre défense a été admirable, commandant, vous avez tenu tête à ces bandits avec une énergie et une solidité que je ne saurais trop louer.

— J'ai fait mon devoir, colonel, mais si je me suis si longtemps défendu, c'est au prix de sacrifices terribles; ma troupe est décimée; à peine me reste-t-il le tiers de mes pauvres braves soldats; mon cœur saigne en songeant aux pertes douloureuses que j'ai éprouvées.

— Que voulez-vous, commandant, c'est le jeu terrible de la guerre; mais soyez tranquille, je ferai valoir en haut lieu votre belle conduite. Le convoi a-t-il beaucoup souffert?

— Moins que je ne l'avais cru d'abord; nous avons perdu deux voitures, mais elles ne contenaient que des effets d'équipement faciles à remplacer, plusieurs autres voitures ont été brisées, mais leurs charges ont été distribuées sur les autres; en somme l'argent est intact; mais ce sont mes braves soldats!...

— Ils sont morts en faisant leur devoir; à quoi bon nous attendrir; qui sait si demain ce ne sera pas notre tour.

En ce moment le capitaine de Salvy arriva avec le gros de la guerilla; il amenait une trentaine de prisonniers.

— Pourquoi diable vous êtes-vous embarrassé de ces drôles, capitaine, dit le colonel en allumant un cigare; est-ce que nous faisons des prisonniers nous autres?

— Mon colonel, ils se sont rendus et j'ai cru devoir les épargner d'autant plus qu'ils sont fort nombreux comme vous voyez, répondit le capitaine.

Le colonel haussa les épaules.

— Vous avez eu tort, capitaine, dit-il sèchement.

— Mais des hommes qui se rendent..... le droit des gens, balbutia le capitaine.

— Ta, ta, ta, le droit des gens n'existe pas pour les bandits et les voleurs de grand chemin, et ces drôles ne sont pas autre chose; ils ont attaqué cette conducta de Plata pour la piller, n'est-ce pas? donc ce sont des brigands et ils doivent être traités comme tels; d'ailleurs il faut un exemple.

— Cependant, mon colonel.....

— Pas un mot de plus, ils m'ont appelé le Bourreau, je veux justifier ce nom qu'ils m'ont donné; vous êtes jeune, mon cher de Salvy, vos nerfs délicats ne sont pas encore habitués à ces exécutions qui ne sont en réalité que des représailles, car ils ne nous font pas grâce quand ils nous tiennent; avec le temps votre cœur se bronzera.

— Je ne le souhaite pas, colonel.

— Cela viendra malgré vous, jeune homme, vous ne réfléchissez pas que nous sommes tout au plus trente mille Français, au milieu d'une population de dix millions de sauvages qui nous détestent, dans un pays où tout nous est hostile, et à trois mille lieues de la France; voulez-vous donc que nous laissions tous nos os ici? Pas de faiblesse qui nous perdrait; la terreur seule peut nous faire respecter; cette guerre ne ressemble pas aux autres, nous défendons notre peau, et nous tuons pour ne pas être tués, souvenez-vous de cela; la mort de ces trente coquins en inspirant une épouvante salutaire nous sera plus profitable qu'une clémence maladroite qui serait prise pour de la crainte ou tout au moins de la faiblesse ; qu'on ne me parle plus de ces bandits.

— Ainsi vous ordonnez, mon colonel ?

— Qu'ils soient immédiatement pendus haut et court ; allez et que dans cinq minutes tout soit terminé, il nous faut repartir.

Il se détourna nonchalamment et se rapprocha du convoi.

Le commandant s'occupait activement à remettre tout en ordre, à faire relever les blessés et enterrer les morts.

— Commandant, est-ce que vous allez vous remettre en marche ?

— Oui, mon colonel, avant dix minutes.

— Très-bien ; vous n'avez plus rien à redouter jusqu'à la Vera-Cruz, la route est sûre et complètement déblayée devant vous ; mon escorte vous serait donc inutile, ainsi je vous dis adieu, mon cher commandant, bon voyage, nous nous reverrons bientôt là-bas.

— Alors, à bientôt, mon colonel, et encore une fois merci pour ce que vous avez fait.

— Bah! ne parlons plus de cela.

Ils se serrèrent une dernière fois la main et se séparèrent ; le commandant allant se placer à la tête du convoi qui s'était remis en marche, tandis que le colonel revenait à petits pas vers la guerilla.

Le colonel vit avec une vive satisfaction que ses ordres avaient été ponctuellement exécutés.

Les trente malheureux prisonniers avaient été impitoyablement pendus aux branches d'un énorme cèdre qui s'élevait solitaire presque au milieu du plateau.

— A la bonne heure, dit-il en lâchant une bouffée de fumée, voilà un épouvantail qui pendant quelque temps assurera la sécurité des convois ; capitaine de Salvy, faites former la troupe en colonne, nous n'avons plus rien à faire ici.

Le capitaine se hâta d'obéir.

Tout à coup le colonel retira son cigare de la bouche, pencha la tête en avant et sembla prêter attentivement l'oreille.

— C'est singulier, se dit-il à lui-même, est-ce que les oreilles me sonnent ; je veux que le diable m'emporte si je n'entends pas comme le bruit d'une fusillade éloignée ; ce n'est pas possible! si pourtant... Voyons encore ! sacredieu ! s'écria-t-il avec explosion en se frappant le front, j'y suis ! C'est bien la fusillade! le convoi d'en haut est attaqué! ces démons se sont joués de moi!... oh ! vive Dieu! cette fois ma vengeance sera terrible! il faut sans perdre un instant voler au secours du convoi. Oui, cela redouble; il n'y a pas à hésiter ; heureusement qu'à cinq cents mètres du Mal Paso, il y a un sentier praticable qui nous conduira en moins d'un quart d'heure sur le lieu de l'action; en avant! cria-t-il en brandissant son sabre.

Toute la troupe s'élança à sa suite ; mais à peine arrivaient-ils au passage, qu'ils aperçurent qu'il était bouché par une formidable barricade.

— Allons, dit-il en souriant, ce brave commandant est un véritable soldat; il avait solidement assuré ses derrières ; il aurait bien dû une fois l'affaire terminée déblayer le passage, cela va nous retarder; capitaine de Salvy... mais se reprenant aussitôt, attendez, je vais aller voir moi-même; cela ne me semble pas naturel; peut-être est-ce un piège!

Et, replaçant son cigare à la bouche, il poussa résolument en avant ; il arriva ainsi à dix pas à peine du retranchement, mais la barricade était si haute que malgré sa position élevée il ne put rien voir.

— Hum ! fit-il en hochant la tête.

Et prenant un revolver dans ses fontes, il déchargea plusieurs fois sur la barricade.

Rien ne bougea; tout demeura silencieux.

— Je me suis trompé, murmura-t-il.

Et il retourna au petit pas vers sa troupe.

— Capitaine de Salvy, dit-il, faites mettre pied à terre à une dizaine d'hommes et allez avec eux, je vous prie, nous ouvrir un passage dans cette barricade, ne perdez pas de temps, nous sommes pressés.

Le capitaine obéit, il prit dix hommes avec lui et se dirigea vers la barricade.

Au moment où les soldats n'étaient plus qu'à cinq ou six pas du retranchement, une effroyable décharge éclata; un vent de mort passa sur la guerilla et une quinzaine d'hommes tombèrent compris ceux qui avaient mis pied à terre.

— Malédiction ! hurla le colonel avec rage, ces démons d'Indiens nous ont joués comme des niais ! et toute la guerilla s'élança, le colonel en tête.

Une nouvelle décharge éclata dont l'effet fut encore plus terrible.

Le colonel, avec une témérité inouïe, sauta à bas de son cheval, saisit le capitaine de Salvy dans ses bras, l'enleva sur le cou de sa monture et sans s'occuper des balles qui sifflaient autour de sa tête il se remit en selle et rejoignit sa troupe qui avait été si vigoureusement ramenée.

— Ce serait folie de s'entêter, nous y resterions tous ! la vengeance se mange froide, je les retrouverai les démons; allons, il faut en prendre notre parti, grommela sourdement le colonel.

Et sur son ordre la troupe s'éloigna ventre à terre, poursuivie dans sa retraite par les balles mexicaines.

Fait étrange, la guerilla avait eu trente hommes de tués, exactement le même nombre que les prisonniers que le colonel avait fait pendre ; jamais depuis sa création la guerilla n'avait éprouvé un aussi terrible échec, le colonel écumait de rage.

Lorsque la troupe eut regagné le plateau elle fit halte.

Le colonel examina attentivement le capitaine de Salvy, il n'était pas mort, mais grièvement blessé ; la perte du sang lui avait fait perdre connaissance ; il avait reçu deux blessures : une à la poitrine qui n'avait fait qu'entamer la peau, la balle ayant dévié, et une autre au bras gauche, plus grave ; le bras était cassé près du coude.

— Pauvre enfant ! murmura le colonel avec compassion.

De tous les hommes frappés par les balles mexicaines,

seul le capitaine de Salvy avait été blessé ; tous les autres avaient été tués roides.

Aussitôt après que le chirurgien de la guerilla eut pansé le blessé, celui-ci fut placé sur un cacolet, et confié à un soldat avec ordre de le conduire au convoi et de veiller sur lui jusqu'à la Vera-Cruz.

— Il s'en tirera, dit le chirurgien, la cassure n'est pas mauvaise.

— Dieu vous entende, major, dit le colonel, car c'est moi par mon ineptie qui suis cause de ce qui est arrivé au pauvre enfant.

Sur un signe de son chef, le soldat prit par la bride la mule chargée du cacolet sur lequel le blessé avait été placé et il s'éloigna dans la direction du convoi qu'il ne devait pas tarder à atteindre.

Singulière et incompréhensible anomalie dans le caractère de cet homme étrange, le colonel Morin était aussi doux, aussi bon et aussi humain dans la vie privée qu'il se montrait féroce, cruel et implacable dans l'exercice de son commandement.

Aussitôt que le blessé eut disparu, le colonel donna l'ordre du départ ; il lui fallait, pour atteindre le chemin d'en haut, sur lequel se trouvait le second convoi, aller prendre un sentier éloigné de près de trois lieues de l'endroit où il se trouvait en ce moment.

La fusillade continuait toujours, le vent ayant changé, on l'entendait maintenant très-distinctement ; le colonel s'arrachait les cheveux ; mais il n'y avait pas de remède ; la colonne s'élança comme un tourbillon et ne tarda pas à disparaître dans les flots de poussière soulevés par les pieds des chevaux.

Après s'être séparé d'el Escondido, don Ignacio avait suivi el Mozo ainsi que nous l'avons dit ; les deux hommes après avoir marché pendant cinq ou six minutes dans des sentes perdues avaient débouché dans une carrière de médiocre étendue, qui formait une espèce de carrefour, sur le bord même de la route sur laquelle devait passer le convoi venant de la Vera-Cruz.

A l'extrémité de cette clairière et presqu'en bordure de la route, se trouvait un chaos de rochers qui s'étendait à une assez grande distance et au milieu duquel un grand nombre d'arbres avaient poussé à l'aventure mêlés à des buissons épineux assez élevés et fort touffus.

El Mozo s'engagea résolument au milieu de ce chaos de rochers en apparence impénétrable ; don Ignacio le suivit sans hésiter ; après maints détours, les deux hommes arrivèrent à l'entrée d'une caverne dont la bouche était parfaitement dissimulée au dehors ; ils entrèrent.

Dans la grotte se trouvaient une centaine de guerilleros étendus çà et là, fumant et causant à voix basse.

El Rabioso et el Niño, assis sur des bottes de paille, fumaient d'un air ennuyé ; quand ils aperçurent don Ignacio ils poussèrent un cri de joie.

— Vous ici ! s'écria el Rabioso ; soyez le bienvenu ; nous ne comprenons pas pourquoi el Escondido nous a envoyés si loin du Mal Paso.

— Et par conséquent, ce que nous devons faire, apportez-vous des ordres ? ajouta el Niño.

Don Ignacio sourit.

— Caballeros, dit-il en lissant avec ses lèvres un cigare qu'il avait soigneusement choisi dans un coquet porte-cigares en paille de Gayaquil, je dois d'abord vous annoncer que je suis nommé chef de l'embuscade.

— Bon ! il y a quelque chose alors, dit el Niño en se frottant joyeusement les mains.

— Il y a toujours quelque chose, reprit don Ignacio en allumant son cigare, surtout ce que l'on n'attend pas, ajouta-t-il avec un sourire railleur.

— Tant mieux, j'adore l'imprévu, dit el Rabioso.

— Alors, mon maître, vous serez satisfait, je vous le garantis.

Et, prenant les deux chefs à part, il leur communiqua en quelques mots et à voix basse ce que el Escondido lui avait dit.

Les deux guerilleros jubilaient ; ils étaient loin de s'attendre à pareille aubaine ; l'enlèvement d'un convoi composé d'armes, de munitions et d'équipements de toutes sortes, était pour eux, dans la circonstance actuelle, une prise bien autrement précieuse que celle de n'importe quelle conducta de Plata. Avec leur verve mexicaine, verve tant soit peu gasconne, puisqu'elle est andalouse et que les Andalous sont les Gascons de l'Espagne, les deux jeunes gens ne tarissaient pas sur le compte d'el Escondido qu'ils comparaient aux plus célèbres partisans de leur pays ; leur admiration pour la magnifique conception de leur chef atteignait les dernières limites de l'enthousiasme.

— Une seule chose m'inquiète, dit don Ignacio en jetant la goutte d'eau glacée destinée à faire subitement tomber cet enthousiasme.

— Quoi donc ? demandèrent les deux jeunes gens.

— Ce que nous ferons de ce convoi quand nous nous en serons emparés et comment nous parviendrons à l'emmener sans courir le risque de nous le voir reprendre.

— Diablos ! c'est juste, s'écria le Rabioso, je n'avais pas songé à cela.

— Ni moi, ajouta el Niño d'un air embarrassé.

— C'est pourtant très-important, reprit don Ignacio.

— Le cas est prévu, dit el Mozo, qui jusque là s'était borné à écouter sans se mêler à la conversation.

— Comment le cas est prévu ! firent les trois hommes avec surprise.

— Parfaitement, reprit froidement le frère de lait d'el Escondido.

— Alors décidément le chef de la guerilla-fantôme est un grand homme ! dit en riant don Ignacio ; explique-nous cela, Mozo, mon camarade.

— Je ne demande pas mieux ; la chose ne sera pas longue à vous dire. Depuis près d'un mois, c'est-à-dire depuis qu'on a commencé à organiser à la Vera-Cruz le convoi que nous allons enlever cette nuit, par ordre de mon frère de lait, je me suis mis à parcourir les haciendas, achetant une mule ici, deux là-bas, enfin toutes celles que je pouvais trouver, puis pendant la nuit je les conduisais ici.

— Comment ici? s'écrièrent les guerilleros avec surprise.

— Oui, il faut que vous sachiez, señores, que cette grotte ou caverne, comme il vous plaira de la nommer, n'est pas ce qu'elle paraît; c'est un immense souterrain divisé en plusieurs grottes semblables à celles-ci et qui va aboutir très-loin sur l'autre versant de la montagne; elle a été sans doute creusée par les eaux souterraines, car plusieurs galeries sont encore inondées; elle renferme plusieurs sources abondantes d'une eau excellente. Je conduisais donc les mules ici, tantôt de ce côté, tantôt du côté opposé, et au fur et à mesure je les installais dans une grotte où quatre de nos Indiens les plus fidèles étaient et sont encore chargés de veiller sur elles et de les soigner; il y a donc ici soixante-cinq mules ainsi que les harnais pour un beaucoup plus grand nombre; lorsque nous aurons enlevé le convoi, les mules seront chargées des munitions, etc.; si elles suffisent pas pour tout emporter nous y joindrons les attelages du convoi, puis nos bêtes fileront par le souterrain, sortiront bien loin sur l'autre versant de la montagne, les charrettes seront jetées dans le précipice et les Français auront beau chercher, écarquiller les yeux, ils ne trouveront rien et se donneront au diable.

— C'est un plan admirablement conçu et merveilleusement exécuté, s'écria don Ignacio; il réussira infailliblement si nous faisons notre devoir.

— Nous le ferons, s'écria el Rabioso.

— Où sont les mules? demanda el Niño.

— Dans une grotte près d'ici, harnachées et toutes prêtes.

En ce moment un guerillero entra.

— On attaque la conducta de Plata, dit-il, on entend les cris et la fusillade.

— Bon; il est temps de prendre nos dernières dispositions, dit don Ignacio; notre convoi ne tardera pas à arriver: A l'œuvre! caballeros.

En un instant tout fut en mouvement; en moins de dix minutes, chacun fut à son poste et prêt à agir au premier signal.

De la route on entendait parfaitement le bruit du combat acharné qui se livrait sur la rampe inférieure, les cris et les hourras des combattants mêlés aux roulements de la fusillade qui crépitait sans interruption.

— Cela chauffe! dit don Ignacio à el Mozo qui le rejoignait au milieu des buissons où il s'était embusqué avec ses plus adroits tireurs; tout est-il terminé en avant?

— Oui, Seigneurie, quant à l'arrière on se tient prêt à agir dès que vous en donnerez l'ordre.

— Bien, reste près de moi, Mozo; veillons, je crois que la danse commencera bientôt.

Au même instant le cri du hibou traversa l'espace et presque aussitôt on entendit le grincement des essieux mal graissés et le piétinement continu des attelages.

Le convoi arrivait.

Il marchait dans le meilleur ordre; comme la route était assez large, les charrettes s'avançaient sur deux de front; les soldats marchaient entre les deux lignes de charrettes afin de pouvoir s'abriter au cas d'une attaque, peu probable, d'après les mesures qui avaient été prises, et le combat qui se livrait en ce moment même sur la route inférieure; le convoi se composait de quarante-huit charrettes attelées chacune de huit mules deux par deux, et que dans les passages difficiles on mettait sur une seule file; il y avait en sus deux riches équipages renfermant deux familles mexicaines.

Le convoi pouvait avoir près d'un kilomètre de long, il était escorté par soixante soldats de la légion étrangère commandés par un capitaine nommé Justiniani, vieux soldat des guerres d'Afrique, et un lieutenant, et quinze cavaliers de la contre-guerilla du colonel Morin, à la tête desquels était le commandant de Bussy.

Les cavaliers évoluaient constamment sur les flancs de la colonne, qu'ils parcouraient de la tête à la queue, pour surveiller tout ses mouvements et éclairer la route.

Une avant-garde de cinq hommes marchait à cinquante pas du convoi; pareil nombre d'hommes formait l'arrière-garde; quant aux cinquante autres nous avons dit qu'ils venaient dans l'espace laissé libre entre les deux files de charrettes, à égale distance les uns des autres.

Telles étaient les dispositions prises par le commandant de Bussy. Ces dispositions étaient fort prudentes, vu la faiblesse de l'escorte; d'ailleurs il était impossible de faire davantage.

Le convoi s'avançait avec une sécurité complète; les soldats, le fusil sous le bras et la pipe à la bouche, marchaient d'un pas endormi, prêtant machinalement l'oreille aux bruits du combat qui se livrait près d'eux sans qu'il leur fût possible d'y prendre part.

Le commandant achevait d'échanger quelques mots à voix contenue avec les personnes, voyageurs ou voyageuses, de l'un des équipages dont nous avons parlé, lorsque tout à coup un maréchal-des-logis accourut à toute hâte venant de la tête du convoi et s'arrêta devant lui.

— Quoi de nouveau, Chacal? demanda le commandant.

— Il y a, mon commandant, que nous sommes dans un guêpier, et que si nous n'ouvrons pas l'œil, nous sommes...

Le mot fut prononcé.

— Hein! fit l'officier en se redressant.

— C'est comme ça, mon commandant, en poussant une reconnaissance, j'ai aperçu à portée de fusil en avant du convoi, la route complétement barrée, par un énorme fossé, derrière lequel s'élève une formidable barricade.

— Tu es sûr de cela? dit le comte en fronçant le sourcil.

— Pardieu, mon commandant, je me suis approché jusqu'au bord du fossé; il a près de sept pieds de profondeur et autant de large; j'ai tout examiné à mon aise; ils ont fait une levée de terre renforcée par des troncs d'arbre, en forme de redoute.

— Et ils t'ont laissé passer ton inspection ?
— Rien n'a bougé ; c'est égal, ils nous préparent un drôle de *frischti* pour sûr.
— Et nous n'avons pas de monde ! fit-il en frappant du poing le pommeau de sa selle.
— Voilà l'enclouure.
— Il faut arrêter le convoi au plus vite ; pars donner l'ordre de la halte.

Le Chacal repartit ventre à terre.

En ce moment un bruit ressemblant assez à celui d'une avalanche se fit entendre à une courte distance, à l'arrière du convoi.

— Mordieu ! qu'est-ce encore que cela ? s'écria le commandant.

Et il piqua des deux en proie à un sombre pressentiment.

Lorsque le commandant eut atteint l'arrière-garde, un coup d'œil lui suffit pour se rendre compte de ce qui s'était passé. Une masse énorme d'arbres sciés à ras de terre s'était tout à coup détachée de la montagne, et, roulant sur les pentes avec un fracas horrible, entraînant avec elle de la terre et même des quartiers de roches, était venue s'abattre sur la route qu'elle obstruait complétement.

Le convoi, à la tête et à la queue, était pris entre deux barricades ; à sa droite il avait la montagne dont les pentes étaient presque à pic, et à sa gauche un immense précipice.

— Nous ne sommes pas dans un guêpier, murmura le commandant, mais dans un véritable traquenard.

— Mon Dieu ! quel est ce bruit ? que se passe-t-il donc, monsieur le commandant ? dit une douce et harmonieuse voix sortant d'une des voitures.

— Rassurez-vous, señorita, répondit-il en souriant, ce n'est rien ; il paraît que vos compatriotes veulent nous attaquer ; mais, grâce à Dieu, nous sommes en mesure de nous défendre ; vous n'avez rien à redouter.

— Que la volonté de Dieu soit faite ! murmura faiblement la voix devenue subitement tremblante.

En ce moment, soit hasard, soit, ce qui est plus probable, trahison, les essieux de deux charrettes se brisèrent ; il y eut alors une confusion terrible dans le convoi dont les files se mêlèrent et s'enchevêtrèrent les unes dans les autres ; il s'ensuivit un désordre inimaginable mêlé de cris, de piétinements furieux, du bruit des charrettes qui se renversaient, des jurons des arrieros et des éclats sonores et métalliques des clairons qui sonnaient le ralliement.

IX

DE QUELLE FAÇON LE COMMANDANT DE BUSSY DÉFENDIT SON CONVOI.

Chose singulière, les Mexicains n'avaient encore révélé leur présence que par les deux barricades élevées à chaque extrémité du convoi ; pas un cri n'avait été poussé, pas un coup de fusil tiré, personne ne s'était laissé voir.

Le commandant de Bussy avait profité habilement de cet inconcevable répit qui lui était accordé sans qu'il comprît pourquoi. D'après ses ordres, les charrettes avaient été disposées en croix de Saint-André, au milieu de la route, reliées entre elles par des liens solides ; elles avaient ainsi formé un retranchement formidable derrière lequel les soldats et les arrieros se trouvaient suffisamment à l'abri pour opposer une longue et vigoureuse résistance ; seules, les deux charrettes dont les essieux et les roues s'étaient brisés avaient été abandonnées faute de pouvoir, à cause de leur poids, être mises en mouvement ; l'une d'elles portait deux petites pièces de montagne avec leurs affûts ; ces pièces auraient été d'un grand secours au commandant s'il avait réussi à les faire entrer dans le retranchement ; malheureusement, par une fatalité, peut-être pas aussi fortuite qu'on aurait pu le supposer, cette charrette et deux autres chargées de boulets, de gargousses et d'obus, se trouvaient placées à portée de pistolet des deux barricades, complétement sous leur feu ; essayer de les enlever de là, c'était se vouer à une mort certaine.

Le commandant se résigna donc à les abandonner sans faire aucune tentative pour les aller prendre, dans la crainte de révéler à l'ennemi la connaissance des formidables engins qu'elles portaient ; il se contenta de fortifier le plus possible son retranchement improvisé et, après avoir disposé ses hommes derrière les charrettes, il attendit l'attaque, non pas avec l'espoir de vaincre, mais résolu à mourir et à vendre sa vie et celle de ses soldats le plus cher qu'il pourrait.

A peine toutes ces dispositions étaient-elles prises que les Français virent sortir du milieu des rochers qui bordaient la clairière quatre cavaliers précédés d'un cinquième dont le visage était caché sous un voile noir ; ces cavaliers étaient accompagnés d'un trompette.

Arrivés à portée de pistolet des retranchements, le trompette sonna un appel et le cavalier masqué déploya un drapeau blanc.

— Capitaine Justiniani, dit le commandant à l'officier d'infanterie qui se tenait près de lui, voulez-vous aller voir ce que demandent ces drôles.

— A vos ordres, commandant.

Le capitaine prit quatre soldats avec lui, se fit accompagner par un clairon, quitta le retranchement et s'avança vers les Mexicains.

Arrivé à une certaine distance, il s'arrêta, fit sonner un appel de clairon et attacha son mouchoir à la pointe de son épée.

Le cavalier masqué mit aussitôt pied à terre et s'approcha du capitaine qui, de son côté, fit quelques pas à sa rencontre.

Les deux hommes se saluèrent courtoisement, puis ils échangèrent quelques mots.

Leur conférence ne dura pas plus de cinq minutes, puis ils se saluèrent de nouveau, le Mexicain demeura à la place où il était et le capitaine rentra dans le retranchement.

— Eh bien ! lui demanda le commandant, quelles sont les propositions de ce masque, mon cher capitaine ?

— Je les ignore, mon commandant ; tout ce que je sais, c'est que cet homme est le fameux Escondido, le chef de cette guerilla-fantôme si redoutée.

— Ah ! ah ! fit le commandant en se mordant la moustache, c'est le fameux Escondido ; pardieu ! je suis heureux de me rencontrer face à face avec lui ; on le dit fort brave ; nous saurons bientôt à quoi nous en tenir là-dessus. Gardez son nom secret, capitaine, il pourrait produire un mauvais effet sur nos hommes.

— C'est aussi mon avis, commandant, les soldats le redoutent plus que tous les autres chefs de guerillas ; il leur inspire une crainte presque superstitieuse et contre laquelle tous raisonnements échoueraient.

— Donc, c'est entendu. Mais cet homme veut quelque chose ?

— En effet, il a, dit-il, des propositions à vous faire, mais il ne veut les dire qu'à vous-même.

— Notre situation est grave, mon cher capitaine.

— Très-grave, mon commandant.

— Et si nous pouvions sauver nos malheureux soldats tout en sauvegardant l'honneur de la France et le nôtre, ce serait sortir à notre avantage du guêpier dans lequel nous sommes ; qu'en pensez-vous, capitaine ?

— Je pense, mon commandant, que ce serait un coup de maître ; mais, ajouta le vieux soldat en hochant la tête, il ne faut pas nous leurrer de cet espoir ; cependant je crois que dans la situation où nous sommes, nous ne risquons rien d'entendre des propositions que nous serons toujours libres d'accepter ou de refuser.

— C'est notre devoir, capitaine ; je vous laisse le commandement en mon absence ; je tiens à savoir positivement ce que nous avons à craindre ou à espérer de cet homme.

En parlant ainsi le commandant serra la main du capitaine et quitta les retranchements.

Les mêmes formalités furent observées pour cette entrevue que pour la première, puis le commandant s'approcha du cavalier masqué qui n'avait pas fait un mouvement depuis le départ du capitaine ; les deux hommes se saluèrent avec la plus exquise politesse.

— Caballero, dit le commandant, *tengo así que Usía lo ha deseado ?*

— Parlez français, monsieur le comte, interrompit le Mexicain ; je parle assez bien votre langue pour m'entretenir avec vous.

— A la bonne heure, dit gaiement le commandant, je préfère cela ; j'espère que nous pourrons nous entendre.

— Je le désire de grand cœur, monsieur.

— Je recommence donc ma phrase, si à propos interrompue ; je viens, ainsi que Votre Seigneurie l'a désiré, m'entretenir avec elle des conditions ou plutôt des propositions qu'elle juge à propos de me soumettre ; et d'abord à qui ai-je l'honneur de parler ?

— Au commandant en chef des troupes qui vous entourent.

— Cela ne me dit pas votre nom, monsieur.

— On me nomme el Escondido ; ce nom est bien connu des Français ; peut-être en ai-je encore un autre ; mais celui-là, pour certaines raisons, doit rester secret pour mes amis, à plus forte raison pour mes ennemis, monsieur.

— Je n'insisterai pas davantage sur ce sujet, Seigneurie, d'ailleurs je déclare hautement que vous jouissez d'une grande réputation de courage et de loyauté, que je vous considère comme un homme d'honneur et que je n'hésiterai pas à traiter avec vous, convaincu que quels que soient les engagements que vous prendrez, ils seront tenus ponctuellement.

— Monsieur le comte, je tâcherai de justifier la haute opinion que vous daignez avoir de moi.

— Maintenant, venons au fait, s'il vous plaît, Seigneurie.

— J'ai deux propositions à vous faire, monsieur le comte.

— Voyons ces deux propositions.

— Permettez-moi de vous dire d'abord quelle est votre position.

— Je la connais mieux que personne, monsieur ; elle est fort grave, mais j'ai avec moi une forte escorte composée de braves soldats...

— Pardon, commandant, interrompit avec ironie le Mexicain, cette nombreuse escorte dont vous me parlez se compose de soixante soldats de la légion étrangère et quinze cavaliers de la contre-guerilla du colonel Morin, soit en tout soixante-quinze hommes. Est-ce avec cette poignée de monde que vous prétendez tenir tête à cinq cents hommes qui vous entourent ? Ce serait de la folie ; si braves que soient les Français, vous n'y pouvez songer.

— En Afrique, cent vingt-trois Français ont tenu tête pendant quatre jours à dix mille Arabes dans un blockhaus en ruine, dit le commandant d'un ton incisif.

— Soit, cela est exact ; mais la situation n'est pas la même ; ces cent vingt-trois Français savaient qu'ils seraient secourus comme ils l'ont été en effet.

— Après quatre jours, interrompit le commandant ; nous tiendrons huit jours s'il le faut. Que me proposez-vous ? de nous rendre ?

— Non, commandant, dit nettement le Mexicain ; je sais que des braves comme vous se font tuer, mais ne se rendent pas.

— Que voulez-vous alors ?

— Vous quitterez vos retranchements, et vous partirez avec armes et bagages, clairons sonnant, personne ne vous inquiétera.

— Et le convoi ?

— Le convoi ? vous nous l'abandonnerez.

Le commandant haussa les épaules.

— Passons, dit-il, voyons votre seconde proposition ; la première n'a pas besoin d'être discutée, elle est inacceptable.

— C'est votre dernier mot ?

— Le dernier.

— Songez-y, commandant, c'est la mort.
— La mort sera la bien-venue, venant avec l'honneur dans l'accomplissement du devoir.

Le Mexicain s'inclina avec une courtoisie respectueuse.

— Soit, dit-il. Vous avez avec vous deux familles mexicaines qui se rendent sous votre protection à Orizaba.
— Vous savez cela?
— Je sais tout, commandant, n'importe comment j'ai obtenu mes renseignements.
— Oui, j'ai avec moi ces deux familles.
— Est-il bien humain de les exposer aux dangers terribles de la lutte sans merci qui va commencer dans un instant?
— Cette pensée m'est venue en effet; pauvres femmes! mais que puis-je faire pour les mettre en sûreté?
— Me les confier.
— Vous les confier à vous?
— Pourquoi non? mon honneur vous répond de la façon dont elles seront traitées; nous ne faisons pas la guerre aux femmes; elles seront entourées de tous les soins et de tout le respect auxquels elles ont droit.

Le commandant baissa la tête; un violent combat se livrait dans son esprit; enfin il répondit d'une voix presque tremblante:

— Je ne le puis.
— Et pourquoi? Douteriez-vous de mon honneur?
— Non pas, personnellement; j'ai en vous une confiance absolue; j'ai une foi entière en votre honneur, en toutes circonstances je me fierai à votre parole sans hésiter une seconde.
— Eh bien! dit le Mexicain avec hauteur.
— Malheureusement, il ne s'agit pas de moi ici, mais de personnes qui se sont fiées à mon honneur de soldat, à ma parole de gentilhomme français; que leur répondrai-je quand elles me demanderont quel est l'homme que je charge de les protéger, moi qui ne vous connais que sous un nom d'emprunt et n'ai jamais vu votre visage?
— C'est vrai, murmura-t-il avec agitation.
— Elles refuseront, et elles auront raison; puisque je ne pourrai leur donner aucune autre garantie, que celle que me donne votre réputation de loyauté et de bravoure; de plus vous êtes libéral, c'est-à-dire leur ennemi.
— Oui, tout cela est vrai; mais il faut en finir et les sauver coûte que coûte; le pensez-vous ainsi?
— Entièrement.
— Alors cela étant ainsi, je n'ajouterai qu'un mot; monsieur, si je n'étais pas l'ennemi loyal que je suis, j'enlèverais mon masque, je vous révélerais mon nom en exigeant votre parole d'honneur de me garder le secret; que feriez-vous alors?
— Ce secret, je le garderais, monsieur.
— Et votre honneur militaire serait perdu, s'écria-t-il vivement; vous manqueriez à vos devoirs de soldat; ce serait presque une trahison; croyez-moi, monsieur, mieux vaut vous fier à ma loyauté comme je me fie à la vôtre, en n'exigeant rien de vous qui soit incompatible avec votre honneur; j'attends votre réponse.

Le commandant hésitait.

— Ah! pourquoi faut-il que nous soyons ennemis! fit-il douloureusement.
— Nous ne sommes pas ennemis, dit le Mexicain avec noblesse, nous sommes adversaires, monsieur le comte; je sers mon pays comme vous servez le vôtre.

L'officier laissa tomber la tête sur la poitrine en étouffant un soupir.

— Que décidez-vous, commandant? reprit le Mexicain.
— J'accepte votre proposition, monsieur; il le faut, l'honneur même m'y oblige; je ne vous ferai pas plus longtemps l'injure de douter de vous.
— Vous n'aurez pas à vous repentir de votre confiance. Pensez-vous que ces dames accepteront?
— J'en fais mon affaire. Je vous remercie sincèrement de votre offre généreuse, Seigneurie; vous m'enlevez un poids bien lourd de dessus le cœur.
— Je fais mon devoir d'honnête homme, commandant; la guerre nous condamne à des extrémités assez terribles, sans que nous la rendions plus cruelle encore qu'elle ne l'est.
— Mais, comment ces dames feront-elles, seules et abandonnées sur cette route, elles, accoutumées à tous les raffinements du luxe et de la richesse?
— N'ont-elles pas leurs voitures?
— Certes, chargées de tous leurs bagages.
— Je les installerai à quelques pas d'ici dans un endroit où, non-seulement elles seront à l'abri de tout danger, mais encore où elles trouveront toutes les aises auxquelles elles sont habituées.
— Je n'insiste pas; merci encore, et adieu, mon généreux ennemi; dans dix minutes ces dames seront ici; combien attendrez-vous de temps avant de commencer les hostilités?
— Nous nous battrons donc?
— En doutez-vous?
— J'espérais...
— Je dois mourir à mon poste, comme vous au vôtre.
— Allez donc, mon cher comte, puisque vous le voulez; j'attendrai un quart d'heure, est-ce assez?
— Je n'ai pas besoin de davantage.
— Au revoir, commandant.
— Adieu! caballero.

Ils se pressèrent la main et se séparèrent.

Le commandant, sans avertir les personnes qu'il voulait sauver, fit atteler les voitures, en même temps qu'on ouvrit un passage dans les retranchements; puis les deux équipages sortirent, les postillons ou mayorales avaient reçu leurs ordres à l'avance.

Quand les deux voitures furent en dehors des retranchements, le commandant s'approcha, la tête découverte, de la portière de celle qui marchait en avant:

— Senor don Tiburcio d'Aguilar, dit-il avec une émotion contenue, à mon grand regret, je me vois contraint de vous avouer que je suis dans l'impossibilité de vous offrir plus longtemps une protection

Dans dix minutes, nous serons hors du souterrain, page 50.

efficace, ainsi qu'aux personnes de votre famille ; vous laisser plus longtemps demeurer dans mon camp serait vous vouer ainsi que ces dames à une mort certaine ; l'honneur me fait un devoir impérieux d'assurer votre sûreté par tous les moyens en mon pouvoir. J'ai obtenu pour vous aide et protection d'un ennemi généreux dans lequel vous pouvez avoir entière confiance ; j'ai le cœur brisé de me séparer ainsi de vous ; mais il faut à tout prix que vous et ceux qui vous sont chers soient sauvés ; adieu ! quant à moi je saurai mourir en faisant mon devoir de soldat.

Sans attendre une réponse, il se recula de quelques pas, fit un salut respectueux et cria d'une voix rauque aux mayorales :

— Fouettez !

Ceux-ci attendaient anxieusement cet ordre ; ils obéirent aussitôt ; les deux voitures partirent ventre à terre.

Bientôt elles eurent joint les cavaliers mexicains, et sans ralentir leur allure elles suivirent la direction nouvelle que ceux-ci leur indiquèrent.

Le commandant était demeuré immobile à la place où avait eu lieu cette douloureuse séparation, les yeux ardemment fixés sur les voitures qui s'éloignaient ; lorsqu'enfin elles eurent disparu derrière un rideau d'arbres, le jeune homme passa à plusieurs reprises la main sur son front, étouffa un soupir, mais relevant presque aussitôt fièrement la tête :

— Maintenant, je ne dois plus songer qu'à faire mon devoir, murmura-t-il d'une voix sourde.

Et il regagna à pas lents sa redoute improvisée dont la brèche se referma aussitôt derrière lui.

La conférence avait été longue. Pendant tout le temps qu'elle avait duré, la surveillance s'était un peu ralentie ; d'ailleurs tous les regards étaient fixés sur le groupe formé par les deux officiers et les soldats dont ils étaient accompagnés.

On suivait avec une véritable anxiété les mouvements divers qui échappaient aux deux interlocuteurs et on essayait de se les expliquer ; et à défaut des paroles qu'on ne pouvait entendre, de traduire cette mimique afin de deviner quel serait le résultat de cette entrevue dont les conséquences amèneraient de si terribles résultats pour les deux partis.

Toute l'attention n'avait donc pas tardé à se concentrer sur ce point de la route ; il y avait trêve, donc pas d'attaque à redouter ; la surveillance, inutile pendant quelques instants, avait fait place à des préoccupations d'un ordre beaucoup plus grave ; on espère toujours même dans les circonstances les plus critiques ; les Mexicains ayant fait les premiers pas et sollicité une entrevue, on croyait dans le camp français à un accord ou à un arrangement quelconque qui empêcherait le combat.

Nous avons vu comment et pourquoi cet espoir fut déçu.

Aussitôt que le commandant eut rejoint son poste, mettant de côté toutes préoccupations personnelles, il ne songea plus qu'à fortifier la défense ; il convoqua ses officiers auxquels il rendit un compte exact de ce qui s'était passé entre lui et l'officier mexicain ; il leur annonça nettement qu'ils n'avaient plus qu'à se défendre vigoureusement en attendant les secours qui ne tarderaient pas à arriver, car le bruit du combat parviendrait sans nul doute aux oreilles des Français et ceux-ci ne manqueraient pas d'accourir à leur aide.

Les officiers approuvèrent chaleureusement la conduite de leur commandant ; ils lui répondirent qu'il pouvait compter sur eux ; que si désespérée que fût la position et le fut-elle encore davantage, eux et leurs soldats feraient leur devoir et tomberaient jusqu'au dernier plutôt que d'accepter une capitulation honteuse.

Le commandant prit alors le capitaine à part, et l'emmena à quelques pas ; malgré sa puissance sur lui-même, monsieur de Bussy était pâle, sa voix tremblait.

— Nous sommes perdus, dit-il à voix basse.

— Qui sait ? mon commandant, répondit paisiblement le capitaine, nous pouvons combattre longtemps, notre situation n'est pas aussi désespérée qu'elle le semble.

— Vous vous trompez, capitaine ; elle l'est beaucoup plus au contraire.

— Je ne vous comprends pas, mon commandant.

— C'est que vous ne vous êtes pas encore rendu, comme je l'ai fait, moi, un compte exact de la situation malheureusement trop réelle où nous nous trouvons ; regardez de ce côté... là !... bien... que voyez-vous ?

— Sacrebleu ! s'écria le capitaine en pâlissant.

— Et là ! reprit le commandant en dirigeant son regard dans la direction opposée.

Le capitaine regarda, puis se reculant d'un pas, il salua son officier supérieur de l'air le plus respectueux en lui disant avec cette bonhomie héroïque dont le ton à la fois gouailleur et fatalement résolu a quelque chose de si terrible dans la bouche d'un vieux soldat :

— Mon commandant, je reconnais mon tort, je vous fais toutes mes excuses ; vous dites vrai, nous n'avons plus qu'à mourir. Eh bien ! nous mourrons, voilà tout, ajouta-t-il avec ce mouvement d'épaules particulier aux officiers qui ont porté le sac, et qui a quelque chose de touchant pour ceux qui savent le comprendre.

— A la bonne heure, dit le commandant avec un sourire, j'aime à vous entendre parler ainsi.

— Dame ! fit-il sur le même ton, maintenant que je sais à quoi m'en tenir, je suis tranquille.

— Et moi aussi, dit le commandant, avec une sombre énergie.

— Bon, je vous comprends, commandant, et je vous approuve ; je ferais de même.

— Pas un mot à nos hommes.

— Sur l'honneur, commandant.

— Bien ! maintenant voici ce que vous allez faire. Il lui dit alors quelques mots de bouche à oreille.

— C'est une idée ! s'écria-t-il en riant ; le moment venu, commandant, faites un signe et comptez sur moi... ce sera une revanche !

Les deux officiers se serrèrent la main et se séparèrent ; ils s'étaient compris.

Pendant la conférence, les Mexicains, profitant de l'inattention des soldats, s'étaient silencieusement glissés dans l'obscurité ; avec une adresse inouïe, ils avaient réussi à s'emparer des deux canons de montagne, des affûts et d'une grande partie des munitions qui se trouvaient sur les charrettes brisées ; cette opération avait été exécutée si habilement que personne ne l'avait soupçonnée ; le hasard seul l'avait révélée à monsieur de Bussy. Voilà ce qu'il avait montré au capitaine. La possession de ces deux pièces de campagne donnait par ce seul fait une telle supériorité aux Mexicains, qu'il était impossible à moins d'un miracle de conserver le plus léger doute sur le résultat final de la lutte.

Le commandant passa une inspection minutieuse des retranchements, encouragea les soldats, leur recommanda de ne pas tirer sans ordre, dit quelques mots au capitaine Justiniani occupé avec quelques hommes à mettre la dernière main à un travail qui semblait pressé, mais dont les soldats étaient loin de comprendre la destination ultérieure ; puis il retourna au poste qu'il avait choisi et du haut duquel il dominait la route et surveillait les mouvements de l'ennemi, autant du moins que l'obscurité de la nuit le permettait.

De la façon dont les retranchements avaient été établis, ils s'appuyaient sur la lèvre même du précipice ; ils n'étaient, par ce fait, attaquables que de face et de côté.

A peine le commandant avait-il regagné son poste au centre du camp, qu'un sifflement strident traversa l'espace, et une décharge effroyable éclata, partant à la fois des rochers qui s'élevaient en face du camp et des deux barricades.

— Ne tirez pas ! cria le commandant ; restez abrités, que personne ne se montre sans mon ordre.

Cette décharge fut suivie de plusieurs autres, sans que les Français répondissent ; blottis derrière les charrettes et les épaulements en terre qu'ils avaient faits à la hâte, ils se trouvaient presque complétement à l'abri des balles, et riaient entre eux de la maladresse des Mexicains qui brûlaient ainsi leur poudre sans profit.

Reconnaissant sans doute le résultat négatif qu'ils obtenaient, et confiants dans le nombre, en réalité ils étaient plus de cinq cents, les Mexicains résolurent de tenter un assaut malgré la terreur instinctive que leur inspiraient les sabres-baïonnettes.

Tout en continuant la fusillade, les guerilleros se formèrent en colonnes d'attaque, et par trois côtés différents ils s'avancèrent au pas gymnastique contre les retranchements ; arrivés à une centaine de pas, ils firent une décharge générale de leurs fusils, puis ils s'élancèrent en courant.

— Feu ! cria le commandant d'une voix stridente.

Les Mexicains n'étaient plus qu'à vingt pas ; le résultat fut terrible, tous les coups portèrent.

Mais l'élan était donné ; malgré les pertes énormes qu'ils avaient subies, les Mexicains ne s'arrêtèrent pas et se ruèrent sur les retranchements avec des cris terribles, et presque aussitôt les couronnèrent.

Alors s'engagea une lutte acharnée à l'arme blanche, corps à corps ; une lutte d'autant plus affreuse, qu'elle était sourde, implacable, silencieuse de la part des Français ; pendant quelques instants il y eut une mêlée effroyable, sans pitié, sans merci ; puis on vit les Mexicains rejetés hors des retranchements, fuyant en désordre dans les ténèbres, poursuivis par les balles françaises qui les décimaient dans leur retraite.

Quatre fois les Mexicains revinrent à la charge avec une furie incroyable ; quatre fois ils furent repoussés et rejetés en désordre hors des retranchements avec des pertes incalculables.

Mais à prix de quels efforts !

Après le quatrième assaut, le capitaine Justiniani, le bras gauche en écharpe, le front sanglant, et son sabre rouge jusqu'à la poignée, s'approcha du commandant.

— Eh bien ? demanda monsieur de Bussy, froid et calme comme à la parade et qui depuis le commencement de la lutte n'avait pas un instant quitté le poste périlleux qu'il occupait.

— Il ne nous reste plus que vingt-deux hommes, commandant ; tous les autres sont morts, répondit le capitaine.

— Alors il est temps d'en finir ! dit le commandant ; réunissez votre monde et exécutez l'ordre que je vous ai donné.

— Oui, commandant ; mais vous ?

— Moi, dit-il en souriant, je reste ici pour assurer la retraite ; allez et hâtez-vous ; il n'y a pas un instant à perdre.

Le capitaine s'inclina et s'éloigna sans répondre.

— Que fais-tu là, Chacal ? dit le commandant au maréchal-des-logis qui se tenait près de lui appuyé sur son sabre ; pars, je te l'ordonne.

Le vieux soldat hocha la tête.

— Nous mourrons ou nous nous sauverons ensemble, commandant, dit-il résolûment ; inutile d'insister, ajouta-t-il avec un geste péremptoire, je me le suis fourré dans la caboche, et sans comparaison, je suis plus entêté qu'un mulet.

Monsieur de Bussy hésita un instant ; une larme mouilla sa paupière.

— Soit, mon vieux camarade, dit-il enfin en lui serrant affectueusement la main ; qu'il soit fait ainsi que tu le désires.

— Merci, mon commandant, répondit-il avec émotion.

— Assure-toi que tous nos camarades sont partis.

Le maréchal-des-logis s'éloigna ; son absence dura à peine deux minutes.

— Nous sommes seuls, mon commandant, ils ont tous filé.

— Bien ; nous pouvons agir alors ; j'aperçois là-bas les Mexicains qui se reforment pour une dernière attaque, hâtons-nous.

Il se baissa, prit un immense paquet de toile cousu en forme de saucisson et lové comme une corde, il le souleva avec peine et le remettant au maréchal-des-logis :

— Déroule lentement ce saucisson dans la direction du précipice, lui dit-il, tandis que je vais en attacher solidement l'extrémité ici.

— Bon, je comprends, dit le soldat radieux, nous allons rire.

Et il obéit.

Ainsi que nous l'avons dit, toutes les voitures étaient solidement attachées les unes aux autres ; par les ordres de monsieur de Bussy, le capitaine Justiniani avait fait disposer par des soldats une quarantaine de barils de poudre sous les charrettes ; ces barils communiquaient les uns aux autres par des mèches soufrées avaient été défoncés, et dessus on avait entassé des boulets, de la mitraille, des bombes, des obus, etc.

Ce fut au milieu de cet amoncellement de projectiles que le commandant attacha l'extrémité du saucisson, en ayant bien soin de le faire plonger dans un baril de poudre.

Cela fait, le commandant regarda au dehors.

Les Mexicains arrivaient, mais lentement, avec précaution, comme s'ils se méfiaient du silence obstiné de leurs ennemis.

— Attention, soldats ! cria le commandant d'une voix tonnante, réservez votre feu, ne tirez pas sans mon ordre !

Ces paroles furent entendues des Mexicains, c'était ce que voulait l'officier.

Se voyant découverts, les guerilleros hâtèrent leur marche.

Le commandant les suivait des yeux avec anxiété ; quand ils ne furent plus qu'à une soixantaine de pas des retranchements, il enleva le fanion que lui-même avait planté au sommet de la charrette dont il avait fait son poste de combat, et il s'élança en courant vers le précipice qu'il atteignit en moins d'une minute, quelques mètres seulement l'en séparaient.

Le Chacal avait strictement obéi à l'ordre qu'il avait reçu ; le saucisson, soigneusement déroulé, descendait à une assez grande profondeur sur les pentes de la montagne.

— Ils arrivent ! dit le commandant en prenant un revolver à sa ceinture.

— Ne nous pressons pas, commandant, dit froidement le sous-officier, si nous voulons faire de la *bonne ouvrage*; attendons pour donner le signal de la danse que nous entendions chanter les coucous.

— Tu as raison, répondit monsieur de Bussy.

Une minute s'écoula.

— Eh mon Dieu ! s'écria tout à coup le Chacal, qu'est-ce que je vois donc là ?

— Où cela ? demanda machinalement l'officier.

— Là, tenez, regardez, mon commandant.

En parlant ainsi, il fit un mouvement tellement brusque, qu'il heurta l'officier; celui-ci, qui ne se tenait que très-difficilement debout sur ce plan incliné où il ne pouvait s'accrocher à rien, perdit l'équilibre, tomba, et, sans qu'il lui fut possible de se retenir, roula jusqu'au bas de cette pente rapide et tomba sur le chemin où il fut relevé tout contusionné par le capitaine Justiniani et ses soldats.

— Eh ! eh ! grommela le Chacal lorsqu'il fut seul, je crois que j'ai assez bien manœuvré; le commandant sera furieux, mais je m'en bats l'œil, pour cette fois il est sauvé ; maintenant, attention.

Il prit un pistolet à sa ceinture, s'éloigna d'une dizaine de pas du saucisson et attendit.

A peine achevait-il ces dernières dispositions qu'un grand bruit se fit entendre au-dessus de sa tête, mêlé de cris joyeux, de rires et d'acclamations de victoire ; les Mexicains avaient envahi les retranchements.

— En avant le feu d'artifice ! dit le Chacal avec un rire goguenard.

Il tira, et, se laissant en même temps tomber à terre, il se pelotonna sur lui-même, et roula comme une boule sur la pente de la montagne.

A peine le coup de feu eût-il retenti, qu'un long sillon de flamme bleuâtre sillonna le précipice ; puis tout à coup une explosion terrible retentit, la terre trembla, des rochers furent arrachés de leur base, le ciel s'illumina pendant quelques instants de lueurs sinistres, des arbres oscillèrent et furent déracinés, des masses de débris de toutes sortes lancés dans les airs retombèrent de toutes parts avec un fracas horrible, des obus éclatèrent dans l'espace ; pendant deux ou trois minutes, ce fut une confusion, un chaos dont rien ne pourrait rendre l'horreur.

Puis tout se tut ; les ténèbres reprirent leur empire et un silence de plomb régna sur le théâtre sanglant de cette effroyable catastrophe.

X

COMMENT SE CONDUISIT LE ESCONDIDO AVEC LES VOYAGEURS MEXICAINS.

Il nous faut maintenant revenir au moment où les voyageurs mexicains avaient quitté les retranchements français pour se placer sous la protection de leurs compatriotes.

Ces voyageurs étaient don Tiburcio d'Aguilar, doña Linda, doña Flor, doña Mencia, sa fille et quelques serviteurs de confiance.

Le chef de la guerilla-fantôme savait-il quels étaient ces voyageurs ? Tout porte à supposer qu'il en était instruit.

Lorsque les deux voitures furent parvenues au campement des guerilleros, el Escondido s'approcha de la portière de celle dans laquelle se trouvait la famille d'Aguilar, fit un salut respectueux et d'une voix basse et légèrement émue :

— Caballero, dit-il à don Tiburcio, soyez le bienvenu au milieu de nous, ainsi que les personnes qui vous accompagnent; daignez me faire connaître vos désirs, ils seront pour moi des ordres. Dans l'appréhension des dangers auxquels, malgré lui, vous auriez été exposés dans son camp, le commandant français, désespérant de vous protéger efficacement, vous a placés sous la sauvegarde de mon honneur ; je suis fier de cette confiance d'un ennemi, et je saurai m'en rendre digne.

— Mille grâces, caballero, nous sommes reconnaissants au commandant français de sa conduite généreuse ; nous savons que nous n'avons rien à redouter de nos compatriotes, surtout quand ils ont à leur tête el Escondido dont la réputation de loyauté l'a rendu célèbre dans tout le Mexique.

Le partisan s'inclina sans répondre.

— Sommes-nous en sûreté ici, caballero ? continua don Tiburcio ; je veux dire n'avons-nous rien à craindre des balles ennemies?

— Rien, non, señor, et si, ce qui est possible, le commandant français réussit à se dégager, vous pourrez tout naturellement vous remettre sous sa protection.

Ceci fut dit avec une certaine amertume qui n'échappa pas à don Tiburcio.

— Caballero, reprit-il, je me nomme don Tiburcio d'Aguilar ; des affaires urgentes m'appellent à Puebla où je me rends avec ma femme et ma fille en compagnie de deux dames, mes parentes ; mais il y a loin d'ici à Puebla, et la façon dont commence mon voyage me fait mal augurer de la fin qu'il pourrait avoir, je préfère y renoncer.

— Ceci vous regarde, caballero; si vous êtes don Tiburcio d'Aguilar, il vous est facile de vous rendre à l'hacienda del Palmar, où vous attendrez en sûreté les événements.

— Est-ce que l'hacienda del Palmar se trouve loin d'ici ?

— A cinq lieues à peine, caballero; si vous le désirez, je vous donnerai une escorte qui vous y conduira.

— Non, je vous remercie, tout bien considéré ; je suis un peu en froid avec don Matias Vivanco, je préfère ne pas lui donner l'ennui de ma présence, surtout en ce moment.

— Don Matias partage vos opinions, il sera, je n'en doute pas, charmé de vous recevoir.

— Qui sait? Don Matias est un homme dont il est bien difficile de connaître les opinions véritables, je n'irai pas au Palmar, je préfère retourner tout simplement à la Vera-Cruz.

— Comme il vous plaira, caballero, quand comptez-vous vous mettre en route?

— Dès que faire se pourra.

— En ce moment cela est impossible, les chemins ne sont pas libres, de plus vos mules ont besoin de repos.

— Cela est malheureusement vrai.

— Ne le regrettez pas, señor, un léger retard est de peu d'importance dans une circonstance comme celle dans laquelle vous vous trouvez; veuillez quitter votre voiture, mes gens aideront vos domestiques à la remiser ainsi que les mules dans un endroit où elles seront parfaitement à l'abri, je vais avoir l'honneur de vous conduire dans une grotte où vous pourrez en toute sécurité attendre le dénouement de la lutte sanglante qui va s'engager entre nous et les Français.

Tout en parlant ainsi, il ouvrit la portière et offrit respectueusement la main aux dames pour les aider à mettre pied à terre, puis il alla rendre le même service à doña Mencia et à sa fille.

Les voyageurs se réunirent alors en un petit groupe, dont el Escondido prit la tête pour conduire don Tiburcio et les quatre dames à travers les rochers et les buissons épineux, jusqu'à la grotte où il les fit entrer.

La grotte était déserte; tous les guerilleros l'avaient abandonnée pour aller occuper leurs postes de combat.

El Escondido traversa la première caverne sans s'arrêter, et introduisit les voyageurs dans un compartiment assez vaste, mais séparé en deux par une espèce de cloison en branches entrelacées recouvertes d'une tapisserie; dans le premier compartiment se trouvaient plusieurs sièges, simples mais commodes, des rafraîchissements étaient préparés sur une table; dans un enfoncement un lit de camp était dressé et couvert de riches fourrures.

— Vous êtes chez vous, mesdames, dit el Escondido en s'inclinant; señor d'Aguilar, ce lit de camp vous est destiné; quant à ces dames, dans le compartiment voisin, des lits ont été préparés pour elles; vous n'avez aucune intrusion à redouter, une sentinelle placée à l'entrée de ce logement improvisé barre impitoyablement le passage aux personnes quelles qu'elles soient qui tenteraient de vous troubler dans votre refuge.

— Nous ne savons réellement comment vous remercier, caballero, dit don Tiburcio, de tant de courtoisie et de sollicitude.

— Je ne fais que mon devoir, caballero; maintenant que vous êtes installés chez vous, permettez-moi de prendre congé jusqu'après la bataille, si Dieu permet que je sois encore vivant alors.

— Ne prononcez pas ces affreuses paroles, señor, dit doña Flor avec sentiment, vous vivrez; et elle ajouta avec un gracieux sourire, ne serait-ce que pour que nous puissions vous exprimer toute notre reconnaissance pour votre noble conduite envers nous.

— Puissiez-vous être prophète, señorita; malheureusement ce n'est pas probable; je ne ménagerai pas ma vie, à laquelle je tiens trop peu pour essayer de la défendre, dit-il avec tristesse. Dieu vous donne un bon repos, ajouta-t-il en s'inclinant profondément.

Doña Flor baissa la tête et devint pensive.

— Un dernier service, caballero, dit don Tiburcio en accompagnant le partisan jusqu'à l'entrée du compartiment.

— Parlez, señor, et si cela dépend de moi...

— Je le sais, et je vous en remercie sincèrement; je crains que la route ne soit pas très-sûre demain.

— C'est malheureusement probable.

— Vous serait-il possible de me fournir une escorte jusqu'à Medellin; je ne disputerai pas sur le prix si élevé qu'il soit; j'ai quatre dames à protéger.

— Hélas! c'est vrai. Que faire? pour mille onces d'or, je ne me hasarderais pas à risquer la vie de mes compagnons en vous faisant escorter par eux; les Français les connaissent, ils les pendraient sans pitié. Mais, j'y songe, fit-il tout à coup; cette escorte il ne dépend que de vous de l'avoir.

— Comment cela?

— Vous êtes assez mal avec don Matias Vivanco, m'avez-vous dit?

— Ce n'est malheureusement que trop vrai.

— Mais vous n'avez, je le suppose, aucun grief contre son fils; don Horacio je crois, qu'il se nomme.

— Aucun que je sache, au contraire; c'est un charmant jeune homme que j'ai pour ainsi dire élevé et que j'aime comme s'il était mon fils.

— Rien de mieux, alors; on dit Horacio galant homme.

— Et homme de cœur, je l'affirme, dit énergiquement don Tiburcio.

— Alors, puisqu'il en est ainsi, écrivez-lui un mot au crayon sur une page de votre agenda; je le ferai remettre par un de mes hommes à don Horacio, et dans quelques heures vous le verrez arriver à la tête de trente peones résolus et bien armés, et comme son père est fort ami des Français, nul ne se risquera à vous insulter pendant votre voyage.

— C'est que..., fit-il avec hésitation.

— Je ne vois que ce moyen, interrompit vivement le jeune homme; d'ailleurs, ajouta-t-il avec intention, songez, señor, qu'il s'agit de la sûreté de ces dames.

— C'est juste, vous avez raison; au diable les sottes idées! cette considération doit passer avant toutes les autres; ces dames ne doivent pas être exposées à d'autres périls que ceux qu'elles ont courus déjà; si, par ma faute, il leur arrivait le plus léger accident pendant ce court voyage, je ne me le pardonnerais de ma vie.

Il prit son portefeuille, l'ouvrit, écrivit quelques mots à la hâte sur une page blanche, la déchira et, après l'avoir pliée en quatre, il la remit au partisan.

— Ceci suffira, dit-il, d'ailleurs votre émissaire expliquera de vive voix à don Horacio ce que je n'ai pas le temps de lui écrire.

— Soyez tranquille, avant une heure et demie ce

billet sera a son adresse et bientôt vous verrez accourir don Horacio. Adieu! pour le moment, señor, reposez en paix et comptez sur mon exactitude a remplir la commission dont vous me chargez.

— Encore une fois merci, señor, et à bientôt, dit don Tiburcio en lui tendant la main.

El Escondido la serra cordialement et, après s'être cérémonieusement incliné :

— Dieu seul sait si nous nous reverrons, señor, dit-il.

Et il se retira.

— Qui diable peut être cet homme? murmura don Tiburcio tout en rejoignant les dames; il m'a semblé, je ne sais pourquoi, retrouver parfois dans les inflexions de sa voix des accents connus... je m'y perds; du reste, qu'il soit ce qu'il voudra, ce qui est certain, c'est que c'est un véritable caballero.

Là-dessus il invita les dames à faire honneur aux rafraîchissements préparés pour elles; il s'assit à table entre doña Linda et doña Mencia, ayant en face de lui les deux jeunes filles, et il se mit à manger de bon appétit, faisant observer en riant aux dames que rien ne creuse l'estomac comme les fortes émotions.

Le combat commença quelques minutes à peine après que le chef de la guerilla-fantôme eut quitté don Tiburcio.

La lutte fut longue, acharnée; les Mexicains se battirent en hommes; ils firent preuve d'un courage et d'une énergie que, depuis le siège de Puebla, de sinistre mémoire, on ne rencontrait plus que bien rarement chez eux.

Peu accoutumés aux grands mouvements militaires, ignorants de la stratégie européenne, ou peut-être dédaignant cette tactique qui consiste à faire évoluer et manœuvrer des masses imposantes, les Mexicains, on doit leur rendre cette justice, sont des partisans habiles et intrépides; la guerre de broussailles et d'embuscade est leur fait, et jamais les Français, pendant tout le temps qu'ils restèrent au Mexique, ne réussirent à les égaler en finesses, en ressources de toutes sortes, et en ruses toujours nouvelles dans cette guerre de guerillas, où chaque homme suit pour ainsi dire sa propre initiative et sait à un moment donné, inventer subitement quelque stratagème heureux et décisif.

Les nombreux convois enlevés par les Mexicains à l'armée française prouvent surabondamment ce que nous avançons; malheureusement, dans ces luttes qui se renouvelaient chaque jour, ils se laissèrent trop souvent emporter, dans l'ivresse du triomphe ou l'excès de leur haine contre les envahisseurs de leur pays, à commettre des actes de cruauté et de barbarie qui semblèrent autoriser, mais ne les justifièrent pas, d'horribles représailles, qui changèrent d'un côté comme de l'autre cette guerre de partisans en une lutte d'écorcheurs et de bandits, digne des plus sombres époques du moyen âge et que la civilisation actuelle et la morale réprouvent également.

Les dames passèrent tout le temps que dura le combat en proie à une anxiété terrible, écoutant avec des frissons d'épouvante les roulements continus de la fusillade, et les cris sauvages des combattants.

Tout à coup une explosion épouvantable fit osciller les rochers sur leur base, et trembler la terre; une pluie de pierrailles, de sable et de terre mêlés se détacha de la voûte de la caverne et tomba sur les dames affolées de terreur, agenouillées sur le sol, le visage caché dans les mains, priant avec des sanglots déchirants et croyant que leur dernière heure était venue.

Un nuage de poussière s'était élevé dans la caverne, les suffoquait et rendait leur situation encore plus cruelle.

Un silence de mort, froid et sinistre, avait succédé à l'explosion; les dames, dont l'ignorance complète dans laquelle elles se trouvaient de ce qui se passait au dehors mettait le comble à leur épouvante, ne savaient ce qu'elles devaient craindre ou espérer et étaient en proie aux plus sombres pressentiments.

— Qu'est-il arrivé? s'écria don Tiburcio en s'élançant au dehors et s'adressant à la sentinelle que le partisan avait placée dans la galerie pour protéger les voyageurs.

— Il est arrivé, mille demonios! s'écria le guerillero en frappant avec colère la crosse de son fusil contre le sol, que ces Français maudits, se voyant sur le point d'être forcés, ont fait sauter le convoi, et avec le convoi, plus de trois cents des nôtres.

— Oh! c'est horrible! s'écria don Tiburcio avec douleur.

— Oui, d'autant plus horrible qu'on leur avait offert de belles conditions, ils ont préféré se faire sauter.

— Et le convoi?

— Il est en miettes.

— Ainsi tous les Français sont morts?

— Où diable voulez-vous qu'ils soient? il faut espérer que le démon, qui est leur patron et leur ami particulier, les aura reçus avec tous les honneurs qu'ils méritent.

Don Tiburcio laissa tomber sa tête sur sa poitrine et pendant quelques instants il demeura accablé sous le poids d'une poignante douleur.

Le guerillero tordait philosophiquement une cigarette.

— C'est ainsi, dit-il en ricanant; voilà la guerre que nous font ces Français qui se prétendent si policés; et ils nous traitent de sauvages! ajouta-t-il en haussant les épaules.

Don Tiburcio le laissa là, et très-désireux d'obtenir des renseignements plus exacts et surtout plus détaillés, il quitta la grotte en toute hâte et sortit sur la clairière.

Le spectacle qui s'offrit subitement à ses regards lui fit malgré lui pousser une exclamation de surprise et de douleur.

En effet, un tableau véritablement affreux se déroulait sous ses yeux.

Le sol était en maints endroits jonché de cadavres mutilés de la façon la plus horrible, mêlés à des objets de toutes sortes, brisés, arrachés, disloqués et n'ayant plus aucune forme reconnaissable ; puis c'étaient des débris de charrettes ; des cadavres de chevaux et de mules ; des membres sanglants ayant appartenu à des êtres humains ; plus loin, à l'endroit où s'élevait le retranchement, la terre était littéralement bouleversée, creusée, fouillée comme à la suite d'un tremblement de terre ; et au milieu de ce chaos on voyait s'empresser une foule anxieuse qui, avec des cris de rage et des lamentations, essayait de chercher encore quelque lueur de vie dans les malheureux horriblement mutilés et déchirés qu'on retirait à chaque instant de ces décombres sans nom.

Il ne fut pas difficile à don Tiburcio de se rendre compte du drame épouvantable qui s'était joué sur cet étroit espace. Le cœur serré, le front pâle et le pas chancelant, il regagna la grotte aussi vite qu'il le put afin de rassurer les dames et de prévenir autant que cela lui serait possible les révélations affreuses qui leur seraient imprudemment faites.

Aux abords de la grotte, don Tiburcio fut accosté par un guerillero qui, après l'avoir salué, lui dit :

— Señor, je vous suis envoyé par notre chef el Escondido ; je suis heureux de vous rencontrer si à point.

— Que désirez-vous me dire, mon ami, répondit don Tiburcio, j'espère que votre chef a échappé sain et sauf à cet horrible massacre ?

— Je vous remercie pour lui, señor ; il est sauf, en effet, ou à peu près, car, grâce à Dieu, il n'a reçu qu'une légère blessure.

— Il est blessé ?

— Moins que rien, vous dis-je, une égratignure.

— Ne le verrons-nous pas bientôt ?

— A son grand regret, cela lui est impossible ; un chef se doit à ses soldats ; il y a des circonstances, et celle-ci est du nombre, où il ne lui est pas permis de les abandonner pendant un instant.

— C'est juste, vous avez donc perdu beaucoup de monde ?

— Beaucoup ; ces Français sont de véritables démons.

— Sans doute, ils sont tous morts ?

— Je ne puis rien affirmer à ce sujet ; on a retrouvé une quarantaine de cadavres tout au plus ; parmi eux ne se trouve pas celui de leur chef ; peut-être quelques-uns d'entre eux auront-ils réussi, on ne sait comment, à s'échapper, mais laissons cela quant à présent ; el Escondido m'a chargé de le remplacer auprès de vous.

— Je regrette de ne pas revoir votre brave chef, j'aurais voulu lui témoigner toute ma reconnaissance et celle de ces dames pour...

— C'est inutile ; notre commandant n'a fait que son devoir, interrompit brusquement le soldat. Vos deux voitures ont été conduites de l'autre côté de ce souterrain, dans un endroit où la route est libre ; elles vous attendent là ; il ne faut pas songer à retourner par cette route-ci à la Vera-Cruz, elle est à présent impraticable pour bien longtemps ; veuillez donc faire vos préparatifs de départ le plus promptement possible, je vous attendrai ici afin de vous servir de guide, si vous tardiez trop, le chemin assez étroit qu'il nous faut suivre serait complètement encombré par les mules chargées de ce qu'on a pu sauver du convoi, et alors il nous faudrait attendre qu'elles aient fini de défiler, ce qui serait assez long.

— Nos préparatifs seront courts, tous nos bagages étant restés chargés sur les voitures ; je ne vous demande que cinq minutes ; est-ce trop ?

— Oh ! vous avez au moins une demi-heure devant vous.

— C'est beaucoup plus de temps qu'il ne nous en faut.

— Allez donc, et, lui remettant un papier, prenez ceci, ajouta-t-il, j'avais oublié de vous remettre cette lettre dans laquelle el Escondido s'excuse de ne pas venir lui-même et vous dit que vous pouvez avoir toute confiance en moi.

— Ce mot est inutile maintenant, je me fie à vous ; ne vous l'ai-je pas fait voir ?

— C'est vrai, je vous remercie, vous n'aurez pas à le regretter.

— Est-ce que votre chef n'avait pas envoyé un émissaire...

— Au Palmar, n'est-ce pas ?

— Précisément ; eh bien ?

— Cet émissaire est revenu il y a une demi-heure à peine. Don Horacio sera au lever du soleil, c'est-à-dire dans trois quarts d'heure tout au plus, à l'endroit où vous attendent vos voitures, à la tête de trente péones résolus et bien armés ; s'il n'est pas arrivé plus tôt, c'est qu'il lui a fallu un certain temps pour réunir ses serviteurs, dispersés un peu partout dans les ranchos de l'hacienda.

Don Tiburcio salua amicalement le guerillero et se hâta de rejoindre les dames qu'il trouva beaucoup plus tranquilles qu'il ne l'aurait espéré, et presque complètement revenues de leur terreur.

Il leur expliqua en quelques mots rapides ce qu'il avait vu et entendu, il les avertit que tout était prêt pour leur départ, et qu'il était urgent de quitter la grotte au plus vite.

Les dames ne soulevèrent aucune objection et répondirent qu'elles étaient prêtes à partir, seule doña Flor s'informa de l'absence d'Escondido, hocha la tête d'un air de doute à la réponse de son père et devint subitement pensive. Elle était mécontente, l'excuse du guerillero lui paraissait un prétexte, il lui semblait que s'il l'avait voulu, il aurait pu pendant quelques instants faire trêve à ses graves occupations pour prendre congé des personnes qu'il avait si affectueusement protégées pendant cette nuit terrible. Cependant la jeune fille garda pour elle ses réflexions et ce fut d'un air indifférent qu'elle suivit son père et les autres personnes dans le compartiment où attendait la pointe.

— Nous voici prêts à partir, dit don Tiburcio.

— Veuillez me suivre, répondit le guerillero en saluant respectueusement ces dames.

Il se munit d'une torche qu'il alluma, et la petite troupe se mit en marche à travers le dédale en apparence inextricable des galeries de ce vaste souterrain, mais que le guerillero semblait bien connaître et dans lequel il marchait sans hésiter.

Bien que sur la recommandation de leur guide les voyageurs marchassent assez rapidement, le trajet se prolongea cependant pendant plus de trois quarts d'heure ; ces immenses galeries semblaient d'une longueur interminable, les dames furent contraintes de s'arrêter deux ou trois fois pour reprendre haleine, enfin on aperçut une faible lueur à une distance encore éloignée.

— Nous approchons, dit le guide, dans dix minutes nous serons hors du souterrain.

Ces paroles étaient les premières qu'il prononçait depuis le départ de la grotte, elles rendirent le courage aux personnes qu'il conduisait, elles oublièrent leur fatigue, redoublèrent d'efforts, et bientôt en effet elles atteignirent une ouverture assez large et assez haute par laquelle elles passèrent les unes après les autres, et elles se trouvèrent au milieu d'un chaos de rochers, sur la pente d'une haute montagne complétement boisée.

Le soleil se levait, les hauts sommets des montagnes commençaient à s'illuminer des premières lueurs matinales, tandis que les vallées restaient encore plongées dans une obscurité profonde augmentée par l'épaisse vapeur qui s'élevait de terre, se condensait en brouillard et montait vers les hauteurs avec les ondulations d'une mer houleuse d'où émergeaient çà et là, comme des îlots perdus dans cet océan fantastique, les prés et les plateaux des plans intermédiaires.

Ce fut avec un sentiment de bien-être indicible et un ravissement inexprimable que les voyageurs, sortant subitement de l'atmosphère chaude et renfermée du souterrain, aspirèrent à pleins poumons les âcres senteurs des émanations terrestres apportées jusqu'à eux par la brise matinale, et contemplèrent l'admirable paysage qui se déroulait sous leurs yeux comme un immense kaléidoscope, dont l'aspect variait à l'infini au fur et à mesure que le jour grandissait et que la lumière chassait l'ombre devant elle.

Le guide, malgré le prosaïsme grossier de son organisation, sembla subir lui-même, comme malgré lui, l'influence toute-puissante du réveil sublime de cette nature grandiose, mais revenant bientôt aux exigences matérielles de la position présente :

— Nous ne sommes pas arrivés encore dit-il.

— C'est vrai, murmura doña Flor, avec un sentiment de regret.

Et, jetant un regard autour d'elle :

— Où sommes-nous ici, demanda-t-elle ?

— Sur le versant d'une haute montagne, señorita.

— Mais je n'aperçois aucun sentier, reprit-elle.

— Le sentier est caché avec soin au milieu de ces rochers ; sans guide il vous serait impossible de le trouver.

— Sommes-nous bien loin encore de l'endroit où attendent nos voitures ?

— Il nous faut descendre par une pente assez raide, mais qui cependant n'offre aucun danger jusque dans la vallée que le brouillard vous empêche d'apercevoir, et qui est traversée par une route assez large qu'il vous faut suivre, señorita, pour retourner à la Vera-Cruz.

— Quelle est cette route ? demanda don Tiburcio.

— Celle qui conduit à Jalapa, señor.

— Nous faudra-t-il longtemps pour l'atteindre ? reprit doña Flor.

— Nous n'avons plus qu'à descendre, señorita ; c'est une affaire de vingt minutes au plus.

— Et ce sentier invisible qu'il nous faut suivre est sûr ?

— Des mules chargées le descendent facilement, bien qu'il soit très-peu fréquenté, n'étant connu que de quelques personnes, señorita ; dans certains endroits deux mules passent facilement de front.

— Allons donc alors ; ne faisons pas plus longtemps attendre notre escorte, dit don Tiburcio.

— Je suis à vos ordres, caballero, et à ceux de ces dames.

Le guerillero passa alors à l'avant-garde, et avec une adresse infinie il guida les voyageurs à travers le chaos de rochers qu'il leur fit traverser sans encombre ; bientôt il atteignit l'entrée du sentier. Ce sentier espèce d'échelle de Jacob, était un véritable chemin de chèvre que, malgré les rassurants renseignements donnés par le guide, on ne pouvait suivre qu'avec les plus grandes précautions et au risque, au plus léger faux pas, de se briser les os en roulant du haut de la pente sans possibilité de se retenir.

Il serpentait au milieu des hautes futaies, très-serrées et encombrées de buissons épineux qui le rendaient complétement invisible dans la vallée.

Les dames s'y engagèrent résolument sur les pas du guide qui, avec une sollicitude véritablement paternelle, écartait soigneusement tous les obstacles devant elles, leur frayait un passage et les soutenait dans les pas difficiles.

Comme on était contraint de n'avancer que très-doucement et avec des précautions extrêmes, la descente dura plus d'une demi-heure.

Tout à coup le guide s'engagea dans un chaos de rochers, traversa une espèce de petit bois très-touffu et s'arrêtant sur la lisière en même temps qu'il tendait le bras devant lui :

— Vous êtes dans la vallée, dit-il, et voici à cinquante pas devant vous vos voitures arrêtées et qui vous attendent.

Les voyageurs regardèrent curieusement.

En effet, à cent pas devant eux, les deux voitures étaient arrêtées ; un grand nombre de cavaliers bien armés les entouraient, immobiles et la carabine sur la cuisse ; à leur tête, calme et fier, se tenait don Horacio Vivanco.

Les dames poussèrent un cri de joie étouffé, et, avant de quitter le bois, elles se retournèrent pour remercier l'homme qui les avait guidées avec tant de dévouement.

Mais ce fut en vain qu'elles le cherchèrent du regard.

Le guerillero avait disparu.

Soyez les bienvenus dans cette demeure, page 61.

XI

COMMENT S'ACCOMPLIT LA PREMIÈRE ÉTAPE.

Après quelques secondes d'hésitation, et fort chagrinées de n'avoir pu témoigner comme elles le désiraient leur reconnaissance au brave guerillero qui leur avait montré tant de dévouement, les dames se décidèrent enfin à émerger du bouquet de bois qui les dérobait à la vue, et à s'avancer sur la route.

Don Horacio Vivanco, à cheval un peu en avant de ses peones, surveillait attentivement les environs; au premier pas que les dames firent à découvert, il les aperçut et, mettant aussitôt son cheval au galop, il se hâta d'accourir à leur rencontre.

Les premiers moments de cette entrevue, sur une grand'route, furent assez embarrassants pour nos divers personnages, peut-être même parce que chacun d'eux voulut feindre une aisance et un laisser-aller amical qui, sans doute, n'étaient pas l'expression réelle des sentiments secrets de quelques-uns d'entre eux; don Tiburcio surtout et doña Flor, bien que pour des motifs différents, se sentaient mal à l'aise devant ce jeune homme que le premier devait presque regarder comme un fils, et envers lequel il n'avait pas montré depuis son retour au Mexique cette franchise d'allures et de procédés auxquels celui-ci était depuis tant d'années accoutumé de sa part.

Doña Flor souriait et rougissait à la fois en répondant

à son frère d'adoption, mais elle lançait sur lui à la dérobée des regards profonds, inquiets et inquisiteurs, comme une personne qui cherche l'explication d'une énigme ou la solution d'un problème dont son esprit est vivement préoccupé.

Doña Linda seule se montra telle qu'elle était toujours; c'est-à-dire bonne, gracieuse et franchement aimable.

Quant à doña Mencia et à doña Clara, sa fille, toutes ces nuances légères et presque imperceptibles leur échappaient complétement; ces deux dames n'avaient qu'une préoccupation, s'éloigner au plus vite pour ne pas rester exposées aux dangers dont elles se croyaient menacées; au fond elles étaient très-reconnaissantes au jeune homme qui venait avec un empressement si vif et si cordial à leur secours.

Don Horacio feignit de ne rien remarquer; il fut d'une courtoisie parfaite; avec cette science du monde qu'il possédait au plus haut degré, il évita soigneusement toute allusion au passé; il se borna à remercier son oncle et sa tante de lui avoir offert l'occasion de les servir, et de leur montrer combien il conservait de reconnaissance pour tout ce qu'ils avaient fait pour lui, lorsqu'il habitait leur maison.

— Je regrette seulement, ajouta-t-il, que vous ne puissiez aller jusqu'au Palmar, où mon père serait heureux de vous offrir une hospitalité si nécessaire pour vous reposer des fatigues et des émotions poignantes que sans doute vous avez éprouvées pendant cette nuit terrible.

— C'est un peu à cause de ces fatigues et de ces émotions, mon cher Horacio, répondit don Tiburcio d'un ton de bonne humeur, que nous voulons revenir le plus tôt possible à Medellin; ces dames ne sont pas accoutumées à être témoins de scènes affreuses comme celles auxquelles elles ont assisté; elles ont le plus pressant besoin d'un calme et d'un repos absolu; plus tôt nous arriverons, mieux cela vaudra pour tout le monde.

— Oh! oui, partons, partons au plus vite, s'écria doña Linda, bien que maintenant que vous êtes près de nous, Horacio, nous n'ayons plus rien à redouter, je ne me sentirai tranquille que lorsque je me verrai loin de cet horrible lieu.

— Je suis à vos ordres, ma tante, répondit le jeune homme en s'inclinant.

— C'est cela, dit don Tiburcio, partons.

Seule, doña Flor ne prononça pas une parole, ne leva pas les yeux; elle semblait en proie à une émotion intérieure qui l'absorbait et l'empêchait de voir ou d'entendre ce qui se passait autour d'elle.

Don Horacio fit un geste de la main.

Les voitures s'ébranlèrent aussitôt et vinrent se ranger sur le bord de la route, en face des voyageurs.

Torribio ouvrit les portières, les dames montèrent et s'installèrent avec un sentiment de bien-être indicible.

— Enfin! dit don Tiburcio, avec un vif sentiment de joie.

Il monta à son tour, les portières furent refermées.

— Attention! cria don Horacio d'un ton de commandement.

Les cavaliers entourèrent aussitôt les deux carrosses. Torribio, avec quatre peones, se plaça à l'arrière-garde; trois autres cavaliers se mirent en avant.

Ces divers mouvements furent exécutés avec une rapidité et une précision mathématiques; don Horacio s'étant d'un coup d'œil assuré que tout était prêt leva le bras droit en criant:

— En avant!

On partit au galop.

Le jeune homme s'inclina sur le cou de son cheval.

— Vous nous quittez, Horacio? demanda doña Flor en lui jetant un long regard, qui glissa comme un rayon de soleil entre ses cils joyeux.

Ces quatre mots étaient les premiers que la jeune fille prononçait; don Horacio tressaillit, une vive rougeur colora son visage.

— Ne dois-je pas veiller à votre sûreté, señorita? répondit-il d'une voix tremblante.

— Señorita? reprit la jeune fille avec un mouvement de surprise. Pourquoi ne me dites-vous pas Flor, comme je vous dis Horacio, mon frère?

Et levant les yeux sur le jeune homme, son clair regard se croisa avec celui de don Horacio.

Il détourna la tête.

— Je croyais... répondit-il avec hésitation; excusez-moi, señorita, tant de temps s'est écoulé depuis que nous nous nommions ainsi.

— Que l'absence a fait son œuvre n'est-ce pas? interrompit-elle avec amertume; les souvenirs d'enfance sont morts, ou tout au moins oubliés; je comprends cela, ajouta-t-elle, avec une ironie poignante; ils ont sans doute cédé la place à des souvenirs plus récents... et plus agréables.

Le jeune homme tressaillit comme si un serpent l'eût subitement piqué; blessé par cette brusque attaque quand il croyait seul avoir le droit de se plaindre, il se redressa sous le coup qui le touchait si cruellement au cœur et répondit avec un accent glacé:

— Peut-être, señorita; mais à cette question vous seule pouvez répondre avec certitude.

— De quelle façon, s'il vous plaît? fit-elle avec une mordante ironie.

— En interrogeant votre cœur! répondit-il sévèrement.

Et s'inclinant plus bas qu'il ne l'avait fait, il lâcha la bride et s'éloigna au galop.

— Ah! fit la jeune fille en pâlissant, et se laissant retomber dans le fond du carrosse.

— Qu'as-tu donc, Flor? demanda doña Linda avec sollicitude; pourquoi parler ainsi à Horacio? Que t'a-t-il fait?

— Rien, ma mère, répondit-elle d'une voix boudeuse.

— Quelle singulière idée de chercher querelle à ce pauvre garçon qui nous rend un si grand service, dit don Tiburcio; tu es injuste, mon enfant.

La jeune fille se mordit les lèvres sans répondre.

— Tu ne me réponds pas, mon enfant? reprit doña Linda en lui prenant la main qu'elle sentit brûlante dans la sienne; tu n'es pas bien, ton pouls bat avec violence. Que se passe-t-il en toi ? serais-tu malade ?

— Je ne sais, ma mère, murmura-t-elle d'une voix entre-coupée, je souffre ; toutes ces émotions m'ont brisée ; ne m'interrogez pas, je vous prie, je ne pourrais vous répondre ; laissez-moi remettre un peu d'ordre dans mes idées ; il y a des moments où je crois que je deviens folle.

Et elle essuya deux larmes qui, depuis un instant, tremblaient comme deux perles de rosée à l'extrémité de ses longs cils.

— Qu'est-ce que tout cela signifie ? tu pleures, mignonne ! s'écria don Tiburcio avec inquiétude.

— Non, non, mon père, je ne pleure pas, répondit vivement la jeune fille qui essayait de retenir les sanglots qui lui déchiraient la gorge ; je suis agitée, nerveuse, que sais-je ?... Je suis mieux ; dans un instant je serai bien.

— Ne la tourmentez pas, mon ami, dit doña Linda, dont le regard affectueux, fixé sur le visage pâle de sa fille, suivait avec sollicitude toutes les sensations qui venaient s'y refléter tour à tour, et qu'elle semblait lire comme dans un livre dont toutes les pages lui étaient connues ; laissez cette chère petite se reposer et reprendre son calme, la fièvre la dévore.

Et, se penchant vers sa fille, elle la baisa au front en murmurant si bas, qu'elle seule put entendre :

— Ferme les yeux, chérie, feins de dormir et rêve en liberté ; espère ; ces rêves, il ne tiendra pas à moi qu'ils ne se changent en réalité.

— Ma mère !... ma bonne mère ! s'écria la jeune fille en lui rendant dix baisers pour un, oh ! tu m'aimes, toi !... mais lui ?

— Silence, fit-elle en posant un doigt sur les lèvres ; obéissez, señorita, ajouta-t-elle en lui parlant comme elle le faisait quand elle était enfant ; dormez, je le veux.

— J'obéis, mère, répondit-elle en souriant à travers ses larmes.

Elle ferma les yeux et sembla dormir ; ses traits se détendirent peu à peu, et son charmant visage ne tarda pas à redevenir calme, presque souriant.

— Que se passe-t-il donc ? demanda à voix basse don Tiburcio d'un ton de dépit mêlé d'inquiétude ; je ne comprends rien à tout cela, moi.

— Mon ami, répondit doucement doña Linda, vous êtes comme tous les hommes, fort ignorant pour tout ce qui touche les femmes, malgré l'expérience que vous vous figurez avoir en pareille matière ; cette chère petite a montré un courage véritablement viril pendant tous ces terribles événements ; à présent que le danger est passé, elle est redevenue femme, c'est-à-dire faible et craintive ; elle est en proie à une affreuse crise de nerfs, voilà tout ; il lui faut du calme, de la tranquillité ; dans une heure ou deux, elle redeviendra complètement maîtresse d'elle-même si on ne la tourmente pas ; il n'y a rien là qui doive vous inquiéter ; je connais notre enfant, je sais comment il convient de la soigner.

— Ainsi elle ne court aucun danger ?

— Pas le moindre, serais-je ainsi s'il en était autrement ? laissez-moi faire et tout ira bien, je vous l'assure.

— A la bonne heure, me voici rassuré ; faites comme bon vous semblera, ma chère Linda, je ne prétends vous gêner en rien ; mieux que personne, vous savez ce que vous devez faire.

Plusieurs heures s'écoulèrent pendant lesquelles les attelages des voitures ne quittèrent pas un instant le galop.

Don Tiburcio ainsi rassuré sur l'état de sa fille, laissa tomber sa tête sur les parois capitonnées de la voiture, et, comme pendant toute la nuit précédente l'inquiétude l'avait tenu éveillé, ses yeux ne tardèrent pas à papilloter et à se fermer malgré lui, bientôt il tomba dans un profond sommeil dont la réalité ne tarda pas à être affirmée par certain bruit qui, nous avons le regret de le dire, se changea presque aussitôt en un ronflement si sonore.

Doña Flor ouvrit les yeux, sourit à sa mère qui lui tendit ses bras, et pendant quelques instants les deux dames restèrent pressées sur le sein l'une de l'autre et échangèrent les plus tendres caresses.

Lorsque le premier élan de cette douce émotion fut un peu calmé, l'étreinte se desserra et la mère et la fille entamèrent une de ces conversations cœur à cœur, sans restriction, dans lesquelles l'âme déborde sur les lèvres, s'épanouit et se dévoile tout entière.

Mais doña Flor et sa mère parlaient d'une voix tellement basse et pour ainsi dire si bien de bouche à oreille qu'il était impossible de rien entendre ; parfois elles s'arrêtaient, jetaient à la dérobée un regard à la fois craintif et anxieux sur don Tiburcio ; puis, rassurées, l'entretien recommençait avec la même vivacité pour s'interrompre au plus léger mouvement du dormeur.

Nous ne rapporterons que les derniers mots de cette conversation, ce furent les seuls prononcés assez hauts pour être entendus.

— Ainsi vous pensez, ma mère ?

— Je suis sûre de lui, mignonne.

— Si vous vous trompiez cependant ?

— Une mère ne se trompe pas, niña, quand il s'agit de son enfant, et il est le mien presque autant que toi.

— Je ferai donc ce que vous me conseillez.

— Plus de taquineries, de méchancetés ?

— Oh ! ma mère ! je suis honteuse de m'être laissée emporter ainsi, mais si vous saviez ?...

— Je sais tout, curieuse, même cette chose que tu ne m'as pas dite, que tu crois si bien cachée au plus profond de ton cœur et que j'ai devinée.

— Ma mère !...

— Sois tranquille, bien que tu ne me l'aies pas confié, ce secret ne sortira pas de mon cœur.

— Merci, ma mère, vous êtes bonne.

— Je t'aime, Flor querida ; pourtant, si tu m'en croyais, tu n'insisterais pas sur ce sujet.

— Je veux ; je brûle de savoir.

— Oui, c'est bien cela, pauvre enfant ; toute la femme est dans ces deux mots ; prends garde, Flor, prends garde, mignonne, c'est la curiosité qui perdit notre première mère.

— Oh ! cela est bien vieux, fit-elle en souriant.

— Tu souris, tant mieux, ma chérie, te voilà comme il me plaît tant de te voir ; ainsi c'est entendu, tu suivras mon conseil ?

— De point en point, en fille obéissante.

— Et tu me diras tout ?

— Je n'aurai jamais de secrets pour vous, mère chérie ; mon cœur, c'est vous ; ne me connaissez-vous pas mieux que je me connais moi-même ; mais, mon père ? ajouta-t-elle en jetant un regard craintif sur le dormeur.

— Ton père, répondit doña Linda en souriant, laisse-moi le soin de plaider ta cause près de lui, et tout finira bien.

— Oh ! comment pourrai-je jamais vous prouver ma reconnaissance, ma mère, s'écria-t-elle en se jetant dans ses bras et lui prodiguant les plus douces caresses.

— En m'aimant un peu, cher ange, en te laissant guider par moi, ta meilleure et ta plus fidèle amie et surtout en n'ayant jamais de secrets pour moi.

— Je vous le jure par Nuestra-Señora de la Soledad, ma mère, s'écria-t-elle avec sentiment ; vous serez contente de moi, et n'aurez jamais de reproches à m'adresser.

— Je retiens ta promesse, querida. A présent, taisons-nous ou causons de choses indifférentes ; les mules semblent se ralentir ; le changement d'allure, ne tardera pas à éveiller ton père ; tu sais que tout ce que nous avons dit doit, jusqu'à nouvel ordre, rester entre nous.

— C'est bien juste, répondit-elle en riant ; puisque les hommes tramen t complots sur complots sans nous en rien dire, pourquoi n'aurions-nous pas les nôtres.

Ainsi que doña Linda l'avait prévu, l'allure jusque-là si rapide des équipages s'était peu à peu ralentie ; d'abord les mules étaient passées à un galop plus modéré, puis au grand trot qu'elles n'avaient pas tardé à quitter pour le petit, enfin elles venaient de se mettre au pas.

Don Tiburcio ouvrit les yeux ; regarda autour de lui de cet air ahuri des gens dont la mémoire n'est pas encore revenue.

— Je crois que j'ai dormi, dit-il en se frottant les yeux à les faire rougir, sans doute afin de se rendre la vue plus nette.

— Mon ami, répondit sa femme en souriant, vous avez dormi pendant près de quatre heures.

— Oui, tatita, dit gaiement doña Flor ; c'était vraiment plaisir de vous voir, tant votre sommeil était paisible.

— Ah ! ah ! fit-il joyeusement, il paraît que vous vous portez mieux à présent, señorita ?

— Je me porte à ravir, mon père, le sommeil m'a fait grand bien ; je suis complétement remise.

— Tant mieux, tant mieux ; je suis, moi, tout ragaillardi ; est-ce que, pendant que je dormais, ma respiration ne s'est pas un peu accentuée ?

— Oh ! si peu, tatita, reprit la jeune fille en riant, et puis vous étiez si fatigué !

— Hum ! le fait est que j'étais très-fatigué ; ah ça ! où sommes-nous ici ? Pourquoi les mules marchent-elles au pas ?

Il se pencha à la portière comme s'il eût essayé de se rendre compte de l'endroit où il se trouvait, bien que le pays qu'il traversait lui fût complétement inconnu.

— Voilà deux questions auxquelles il nous est impossible de répondre, reprit doña Linda.

— C'est juste, mais nous allons le savoir.

Il avisa alors un des cavaliers qui entouraient la voiture.

— Eh ! muchacho, lui cria-t-il, approchez-vous un peu, s'il vous plaît.

— A vos ordres, Seigneurie, répondit le cavalier en faisant obliquer son cheval du côté de la voiture, que désirez-vous savoir ?

— D'abord en quel lieu nous sommes.

— Ceci est facile, Seigneurie, nous nous trouvons entre el Coyote et el Plan-del-Rio.

— Très-bien, quoique cela ne m'apprenne pas grand'chose ; quelle est cette rivière que nous cotoyons à portée de fusil ?

— Le Rio-Chachalacas, Seigneurie.

— Alors va pour Chachalacas ; mais cela ne nous renseigne que bien médiocrement. Enfin, voyons si je serai plus heureux à ma dernière question ; savez-vous pourquoi nous marchons ainsi au pas ?

— Pour trois raisons, Seigneurie.

— Hum ! c'est beaucoup ! enfin, si elles sont bonnes, y a-t-il inconvénient à me les faire connaître ?

— Aucun que je sache, Seigneurie.

— Alors je vous serai très-obligé de me les dire.

— La première, c'est que nous gravissons une pente fort raide.

— Ceci me semble logique ; après, s'il vous plaît.

— Notre maître, don Tiburcio Vivanco, a aperçu quelques cavaliers qui lui ont paru suspects ; il a poussé une reconnaissance en avant, afin de s'assurer de leurs intentions.

— Fort bien. Ce cher Horacio ! Et la troisième ?

— Est que nous sommes près de la halte.

— Ah ! ah ! quand y serons-nous à cette halte ?

— Avant un quart d'heure, Seigneurie ; nous y serions déjà sans les cavaliers que don Horacio a aperçus.

— Ah ! diablos ! Sont-ils nombreux ces cavaliers ?

— Une quinzaine à peu près.

— Voilà qui est inquiétant, il me semble ?

— Pas le moins du monde, Seigneurie : don Horacio vient de nous rejoindre et de donner l'ordre de presser les attelages : vous devez vous en apercevoir.

— En effet, nous marchons plus vite.

— Ce qui prouve qu'il n'y a pas de danger, conclut le cavalier en faisant un mouvement pour s'éloigner.

— Un mot encore, s'il vous plaît.

— A vos ordres, Seigneurie.

— Comment nommez-vous ce village ou ce pueblo où nous nous arrêtons.

— Ce n'est pas un village, Seigneurie ; c'est un grand rancho, une espèce de casa de campos, ou quinta, comme il vous plaira de la nommer ; elle appartient à don Matias Vivanco, le père de don Horacio, notre maître.

— Je suis charmé de le savoir, mais cela ne me dit pas le nom de cette quinta.

— C'est vrai, excusez-moi, Seigneurie; on l'appelle la Granadera.

— La Granadera! ah! c'est à la Granadera que nous nous arrêtons?

— Oui, Seigneurie.

— Tant mieux; j'en ai beaucoup entendu parler: je ne suis pas fâché, puisque l'occasion s'en présente, de faire plus ample connaissance avec elle; je vous remercie de vos renseignements, mon ami, ils sont excellents: prenez ceci, je vous prie.

Et il lui tendit une pièce d'or de quatre piastres, c'est-à-dire un quart d'once.

— Je vous remercie de votre générosité, Seigneurie, répondit le cavalier en prenant la pièce; que Dieu vous bénisse, ainsi que ces señoras.

Il fit, selon l'usage des Indiens, le signe de la croix avec la pièce, la porta à sa bouche, la baisa, puis il la serra précieusement, salua don Tiburcio, et reprit son rang dans la cavalcade.

Cependant, les équipages avaient repris une allure plus vive et gravissaient la rampe au grand trot, bientôt on atteignit le haut de la montée, les mules partirent au galop; au bout de quelques minutes, les équipages tournèrent, et, quittant le grand chemin, ils s'engagèrent dans une large allée fort bien entretenue et bordée de chaque côté par une double rangée de magnifiques aloès.

Tout à coup, sans ralentir leur allure rapide, les équipages franchirent une large grille ouverte à deux battants, tournèrent dans une vaste cour sablée au centre de laquelle se trouvait une pièce d'eau, dont les jets formaient une gerbe énorme que les rayons du soleil coloraient de toutes les nuances du prisme, et vinrent s'arrêter comme si les pieds des mules se fussent subitement incrustés dans le sol, devant un double perron en marbre blanc, garni d'une rampe en fer forgé et recouvert d'une immense verandah, soutenue par des colonnes, autour desquelles s'enroulaient une profusion de plantes grimpantes, dont les larges feuilles et les jets innombrables retombaient en festons et formaient une voûte de verdure impénétrable aux rayons brûlants du soleil.

De nombreux serviteurs s'élancèrent pour retenir les mules, ouvrir les portières et se mettre à la disposition des voyageurs.

Au bout d'un instant, don Horacio lui-même parut en haut du perron et s'avançant au devant de ses hôtes qu'il salua avec la plus exquise courtoisie:

— Soyez les bienvenus dans cette demeure, dit-il, et veuillez la considérer comme étant vôtre, pendant tout le temps qu'il vous plaira de l'honorer de votre présence. Le déjeuner est servi: des appartements ont été préparés pour les dames, si elles désirent apporter quelques changements à leur toilette.

Les dames répondirent de la façon la plus gracieuse à ces paroles de bienvenue, et elles s'éclipsèrent pour quelques instants, guidées avec un empressement respectueux par cinq ou six charmantes caméristes indiennes, tandis que don Tiburcio pénétrait en compagnie de don Horacio dans une salle à manger où le couvert, dressé avec un luxe princier, n'attendait plus que les convives.

— Cette réception est admirable, mon cher Horacio, dit don Tiburcio d'un ton de bonne humeur en se laissant aller sur un sofa à la turque qui faisait le tour de la salle à manger, interrompu seulement de distance en distance par les dressoirs et les buffets en vieux chêne, chargés de vaisselle plate, de riches porcelaines et de splendides verreries.

— Vous raillez, mon cher oncle, et vous avez raison, répondit don Horacio avec enjouement; cette maison est bien mesquine en comparaison de votre magnifique hôtel des Champs-Élysées, où j'ai passé de si bonnes et si douces années; mais vous le savez, cette quinta est un bien de famille depuis longues années dans notre maison. Mon père, qui y tient beaucoup, je ne sais trop pourquoi, mais qui par suite de la bizarrerie de son caractère n'y met jamais les pieds, me la prête pour l'habiter et en user à ma guise, quand me prennent certains accès d'humeur noire; j'ai saisi avec empressement l'occasion qui m'était offerte si providentiellement par le hasard de vous y recevoir, au lieu de vous faire arrêter pour la halte de midi dans quelque affreux bouge où vous auriez été fort mal et auriez manqué de tout.

— Tu n'as nul besoin de faire le modeste et de te disculper ainsi, mon cher Horacio, je ne raille nullement, je te suis au contraire fort reconnaissant de tout ce que tu fais pour nous.

— N'est-ce pas naturel, mon oncle, après toutes les obligations que j'ai contractées envers vous?

— Ne parlons pas de cela, Horacio, si ce n'est pour nous souvenir du temps où nous vivions si heureux dans notre exil, car tu m'obligerais, malgré moi, à t'adresser un reproche.

— Un reproche, mon oncle?

— Certes; et un reproche sérieux même.

— A moi, mon oncle?

— Pardieu oui à toi.

— Je ne vous comprends pas.

— Alors qu'il n'en soit plus question.

— Pardon, mon oncle; j'ignore comment j'ai pu m'exposer à un reproche de votre part, vous le meilleur et le plus indulgent des hommes.

— Oui va, flatte-moi, hypocrite, fit-il en souriant; je suis furieux contre toi, sans que cela paraisse.

— C'est impossible, mon oncle.

— Cela est, cependant.

— Puisqu'il en est ainsi, veuillez me faire connaître vos griefs, peut-être réussirais-je à vous convaincre de mon innocence.

— J'en doute; mieux vaut en rester là.

— Non pas, s'il vous plaît.

— Tu le veux?

— Puisque vous avez commencé à m'accuser, j'ai le droit de connaître les raisons sur lesquelles vous basez votre accusation.

— Soit donc, ce ne sera pas long; quelques mots me suffiront pour te prouver ta culpabilité; je te mets au défi, quand j'aurai parlé, de me soutenir le contraire.

— Bon! allez toujours, mon oncle, nous verrons bien.

— Ah! tu plaisantes, ingrat; eh bien! dis-moi combien de fois depuis que nous sommes de retour au Mexique et que nous nous sommes fixés à Mellelin, toi que j'ai élevé, que j'aime comme mon fils, combien de fois, je le répète, es-tu venu me voir?

Le jeune homme baissa la tête sans répondre.

— Une fois; une juste, continua don Tiburcio, et pendant combien de temps as-tu prolongé ta visite? pendant une heure à peine, et tu es reparti furtivement sans même prendre congé.

— J'ai cru remarquer...

— Tu n'as rien remarqué du tout! interrompit vivement don Tiburcio, pas de défaites, sois franc comme je t'ai toujours connu, dis-moi les motifs qui t'ont engagé à te conduire d'une façon aussi étrange, si ces motifs sont sérieux, je serai le premier à te donner raison.

— Mon oncle, dit-il avec agitation, plus tard vous saurez...

— Non! tout de suite.

— Je ne puis; il ne dépend pas de moi de parler, bien que ma justification serait facile.

— Tout cela ne sont que des mots dont je ne saurais me payer, mon cher Horacio; je ne te cache pas qu'il faut toute l'amitié que j'ai pour toi, et le service que tu nous rends en ce moment, pour que je consente à te faire bon visage et à ne pas quitter cette maison de laquelle peut-être je n'aurais pas dû consentir à franchir le seuil.

— Oh! mon oncle! s'écria le jeune homme avec douleur.

— C'est bon! ne parlons plus de cela; répare au plus vite tes torts envers nous; viens nous voir le plus tôt possible et le plus souvent que tu le pourras; à cette condition peut-être, consentirai-je à te pardonner.

— Vous êtes bon, mon oncle.

— Non, je suis faible, je t'aime, voilà mon tort, dit-il d'un air bourru, mais tu as toujours fait de moi ce que tu as voulu, tu le sais, mauvais sujet et tu en abuses, mais voici ces dames, je les entends venir, donne-moi la main, qu'il ne soit plus question de tout cela.

— Oh! de grand cœur, mon oncle.

Au lieu de prendre la main que lui tendait don Tiburcio, il se jeta dans ses bras.

— Et dire qu'il m'est impossible de garder rancune à ce garçon là, dit-il avec émotion en se dégageant de sa chaleureuse étreinte, je l'aime trop.

— Pas plus que je vous aime, mon oncle.

— Chut! plus un mot! dit-il en haussant les épaules, peut-être contrarié de s'être laissé attendrir par les caresses de cet enfant, auquel il avait pendant tant d'années servi de père.

XII

COMMENT DON HORACIO TRAITA SES HOTES.

Les dames entrèrent dans la salle à manger.

Sans rien changer pour ainsi dire à leurs vêtements, quelques minutes leur avaient suffi pour s'improviser de délicieuses toilettes.

Doña Clara et doña Flor surtout étaient ravissantes; une légère pâleur répandue sur leur visage et produite par les émotions de la nuit et la fatigue, imprimait à leurs gracieux visages une indicible expression de douce morbidesse, que complétait le laisser-aller nonchalant de leur démarche créole si attrayante par ses ondulations serpentines.

— Arrivez donc, señoras, dit gaîment don Tiburcio; nous mourons littéralement de faim en vous attendant.

— Nous voici, répondit doña Linda.

— Du reste, rien vous empêchait de vous mettre à table mon père, ajouta doña Flor.

— Nous mettre à table sans vous? commettre un aussi grand crime de lèse-galanterie! oh! vous ne nous supposez pas capables de manquer ainsi aux égards qui vous sont dus, señoras.

On servit.

Et comme en réalité le grand air et l'exercice avaient fort aiguisé leur appétit, les convives firent honneur au déjeuner improvisé par don Horacio, très-bien entendu, très-délicat, et servi par les domestiques avec une entente parfaite de leurs fonctions.

Lorsque le premier élan se fut calmé, que les convives commencèrent à choisir les morceaux et à les savourer en connaisseurs, les langues se délièrent et la conversation qui, jusque-là, avait été un peu languissante se fit plus vive et bientôt devint générale.

Don Horacio, en sa qualité de maître de maison, présidait le repas ayant à sa droite doña Linda et à sa gauche doña Mencia; don Tiburcio était placé entre les deux jeunes filles.

— Enfin, dit don Tiburcio en levant son verre et admirant à travers le cristal les reflets d'or d'un excellent Xérès de los Caballeros, nous pouvons respirer à notre aise, sans craindre ni coups de fusil, ni coups de bayonnette! C'est bon de se sentir vivre après avoir couru de si grands dangers.

— Je me souviendrai longtemps de cette caverne dans laquelle j'ai eu si peur, dit doña Mencia.

— Cependant, dit doña Linda, nous aurions tort de nous plaindre, car on a eu pour nous les attentions les plus délicates.

— Avez-vous donc été en réalité exposées à d'aussi grands dangers? demanda don Horacio.

— A des dangers terribles! dont le souvenir seul me fait encore frissonner d'épouvante, s'écria doña Clara; sans compter que nous étions entourés d'hommes aux visages sinistres, aux manières grossières...

— Eh! là! là! querida, votre peur rétrospective vous trouble la mémoire, interrompit doña Flor en riant;

vous exagérez singulièrement les dangers que nous avons courus, et surtout vous vous trompez sur l'aspect des gens qui nous entouraient.

— Ils étaient affreux ! s'écria résolûment doña Clara.

— Il est certain que ces braves gens...

— Vous appelez ces coquins de braves gens ? interrompit doña Mencia avec surprise.

— Dam, il me semble qu'ils se sont montrés tels avec nous ; j'en appelle à mon père et à vous-même, señora ; ils nous ont protégés autant que cela leur a été possible, nous ont entourés des soins les plus délicats sans même nous demander un remercîment ; que pouvions-nous exiger de plus ?

— Nous leur devons la vie, dit doña Linda avec conviction.

— Je ne dis pas non, reprit doña Mencia, cependant vous avouerez que notre situation au milieu de tous ces hommes sans foi ni loi, était bien faite pour nous inspirer de grandes inquiétudes.

— Je ne vois pas cela, reprit résolûment doña Flor ; nous avons été traitées avec le plus profond respect par ces hommes qui défendent ou croient défendre leur pays ; s'ils se trompent, cela les regarde, mais le devoir qu'ils remplissent n'en est pas moins très-honorable ; ils m'ont semblé, à moi, se conduire, non pas en brigands et en bandits comme vous le prétendez à tort, mais en braves soldats qui défendent avec un dévouement sans borne la cause qu'ils ont embrassée ; je ne vois rien là qui ne soit digne d'éloges.

— Quel enthousiasme ! s'écria don Tiburcio en riant.

— Non, père, reprit-elle vivement, ce n'est pas de l'enthousiasme, c'est de la justice ; ces hommes pensent que des étrangers n'... pas le droit de s'immiscer dans les affaires de leur pays ; ont-ils tort ? Je ne le crois pas ; mais je ne suis qu'une jeune fille, des questions d'une aussi haute gravité ne sont pas de ma compétence ; cependant il me semble que quelles que soient les idées que défendent les guerilleros, vous ne devez pas leur en faire un crime par la seule raison qu'elles ne sont pas les vôtres, et qu'ils ne doivent pas être considérés comme des bandits et des brigands, pour cela seul qu'ils ne sont pas de votre parti.

— Je ne suis pas si exclusif, grâce à Dieu, ma gentille enthousiaste, reprit en riant don Tiburcio ; j'ajouterai même que je partage en grande partie ton opinion sur le compte de nos braves libérateurs, mais je regrette qu'ils se soient faits les défenseurs d'une cause perdue.

— Quand on combat pour l'indépendance de son pays et pour chasser les étrangers du sol sacré de sa patrie, on ne défend pas une cause perdue, mon père, mais au contraire une cause qui, tôt ou tard, finit toujours par triompher.

— J'ai tort de discuter avec une petite fille.

— Une petite fille qui aime son pays plus que tout, mon père ; mais vous avez raison, laissons-là cette discussion qui n'aboutirait à rien.

— A la bonne heure, señorita, vous voilà raisonnable, ce qui n'empêche pas que, malgré tous vos beaux raisonnements, cette nuit vous avez eu grand'peur.

— J'en conviens franchement, j'ai eu peur, très-peur même ; qu'est-ce que cela prouve ? Que je suis une femme, c'est-à-dire un être faible, timide, craintif, que le danger effraie ; n'est-ce pas naturel ? Eh bien ! quoi que vous en disiez, mon père, maintenant que ce danger est passé, que je me sens en sûreté, que je sais ne plus avoir rien à redouter, je ne regrette pas ce qui m'est arrivé ; je suis heureuse d'avoir assisté, même de loin, à une de ces scènes terribles dont depuis longtemps j'entendais parler ; de m'être trouvée au milieu de cette fameuse guerilla-fantôme si redoutée des Français, et d'avoir pu constater pour ainsi dire par mes yeux, que tout ce que l'on rapporte de ses exploits et de ceux de son célèbre chef est bien au-dessous de ce que j'ai vu ; en un mot que l'Escondido est digne sous tous les rapports de la haute réputation qu'on lui a faite.

— On ne saurait nier que c'est à la fois un chef redoutable par son courage et son entente de la guerre de montagne et un caballero accompli.

— J'aime à vous voir rendre ainsi justice à un ennemi, mon père, répondit-elle en riant.

— Je ne suis pas l'ennemi d'el Escondido, niña, je suis son adversaire, rien de plus, dit sérieusement don Tiburcio, à présent surtout que j'ai contracté envers lui de si grandes obligations.

Jusqu'à ce moment, don Horacio, tout en prêtant une attention soutenue à la conversation, s'était abstenu de s'y mêler.

— Est-ce que vous avez véritablement vu ce célèbre partisan, señorita, demanda-t-il avec intérêt.

La jeune fille le regarda un instant d'un air mutin.

— Je ne vous répondrai pas, señor caballero, répondit-elle en lui riant franchement au nez, si vous vous obstinez à me traiter comme une étrangère ainsi que vous le faites depuis ce matin, au lieu de reprendre nos bonnes et douces habitudes de famille.

— C'est un ultimatum, il faut vous soumettre, mon cher Horacio, s'écria gaiement don Tiburcio ; vous connaissez l'entêtement de ce gentil démon.

— Elle n'en démordra pas et elle aura raison, appuya doña Linda en souriant.

— Courbez-vous, fier chevalier, ajouta doña Clara, oserez-vous donc désobéir à une dame.

— Dieu m'en garde, répondit-il en souriant, et ma chère sœur, ma bien-aimée cousine Flor ne pouvait me causer une joie plus vive que celle que j'ai éprouvée en la voyant insister ainsi pour me faire revenir à nos fraternelles coutumes du jeune âge.

— Là, dit gaiement doña Linda, la paix est faite et pour toujours, je l'espère.

— La guerre ne viendra pas de moi, s'écria vivement et avec intention don Horacio.

— Ni de moi non plus, répondit non moins vivement doña Flor ; et pour vous en donner une preuve, cher Horacio, je m'empresse de répondre à la question que vous m'avez adressée ; oui, j'ai vu ce célèbre partisan, ou du moins sa personne moins son visage qu'il s'obstine à tenir caché.

— Il aurait de bonnes raisons pour en agir ainsi, si

ce que l'on rapporte est vrai, reprit don Horacio avec dédain.

— Et que rapporte-t-on, s'il vous plaît?

— On fait cent contes sur cet homme, ma sœur, tous plus absurdes sans doute les uns que les autres ; certains disent que c'est un vieil Indien mineur, qu'un long séjour dans les mines a rendu hideux, et dont le corps et le visage sont tachetés par le mercure comme celui d'un léopard ; c'est même la légende la plus accréditée.

Doña Flor secoua à plusieurs reprises sa charmante tête.

— Je ne crois pas un mot de cette sotte légende, mon frère, dit-elle ; les allures de corps de ce partisan, les élégantes proportions de sa taille, la désinvolture de sa démarche, la grâce de ses mouvements montrent au contraire un homme jeune et appartenant au meilleur monde.

— C'est un véritable signalement que vous faites là, ma chère Flor, dit don Horacio, avec un rire un peu forcé.

— J'ai causé ou du moins mon père a causé assez longtemps avec lui, fit-elle en se reprenant ; j'ai pu l'examiner tout à mon aise.

— Alors, comment se fait-il que vous ne parliez pas de la couleur de ses cheveux et de celle de sa barbe, s'il en a toutefois, car son masque ne doit lui cacher qu'une partie du visage.

— Vous vous trompez, mon frère, répondit-elle en lui lançant un regard d'une expression si singulière que malgré lui le jeune homme se sentit rougir et détourna la tête.

La jeune fille sourit et continua sans paraître remarquer l'embarras de don Horacio:

— Cet homme ne porte pas un masque, mais une espèce de bonnet noir en soie, je crois, dans lequel il s'enveloppe la tête jusqu'aux épaules, ne laissant de trous que pour les yeux, les narines, la bouche et les oreilles.

— Ce doit être une tête bien étrange.

— Très-étrange en vérité et qui cause à première vue une impression pénible.

— Mais sa voix, sa façon de s'expliquer peuvent servir d'indice.

— Peut-être, bien que sa voix soit faussée à plaisir, pourrait-on à la rigueur y retrouver certaines intonations connues, familières aux oreilles de personnes qui auraient longtemps vécu dans son intimité, dit-elle avec intention, car, malgré toute sa puissance sur lui-même, il est possible que parfois il s'oublie dans le cours d'une longue conversation ; quant à la façon dont il s'exprime et les termes dont il se sert, on ne saurait rencontrer que dans le meilleur et le plus haut monde une élocution aussi véritablement distinguée.

— Oui, c'est un caballero, appuya don Tiburcio, je le garantirais.

— On raconte de lui des traits de cruauté et de barbarie horribles, reprit don Horacio.

— Qui raconte cela? s'écria-t-elle vivement. Ses ennemis, c'est-à-dire les Français qui enragent de ne pouvoir l'atteindre, et qui, dans l'impuissance de s'emparer de lui, se vengent en essayant de le déshonorer.

— Le fait est que la guerilla-fantôme donne à elle seule aux Français, dit don Tiburcio en riant, plus de soucis que toutes les autres ensemble. El Escondido ressemble trait pour trait au célèbre solitaire du vicomte d'Arlincourt, dont le nom est resté proverbial en France, et qui savait tout, voyait tout et était partout. Le colonel Morin en est à demi-affolé ; il prétend qu'il n'y a pas de secrets que ce démon ne pénètre, et que, à peine a-t-il conçu le plan d'une expédition, que déjà el Escondido en est instruit ; que la guerilla-fantôme, comme les Français la nomment, trouve aussitôt le moyen de déjouer ses plus adroites combinaisons et de se moquer de lui.

— Ce que vous dites, mon oncle, donnerait un certain crédit à la légende qui représente l'Escondido comme un jeune homme appartenant à une des premières familles du Mexique, qui, par ses relations, fréquente la meilleure société, se glisse dans toutes les réunions et réussit ainsi à surprendre tous les secrets de ses ennemis ; malheureusement cette légende, si attrayante qu'elle soit, tombe d'elle-même devant la réalité ; il n'y a que dans les romans ou dans les drames que l'on rencontre des héros de cette trempe ; dans la vie réelle, leur existence est non-seulement impossible, mais encore absurde.

— Absurde, en effet, je suis de votre avis, Horacio.

— Pourquoi cela absurde, mon père? que voyez-vous d'impossible dans cette légende, Horacio ? s'écria avec animation la jeune fille.

— Moi, je crois que cela est, dit doña Clara ; je raffole de Fra-Diavolo, de Rinaldo Rinaldini, et de tous ces héros de grand chemin, dont la vie mystérieuse se mêle à chaque pas à celle des gens qui les entourent ; c'est charmant! Qui sait, ajouta-t-elle en riant, si, pendant que nous bavardons ainsi sur son compte, ce redoutable partisan n'est pas près de nous, nous écoutant, et riant de tout son cœur des singulières suppositions que nous faisons sur son compte.

— Peut-être même, appuya en riant aux éclats doña Flor, ce fameux Escondido est-il au milieu de nous.

— Le ciel nous en préserve ! s'écria doña Mencia en se signant avec terreur.

Un rire général accueillit cet élan de terreur de la digne dame.

— Prenez garde ! s'écria don Tiburcio, riant plus fort que les autres convives ; nous ne sommes que deux hommes ici, mon neveu et moi ; cela devient grave pour nous.

— En effet, dit don Horacio avec une aisance parfaite, il faut choisir : si mon oncle n'est pas el Escondido, les soupçons ne peuvent tomber que sur moi.

— Oh! quant à moi, s'écria don Tiburcio riant plus fort que jamais, je puis assurer que ce n'est pas moi.

— Est-il nécessaire que j'en dise autant? fit don Horacio.

— C'est parfaitement inutile, mon cher Horacio ; nous connaissons trop et depuis trop longtemps votre horreur profonde pour la politique, pour que le plus léger soupçon puisse vous atteindre, dit gaiement doña Flor.

(— Approche, drôle, quel est ton nom page 72.

— D'ailleurs il n'y a pas en vous, mon neveu, reprit don Tiburcio, l'étoffe d'un partisan: vous aimez trop vos aises et votre tranquillité, et puis l'existence que vous menez est connue de tous, elle est en plein soleil, il ne s'y trouve pas une seule solution de continuité: comment diable feriez-vous? Il faudrait que vous fussiez double, et encore n'y réussiriez vous pas.

— Cependant, insinua doña Mencia, cet homme dont nous parlons, qui nous prouve qu'il ne s'est pas mêlé parmi les peones de notre escorte: s'il est aussi fin qu'on le prétend, rien n'aura été plus facile pour lui; peut-être serait-il bon de s'informer.

— ¡Bah! pourquoi cette fantaisie lui serait-elle venue? nous ne sommes pas du gibier qu'il ait intérêt à chasser ou à surprendre: quel bénéfice retirerait-il de notre capture?

— Sans compter, dit doña Clara, que, lorsqu'il nous avait en son pouvoir, rien ne l'empêchait de nous garder.

— Voilà qui met fin à tous les commentaires, dit doña Flor, sans compter qu'il doit en ce moment avoir assez de besogne sur les bras sans s'occuper de nous.

— Parfaitement raisonné, fillette: laissons donc là cette plaisanterie qui n'a que trop duré, dit don Tiburcio, et parlons d'autres choses plus intéressantes pour nous.

— Pour conclure, et rassurer complétement la señora Izquierdo, dit don Horacio en s'inclinant avec un sourire devant la vieille dame, j'ajouterai que tous les hommes qui composent notre escorte sont des peones de mon hacienda del Palmar: que tous je les connais particulièrement; je puis donc répondre d'eux.

— Cela est concluant, reprit don Tiburcio en vidant son verre : notre repas est presque terminé, l'heure de la siesta approche, quelques mots s'il vous plaît, mon neveu, avant de nous séparer pour dormir.
— Je suis à vos ordres, mon oncle.
— Sommes-nous bien éloignés de Medellin, ici ?
— C'est selon, mon oncle.
— Comment, c'est selon ?
— Je veux dire que, monté sur un bon cheval et prenant certains chemins fréquentés particulièrement par les contrebandiers...
— Et les guerilleros, ponctua doña Flor en riant.
— Et les guerilleros probablement, continua-t-il d'un ton de bonne humeur, on peut, en moins d'une heure et demie être à Medellin.
— Alors nous en sommes tout près ?
— A vol d'oiseau, oui, mon oncle ; mais en suivant la route ordinaire c'est autre chose.
— Ce qui veut dire ?
— Que la route qu'il nous faut suivre, comme toutes celles du reste de notre charmant pays, fait des courbes nombreuses, des détours et des méandres à n'en plus finir ; de sorte...
— De sorte ?... interrompit-il avec une légère impatience.
— Qu'en partant d'ici à trois heures, c'est le plutôt que nous puissions nous mettre en route, nous n'arriverons pas à Medellin avant dix heures ou dix heures et demie du soir.
— Sept heures de marche.
— Au moins, mon oncle.
— Voyager de nuit ! fit doña Linda.
— Et il n'y a pas de lune ! s'écria doña Mencia ; Jésus ! Maria ! au milieu des ténèbres.
Seules les jeunes filles gardèrent le silence.
— Que faire ? reprit don Tiburcio.
— C'est à vous de décider, mon oncle.
— Hum ! fit-il en hochant la tête.
— Me permettez-vous une observation ?
— Caraï ; je le crois bien.
— Vous êtes ici en sûreté ; ces dames sont encore fatiguées de la nuit dernière et de la longue course d'aujourd'hui ; pourquoi ne passeriez-vous pas tranquillement la journée à la Granadera, où tout est préparé pour vous recevoir ? vous vous reposerez à votre aise ; demain à sept heures vous vous remettrez en route ; plutôt même si vous le désirez et vous arriverez à Medellin vers midi ou une heure, pour déjeuner; de mon côté, j'expédierai un homme en avant pour annoncer votre retour ; de cette façon vous trouverez tout en ordre en arrivant et vous n'aurez plus qu'à vous mettre à table.
— Je crois, mon cher Tiburcio, qu'Horacio a raison, dit doucement doña Linda : qu'en pensez-vous ? ne vaudrait-il pas mieux rester ici et accepter son hospitalité jusques à demain ?
— Moi, je partage entièrement l'avis de don Horacio, s'écria doña Mencia : je ne me soucie pas du tout de voyager pendant la nuit, dans un pays où, même pendant le jour, les routes ne sont pas sûres.
— Et vous, niñas, que pensez-vous de cette combinaison ?
— Nous n'avons pas d'opinions à émettre, mon père, dit doña Flor : cependant je crois que la proposition d'Horacio est dictée par la prudence ; que peut-être nous ferions bien de l'accepter.
— C'est aussi mon avis, dit doña Clara.
— Puisqu'il en est ainsi et que tout le monde est contre moi, dit don Tiburcio en riant, je ne discuterai pas plus longtemps : merci, Horacio, j'accepte votre offre hospitalière, nous demeurerons ici jusqu'à demain au lever du soleil, mais pas plus tard.
— A six heures précises, tout sera prêt pour le voyage, mon oncle, rapportez-vous-en à moi.
— Eh bien ! c'est entendu ; maintenant que tout est réglé à votre satisfaction, señoras, je vais avec votre permission faire ma siesta ; je vous engage à en faire autant.

Sur ces dernières paroles on se leva de table, et chacun, selon la coutume mexicaine, se retira pour se livrer au repos du milieu du jour.

Don Horacio, demeuré seul dans la salle à manger, se promena pendant quelques instants de long en large d'un air pensif, murmurant à part lui quelques paroles dans lesquelles revenait cette phrase avec une certaine affectation soucieuse.

— Flor a des soupçons, cela est évident, comment lui donner le change ? m'aime-t-elle ? qui sait ? le cœur d'une femme est un abîme !... j'ai eu tort de me laisser entraîner à la suivre... n'importe quoi qu'il arrive... dussé-je sacrifier ma vie..., plus que ma vie... mon bonheur, j'accomplirai sans faiblesse comme sans hésitation la lourde tâche que je me suis imposée; mon honneur est engagé, que Dieu, qui me voit me juge, et me protège.

Le jeune homme quitta alors la salle à manger et se dirigea vers un charmant cabinet de travail où Torribio, son frère de lait, l'attendait.

— Eh bien ! demanda don Horacio.
— Tout va bien, répondit Torribio ; tout le monde est plongé dans le sommeil ; on se croirait dans le palais de la Belle au Bois dormant.
— Les courriers sont-ils prêts ?
— Cinq sont en selle et attendent.
— Voici trois lettres, tu les remettras je ne dis pas aux plus dévoués, mais aux plus intelligents de nos hommes, tu me comprends ?
— Oui, mi amo.
— Cette quatrième doit être portée à Medellin à franc étrier ; maintenant va ; quand tu auras vu partir les quatre courriers tu reviendras.

Torribio prit les lettres, les cacha dans sa faja et sortit.

Don Horacio ferma avec soin la porte derrière lui, puis il retourna près de la table et appuya la main sur un nœud de bois presque imperceptible et du reste caché aux regards par le lourd tapis dont la table était couverte ; une partie de la cloison qui faisait face à don Horacio tourna sur elle-même et découvrit un passage secret.

Un homme parut, cet homme portait le costume des rancheros.

— Entrez, Lopez, nous sommes seuls, dit le jeune homme.

Le mayordomo entra, salua et baisa avec affection la main que lui tendait don Horacio.

— Êtes-vous là depuis longtemps, demanda le jeune homme.

— Dix minutes à peine, Seigneurie, j'arrive.

— Quoi de nouveau?

— Tout va bien, le butin est en lieu sûr, il est beaucoup plus considérable que nous ne l'avions supposé d'abord; malgré les pertes que nous avons éprouvées, on considère cette expédition comme un coup de maître; votre éloge est dans toutes les bouches; les guerillas se sont séparées afin de dépister les Français. Ceux de nous autres qui ne vous ont pas suivi sont où vous savez.

— Voilà de bonnes nouvelles. Et les Français!

— Vingt-deux ou vingt-trois, y compris le commandant, ont réussi, on ne sait comment, à s'échapper sains et saufs ou à peu près; le colonel Morin, qui avait été obligé de faire un long détour, n'est arrivé que lorsque tout était enlevé; il était furieux, et jurait à faire crouler le ciel, qu'il tirerait une vengeance éclatante de cet échec; il a fouillé tous les environs pour chercher notre piste; mais grâce aux mesures prises par vous, Seigneurie, il n'a rien pu découvrir; il sacrait, jurait, et devant une disparition si complète il n'était pas éloigné de croire à un sortilège; enfin il est reparti tout penaud pour la Vera-Cruz où il doit être à présent.

— Merci, Lopez; ce soir, à onze heures, je serai où vous savez et je vous donnerai mes ordres; avez-vous besoin de vous reposer?

— Moi, Seigneurie? pourquoi faire? je ne suis pas fatigué.

— Tant mieux alors, il faut remonter à cheval au plus vite.

— Dans cinq minutes je serai en selle.

Le mayordomo prit alors congé du jeune homme, lui baisa la main et se retira.

Don Horacio fit disparaître l'ouverture secrète et rouvrit la porte du cabinet.

Au bout d'un instant Torribio rentra.

— Ils sont partis, dit-il. Don Estevan vient d'arriver.

— Introduis-le sans perdre un instant.

Don Estevan de Pardilla, car tel était son nom, entra presqu'aussitôt; c'était un jeune homme de l'âge de don Horacio à peu près; grand, bien fait, admirablement beau, et dont la physionomie douce, presque mélancolique était des plus sympathiques; il portait avec une rare élégance un brillant costume mexicain.

— Veille; dit don Horacio à Torribio.

Celui-ci sortit après avoir fait un signe d'intelligence.

Les deux jeunes gens se serrèrent affectueusement la main.

— Il paraît que tu as fait des tiennes, dit en riant don Estevan en se jetant sur un sofa et allumant un cigare.

— Bon! tu as entendu parler de cela?

— Je le crois bien, il n'est pas question d'autre chose à la Vera-Cruz et à Medellin, les Français sont furieux.

— Tant mieux!

— Donc, un convoi complètement perdu et la conducta de Plata ébréchée, car il paraît que deux ou trois charrettes ont roulé dans le précipice et que tes hommes se sont emparés de leur contenu, de sorte que lorsque les Français ont voulu rechercher les lingots ils n'ont plus rien trouvé, ce qui les a à demi-affolés, c'est une magnifique affaire, je regrette beaucoup de ne pas m'y être trouvé.

— Sois tranquille, je ne te laisserai pas dormir longtemps.

— Je te remercie et j'y compte.

— De ton côté, qu'as-tu fait?

— J'ai exécuté tes ordres, je t'apporte deux renseignements que je crois importants.

— Voyons, avant tout veux-tu prendre quelque chose?

— Non, rien, je suis pressé, il faut que je reparte à l'instant, ce soir je dois assister à une tertulia où se trouveront plusieurs officiers supérieurs français, je n'ai donc pas un instant à perdre, si je veux être de retour à la Vera-Cruz de bonne heure.

— Tu as raison, parle je t'écoute.

— Il paraît qu'un traître dont je ne sais pas encore le nom, mais je le saurai, sois tranquille et cela avant peu, a révélé au colonel Morin le refuge de la guerilla d'el Muchacho à l'hacienda de Planillos et s'est chargé d'y conduire les Français en s'engageant à leur faire surprendre toute la guerilla, y compris son chef, d'un seul coup de filet.

— Oh! voilà qui est fort grave en effet.

— N'est-ce pas? Bien entendu l'endiablé colonel a accepté d'emblée la proposition et comme il brûle de prendre sa revanche, il fait ses préparatifs en toute hâte; heureusement pour nous, sa contre-guerilla a beaucoup souffert; cette nuit, il a perdu je ne sais combien d'hommes qu'il lui faut remplacer avant de rien tenter; il ne sera donc pas prêt avant huit ou neuf jours, l'expédition est fixée à demain en huit, un vendredi comme tu le vois, j'espère que cela lui portera malheur, ajouta-t-il en riant.

— Et moi aussi, dit don Horacio sur le même ton, du reste, s'il y avait quelque changement?...

— Je te préviendrais en temps opportun, ne crains rien.

— Tu es donc toujours bien avec les Français?

— Au mieux, querido, comment diable veux-tu qu'ils se méfient d'un gaillard paresseux, efféminé et clérical comme moi, dont toute la famille est auprès du nouvel Empereur, pauvre diable! en voilà un qui, comme son prédécesseur Guatimozin, n'est pas sur des roses! il s'en apercevra bientôt.

— Voyons ton second renseignement?

— Celui-là t'est tout personnel; on parle beaucoup du mariage de ta cousine avec le comte de Bussy; on ajoute que le commandant n'attend que le retour de la famille d'Aguilar à Medellin pour faire sa demande

et qu'il est certain qu'elle sera bien accueillie ; c'est à toi à prendre tes précautions ; tu es averti.
— Merci, c'est ce que je ferai.
— Bonne chance, Horacio ; il ne faut pas qu'il soit dit que les étrangers viennent dans notre propre pays nous couper l'herbe sous le pied et nous enlever nos fiancées.
— Cela ne sera pas, moi vivant, je te le jure.
— Bravo ; et à présent, adieu querido, je pars.
— Déjà.
— Il le faut ; adieu !
— Nous nous verrons demain à Medellin ; je serai chez toi pour déjeuner vers une heure au plus tard.
— Soit, je t'attendrai et peut-être aurai-je quelque chose de nouveau à t'apprendre ; à demain, Horacio.
— A demain, Estevan.
Le jeune homme sortit.
Don Horacio se remit à écrire.
— Un courrier attend, n'est-ce pas ? demanda-t-il à Torribio quand celui-ci entra.
— Oui, mi amô.
— Cette lettre tout de suite à don Ignacio : il y a urgence.
La journée tout entière s'écoula sans que don Horacio réussit à causer un instant seul avec doña Flor ; la jeune fille ne quitta pas sa mère ou son amie doña Clara. Don Horacio supposant à tort ou à raison qu'il y avait parti pris de la part de la jeune fille à éviter un entretien particulier avec lui, se sentit blessé, bien qu'il n'en fit rien paraître, et il se tint à l'écart.
A dix heures du soir, tout le monde dormait ou semblait dormir dans la quinta ; don Horacio suivi de Torribio s'enfonça dans la huerta, ouvrit une porte adroitement dissimulée derrière un épais massif ; deux chevaux tenus en main par un peon attendaient derrière la porte ; les deux hommes bondirent en selle et s'éloignèrent à fond de train.
A peine la porte se fut-elle refermée qu'une forme blanche, svelte et gracieuse qui jusque-là était demeurée blottie au milieu du massif et confondue dans son ombre, écarta les branches, glissa comme un léger fantôme le long des allées de la huerta, se dirigeant tremblante et émue vers la maison dans laquelle elle pénétra par la porte fermée seulement au pêne, et s'engagea sans hésiter dans un large corridor aboutissant à l'appartement occupé par doña Flor.
La porte de cet appartement fut ouverte doucement et avec précaution, et au moment où la jeune fille se glissait tremblante dans l'entrebâillement, la lumière d'une lampe frappa son visage : c'était doña Flor d'Aguilar.
La jeune fille referma la porte derrière elle avec un soin extrême.
Son charmant visage avait une expression étrange de joie, de trouble et de crainte ; elle s'arrêta au milieu de la pièce, posa la main sur son cœur comme pour en modérer les battements, jeta un regard anxieux autour d'elle, et sourit.
Puis, s'approchant de l'angle de la pièce, où selon la coutume mexicaine se trouvait une statuette de la vierge, posée dans une niche creusée dans la muraille et devant laquelle brûlait une petite lampe, elle s'agenouilla sur un prie-Dieu, joignit les mains et fit une ardente prière.
— Sainte Vierge, murmura-t-elle en se relevant et procédant à sa toilette de nuit, protégez je vous en supplie mon brave et loyal Horacio ; hélas ! j'ai douté de lui !... pardonnez-moi Vierge sainte ! vous qui seule savez le secret de mon cœur !
Et croisant les bras sur sa poitrine elle ferma les yeux et s'endormit le sourire sur les lèvres, d'un sommeil d'enfant, chaste et pur comme ses pensées.
Ainsi que cela avait été convenu la veille, au lever du soleil la petite caravane se remit en route entourée de son escorte, à la tête de laquelle galopait calme et fier don Horacio Vivanco.
Le voyage se fit sans incidents dignes d'être rapportés ; un peu avant midi les voyageurs atteignirent Medellin.
Au moment de prendre congé, doña Flor, émue et rougissante, s'approcha de don Horacio et se penchant vers lui avec un délicieux sourire :
— Je vous remercie, mon frère, lui dit-elle, de tout ce que vous avez fait pour nous et de la protection que vous nous avez accordée, embrassez votre sœur qui vous aime.
Le jeune homme, transporté de joie et de surprise, déposa un timide baiser sur son front.
— Et maintenant au revoir, reprit-elle, en faisant un pas en arrière ; et, lui tendant la main, elle ajouta avec une expression de malice indicible : Ayez confiance en moi, je ne doute plus de vous ; les promenades de nuit sont parfois indiscrètes et permettent de deviner bien des choses.
Elle posa un de ses doigts rosés sur ses lèvres et s'éloigna en lui lançant un dernier regard qui lui alla au cœur.

XIII

DANS LEQUEL IL EST PROUVÉ QU'IL N'EST PAS TOUJOURS PRUDENT DE CAUSER PAR UNE BELLE NUIT DANS UN JARDIN SOUS UN BOSQUET TOUFFU DE CAPUCINS.

Quelques jours s'étaient écoulés depuis les événements rapportés dans notre précédent chapitre.
Les récits plus ou moins exagérés, colportés par la malignité publique et considérablement brodés et modifiés en passant de bouche en bouche, avaient donné à cette attaque d'un convoi, les proportions énormes d'une bataille perdue, et d'un grave échec moral infligé aux troupes françaises.
Sans tenir compte aux Français de leur infériorité numérique, et du courage héroïque déployé par eux dans cette double attaque, on exaltait jusques aux nues la bravoure des guerillas mexicaines ; l'habileté déployée par leurs chefs et surtout leur solidité en face

d'un ennemi qui, jusque là, passait pour invincible; et comme une douzaine de charrettes avaient échappé à l'explosion; que les objets, dont ces charrettes étaient chargées, avaient été, ainsi que les deux pièces de campagne, enlevés par les guerillas, sans qu'il eût été possible de les retrouver et de les reprendre, on attribuait hautement la victoire aux partisans; et l'on faisait grand bruit de l'humanité des Mexicains, qui n'avaient point voulu se servir de cette artillerie si *bravement conquise* — les deux mots sont textuels — pour foudroyer les Français, qu'ils avaient vaillamment attaqués à la baïonnette à plusieurs reprises, tandis que les Français, au contraire, mettant tout sentiment d'humanité de côté, avaient usé dans leur défense de procédés sauvages, et indignes d'une nation civilisée.

C'est de cette étrange façon que les Mexicains écrivaient l'histoire.

Les faits réduits à leurs véritables proportions se bornaient à ceci:

Les Mexicains, divisés en deux troupes de près de cinq cents hommes chacune, dans le but d'enlever deux convois, escortés: le premier, par deux cent cinquante hommes, le second par soixante-quinze, n'avaient pu réussir à s'emparer ni de l'un ni de l'autre; après une lutte acharnée, ils n'avaient fait que ramasser quelques épaves abandonnées, et cela au prix de sacrifices énormes; ils avaient perdu six cent cinquante-huit hommes, tués et blessés, plus de la moitié de leur effectif, tandis que de leur côté les Français n'avaient eu en tout que quatre-vingt-sept hommes hors de combat, c'est-à-dire environ le tiers de leur effectif.

Pour tout esprit impartial, la chose n'eût pas été douteuse un seul instant; mais les Mexicains avaient absolument besoin d'une victoire; faute de mieux ils s'attribuèrent celle-là.

Lorsque don Tiburcio d'Aguilar avait été contraint pour régler des affaires urgentes et d'une haute importance de quitter Medellin pour se rendre à Puebla, sous la protection du convoi français, il avait gracieusement offert au colonel Morin de s'installer dans sa maison ainsi que le commandant de Bussy; offre que les deux officiers, après avoir fait, pour la forme, quelques observations, avaient acceptée avec le plus grand plaisir; mais en véritables hommes du monde qu'ils étaient et pénétrant les motifs secrets qui avaient engagé don Tiburcio à leur faire cette offre, au lieu de s'installer dans les grands appartements, ils s'étaient modestement logés dans un charmant pavillon, bâti au milieu de la huerta dans une position pittoresque et complètement indépendante de la maison proprement dite, qui même s'en trouvait assez éloignée.

Ces dispositions satisfirent entièrement don Tiburcio; son but était rempli: pendant son absence, qui peut-être se prolongerait, sa maison serait protégée contre toute attaque et toute déprédation.

Mais le hasard, ainsi que cela n'arrive que trop souvent, vint modifier à sa façon, ainsi que nous l'avons rapporté plus haut, les combinaisons adroites du digne Mexicain; ce qui le contraignit à rentrer à Medellin et dans sa maison beaucoup plus tôt qu'il n'avait compté le faire.

Le colonel Morin et le comte de Bussy avaient prévu le prompt retour de don Tiburcio à Medellin après l'attaque du convoi: ils avaient pris leurs mesures en conséquence, c'est-à-dire qu'ils avaient tout préparé pour quitter le pavillon qu'ils occupaient: mais à l'arrivée de la famille d'Aguilar, quand, après l'échange des premiers compliments, le colonel annonça à don Tiburcio que lui et son ami, tout en le remerciant de sa gracieuseté, craignaient de le gêner par un plus long séjour dans sa maison à présent qu'il y était de retour; que toutes leurs mesures étaient prises pour que le pavillon qu'ils occupaient fut le jour même rendu à son légitime propriétaire: don Tiburcio se récria vivement; insista pour qu'ils continuassent à habiter le pavillon, et ne voulut en aucune sorte entendre parler de déménagement: prétendant, ce qui du reste était vrai, que le pavillon par sa position isolée était complètement indépendant de sa maison, qu'il ne lui servait à rien et qu'il les verrait partir avec un grand déplaisir: enfin l'excellent homme insista de telle sorte que les deux officiers qui, bien que pour des motifs tout à fait différents, étaient charmés de leur nouveau logement, se rendirent aux raisons de leur hôte: il fut convenu que rien ne serait modifié que leur installation dans le pavillon demeurerait ce qu'elle était: qu'ils continueraient à l'habiter en toute liberté sans se préoccuper de ce qui se passerait dans la grande maison, dont les habitants de leur côté vivraient à leur guise et avec la plus entière indépendance.

Les choses ainsi arrêtées, on se sépara et chacun retourna à ses affaires.

Quelques jours s'étaient donc écoulés: la famille d'Aguilar avait repris son genre de vie accoutumé et rouvert ses salons aux riches familles du pays et aux officiers français en garnison à la Vera-Cruz et aux environs; réunissant ainsi presque chaque soir chez elle une société choisie: ses tertulias, qui n'avaient rien de banal, et dans lesquelles le chant, la musique et la danse tenaient une grande part, étaient fort recherchées de la jeunesse, toujours disposée à se livrer au plaisir d'où qu'il vienne, tandis qu'elles étaient fort appréciées des gens sérieux et d'un âge mûr, qui s'y rencontraient sur un terrain neutre, où ils pouvaient discuter et causer politique tout à leur aise.

Don Tiburcio, malgré ses opinions cléricales bien connues, laissait avec une impartialité parfaite et du meilleur goût chacun émettre librement ses opinions sans jamais intervenir dans ses discussions autrement que pour engager ses invités à ne pas se gêner dans leurs appréciations: il est inutile de dire que parmi les personnes les plus assidues à ces réunions on comptait le colonel Morin, et surtout le commandant de Bussy: celui-ci, bien que de la façon la plus courtoise et en véritable homme du monde, cherchait toutes les occasions de se rapprocher et de faire sa cour à doña Flor d'Aguilar, pour laquelle il éprouvait un amour profond, sans cependant avoir jamais osé jusque-là le lui avouer clairement: se bornant par ses soins et ses attentions soutenues à lui faire comprendre combien il serait heureux d'être distingué par elle. La jeune fille accueillait jusqu'à un certain point les assiduités du brillant officier : elle souriait souvent à ses compliments, dansait même quelquefois avec lui : mais elle savait, tout en lui accordant ces légères faveurs, régler ses paroles et ses actions avec un tact si parfait, et se tenir sur une telle réserve, que le comte, dont la passion devenait chaque jour plus vive, était cependant contraint malgré lui, à ne pas sortir des termes généraux d'une intimité plus apparente que réelle.

Après le comte, don Estevan de Pardiila était l'invité le plus assidu des tertulias de l'hôtel d'Aguilar : mais lui, il faisait résolûment la cour à doña Clara Izquierdo : cette jeune fille, du reste, ne semblait nullement fâchée des assiduités de ce beau et charmant jeune homme, que toutes les femmes se disputaient.

Nous avons dit que le pavillon occupé par le capitaine avait une sortie séparée qui ne desservait que cette partie de l'habitation : cette sortie était une grille à doubles battants, donnant sur la place de Medellin. Par les ordres du colonel, un corps de garde avait été établi en permanence auprès de cette grille, au moyen de quelques planches. Ce corps de garde assez grand et très-bien aménagé à l'intérieur, servait de poste-caserne à une section de cinquante cavaliers de la guerilla : ces cinquante cavaliers étaient remplacés tous les quinze jours ; pendant qu'ils restaient dans le poste, ils étaient chargés de monter la garde et de veiller à la sûreté personnelle du colonel, service facile et peu fatiguant ; deux sentinelles se tenaient devant la grille, une troisième était placée à la porte du pavillon pendant le jour, et doublée au coucher du soleil ; de plus, aussitôt que les sous-officiers comptables, employés comme secrétaires par le colonel, se retiraient le soir, un lit de camp était dressé dans leur bureau où deux hommes veillaient constamment afin d'être prêts à faire le service d'estafette, s'il était nécessaire d'expédier des courriers pendant la nuit ; de plus, le colonel et le commandant avaient chacun deux ordonnances qui ne les quittaient jamais et dormaient sur des peaux d'ours jetées à terre dans l'antichambre précédant les chambres à coucher des deux officiers ; ceux-ci étaient donc bien gardés.

Ces précautions minutieuses pour sa sûreté avaient été prises par le colonel sur les instances réitérées de ses officiers, car lui ne s'en souciait guère, à la suite d'une audacieuse tentative d'assassinat dont il avait failli être victime quelque mois auparavant.

Un soir, vers onze heures et demie, les deux officiers sortaient de la tertulia de don Tiburcio d'Aguilar, où ils étaient demeurés moins tard que de coutume, et rentraient dans leur pavillon en passant par la huerta, qu'ils traversaient en marchant assez doucement et en causant à demi-voix.

Le temps était magnifique, c'était une de ces splendides nuits des terres chaudes, tiède, claire, lumineuse, presque transparente, comme il n'en existe que dans les contrées intertropicales, la lune se balançait dans l'éther, au milieu d'un ciel d'un bleu profond, diamanté d'une profusion d'étoiles scintillantes, une brise folle courait dans les arbres et faisait frissonner les feuilles avec de mystérieux murmures, dans l'atmosphère, d'une pureté inouïe, se jouaient des myriades de lucioles et de mouches à feu tournant et se poursuivant avec des bourdonnements continus, les fleurs ravivées par la fraîcheur de la brise nocturne, laissaient échapper leurs enivrants parfums qui embaumaient l'air et portaient l'âme à la rêverie.

Tout en causant et sans même s'en apercevoir, les deux officiers étaient arrivés près d'un immense bosquet de Capoulins, bosquet formé par un seul arbre, et sous lequel se trouvaient une table et plusieurs bancs de marbre, ainsi que quelques chaises de jardin, ce bosquet n'était éloigné que d'une centaine de pas tout au plus du pavillon ; assis dans l'intérieur, on pouvait apercevoir, sans être vu soi-même, à cause de l'obscurité qui régnait sous le couvert, les deux sentinelles françaises se croiser à chaque tour dans leur promenade incessante devant la porte du pavillon. Selon la coutume hospitalière du Mexique, des rafraîchissements avaient été préparés sur la table, et attendaient le bon plaisir de ceux des amis de la maison auxquels viendrait la fantaisie de se retirer pendant quelques instants dans cet endroit écarté pour y rêver à leur aise.

Machinalement, sans même y songer, les deux officiers pénétrèrent dans le bosquet et s'assirent sur des chaises qui par hasard ou autrement se trouvaient placées près de la table.

— Ouf ! reposons-nous un instant, dit le colonel ; la nuit est si magnifiquement belle, que ce serait un meurtre de se renfermer déjà dans une chambre chauffée par le soleil pendant toute la journée à je ne sais combien d'atmosphères ; ici au moins on respire, on sent l'air frais pénétrer dans ses poumons.

— Reposons-nous soit, colonel ; je partage entièrement votre avis ; mieux vaut respirer le grand air que celui de nos appartements vicié et chauffé outre mesure ; d'ailleurs, je ne me sens aucune disposition au sommeil.

— Je vous en offre autant ; jamais, je crois, je n'ai été si éveillé de ma vie. Êtes-vous disposé à m'écouter ?

— Certes ! pourquoi ce doute ?

— Tout simplement, mon cher commandant, parce que depuis vingt-cinq minutes que nous causons, ou plutôt que je cause tout seul avec vous, vous n'avez pas entendu un traître mot de ce que j'ai eu l'honneur de vous dire.

— Moi !

— Pardieu ! qui donc serait-ce ? la preuve, c'est que vous m'avez répondu tout de travers.

— Pardonnez-moi, mais...

— Je vous pardonne parfaitement pardieu ! mais il faut faire attention à cela, mon ami ; la chose est plus grave que vous ne le supposez ; votre amour vous tourne complétement la tête.

— Vous raillez et vous avez raison, colonel ; cependant, il y a du vrai dans ce que vous dites ; cette enfant est si adorable, si délicieusement charmante, que sur l'honneur je crois que j'en deviens fou.

— Il n'y a pas de mal à cela, au contraire ; seulement, dans votre propre intérêt, je vous engage à en finir une fois pour toutes, en l'épousant au plus vite.

— Ah ! si cela ne tenait qu'à moi, fit-il avec un soupir, ce serait fait demain.

— Bravo ? mais à quoi ou à qui cela tient-il ?

— A elle pardieu ; à elle qui rit avec moi, me raille, et quand je veux lui parler sérieusement, m'échappe comme un serpent, sans qu'il me soit possible de la retenir.

— C'est une manœuvre que les femmes ont apprise de leur grand'mère Eve ; une revanche du paradis terrestre ; en somme où en êtes-vous avec ce charmant démon ?

— A rien, mon colonel.

— Comment à rien ?

— Absolument.

— Vous ne vous êtes pas déclaré ?

— Elle m'en a toujours empêché.

— Peut-être aime-t-elle quelqu'un ?

— Je ne crois pas ; je ne vois personne autour d'elle sur qui puissent tomber ses regards.

— Merci pour moi, fit-il en riant ; ainsi vous n'êtes pas plus avancé que le premier jour ?

— Je n'ai point fait un pas.

— Vous, l'irrésistible?

— C'est comme cela.

— Allons, je vois qu'il faut que je m'en mêle ; ce que vous n'osez faire, voulez-vous que je le fasse, moi ?

— Eh quoi ! vous consentiriez.

— Puisque je vous le propose. Eh bien ! c'est entendu, demain sans plus tarder, j'irai trouver don Tiburcio d'Aguilar, je lui adresserai, de votre part, une demande en forme de la main de sa fille doña Flor d'Aguilar ; nous verrons, non pas ce que répondra le père, mais ce que dira votre cruel et ravissant démon; il faudra bien qu'il s'explique cette fois.

— En effet, c'est le seul moyen d'en finir d'une façon ou d'une autre ; je ne puis plus longtemps rester ainsi...

— Comme le tombeau de Mahomet, entre le ciel et la terre, fit en riant le colonel ; comptez sur moi, mon cher commandant ; demain, sans autre délai, votre commission sera faite et bien faite, je vous le jure, j'y mettrai tous mes soins.

— Vous me rendez la vie, mon cher colonel.

— Bah ! ne parlons pas de cela. Et à présent, êtes-vous disposé à m'écouter ? je reviens, comme vous le voyez, à ma première question.

— Je vous écouterai avec la plus sérieuse attention.

— Alors, je commence ; il faut que vous sachiez, mon cher commandant, que notre journée n'est pas finie encore.

— Je m'en suis presque douté, en vous voyant quitter la tertulia d'aussi bonne heure.

— C'est cela même ; nous allons monter à cheval pour une expédition à deux ou trois lieues au plus ; il s'agit d'enlever d'un seul coup de filet toute la bande de l'un des drôles, qui, l'autre nuit, vous ont attaqué.

— Ah ! diable ! je ne serai pas fâché de prendre une revanche.

— Eh bien ! elle s'offre à vous et peut-être surprendrons-nous en même temps le chef de la guerilla-fantôme.

— El Escondido ?

— Lui-même !

Le comte hocha la tête.

— J'en doute, dit-il, il est bien fin.

— Fin ou non, il faut que je m'empare de lui, je l'ai promis au général, ma parole est engagée.

— Promettre et tenir sont deux ; vous vous donnez là une rude besogne.

— Cet homme est très-redoutable, on veut en finir avec lui ; savez-vous ce qui se passe.

— Ma foi, je vous avoue...

— Eh bien ! écoutez : l'empire, à peine établi, mécontente tout le monde ; il est antipathique à la nation qui ne le subit que sous le coup de la terreur de nos baïonnettes ; dans toutes les provinces, les cabecillas relèvent la tête ; des guerillas se forment partout. Juarès a traité avec les Etats-Unis ; le gouvernement de Washington, vainqueur du Sud révolté, ne se soucie pas de voir un empire se former sur ses frontières ; de plus, il a sur les bras, par suite de la paix, une foule de soldats mercenaires, bandits redoutables, sans foi ni loi, dont il désire se débarrasser au plus vite ; l'occasion est belle pour les lâcher sur le Mexique ; si nous n'y prenons garde, dans un avenir prochain, nous aurons tous ces drôles après nous, et ce sont d'autres soldats que les Mexicains ; maintenant, laissez à un chef brave et intelligent comme est el Escondido le temps de rallier autour de lui toutes les bandes qui existent dans les terres chaudes, et celles plus nombreuses encore qui sont en voie de formation, dites-moi ce qui arrivera lorsque nos troupes commenceront leur mouvement de concentration pour opérer leur retraite sur le port d'embarquement ? Nos détachements seront égorgés en détail et nous perdrons les deux tiers de l'armée ; voilà pourquoi il est important que nous nous emparions au plus vite de cet homme qui, par son talent, son audace, le prestige dont il jouit auprès de ses compatriotes, et même parmi nous, peut être la cause des plus grands désastres ; il disparaîtra, je l'ai juré, ou, sacredien ! j'y perdrai mon nom !

— Je tombe des nues, mon cher colonel ; tout ce que vous me dites est tellement extraordinaire, que mon esprit se refuse à le comprendre ; cependant le pays est calme, le commerce reprend, les communications sont solidement établies ; l'Empereur a été acclamé avec un enthousiasme inouï, à son entrée dans Mexico?

— Nous savons, nous qui avons payé, combien nous a coûté cet enthousiasme ; le commerce est mort, la défiance générale ; quant aux communications, vous et moi savons à quoi nous en tenir ; le calme qui nous entoure est celui qui précède la tempête ou l'éruption d'un volcan; croyez-en un vieux soldat, qui a une longue expérience des choses de la guerre, et surtout est mieux informé que vous ne le pensez.

— Ainsi cette concentration dont vous parliez?

— Mon cher commandant, vous êtes trop mon ami pour que je veuille faire du mystère avec vous; les cartes se brouillent; l'empereur et le maréchal ne s'entendent pas, la situation est très-tendue; il n'y a rien de positif encore, mais il est fortement question en haut lieu, de laisser le nouvel Empereur se débrouiller comme il le pourra, avec ses nouveaux sujets, et de ramener l'armée en France.

— Mais ce serait un lâche abandon, une trahison indigne.

— Je ne dis pas non.

— Eh quoi! cet homme, ce prince, que le gouvernement français a été chercher dans son palais de Miramar; qu'il a sollicité de toutes les façons; qui n'a consenti à accepter cette couronne que sur les promesses les plus positives, les offres les plus brillantes, les assurances les plus formelles; qui vivait tranquille, heureux et adoré de tous ceux qui l'entouraient; que l'on a pour ainsi dire enlevé par surprise pour l'amener ici; maintenant que tout se dresse contre lui, qu'il se trouve par la faute du gouvernement français, dans une situation presque désespérée, seul au milieu d'un peuple qui le repousse, on l'abandonnerait froidement, de parti pris, sans se soucier de ce qui adviendra après le départ de l'armée? Mais c'est nous déshonorer, tout cela! c'est une tache à notre drapeau!

— C'est comme cela, mon ami; malheureusement il paraît que la politique a des exigences que, nous autres soldats, nous ne sommes pas aptes à comprendre; ni vous ni moi ne pouvons rien changer à la situation, n'est-ce pas? nos récriminations sont donc inutiles? nous sommes soldats, nous obéissons, le reste ne nous regarde pas.

— Ce n'est malheureusement que trop vrai, mon cher colonel; mais ce pauvre jeune homme, si bon, si confiant, que deviendra-t-il?

— Il lui arrivera probablement ce qui arrive à tous les instruments inconscients d'une politique d'indécision et de duplicité; devenu inutile, plus que cela, gênant, il sera brisé; et ajoutera un nom de plus au long martyrologe des dupes de la diplomatie tortueuse et sans loyauté qui sert de ligne de conduite invariable à nos gouvernements modernes, depuis le premier et odieux partage de la Pologne, jusqu'à ce jour. Souvenez-vous que sur l'immense échiquier diplomatique, les nationalités n'existent pas; le patriotisme n'est même plus un mot; les hommes ne sont que des pions, appelés à disparaître les uns après les autres, selon les nécessités de la situation; et, pour me résumer en un mot, la force seule gouverne et annihile le droit, le *væ victis* est plus vrai qu'il ne l'a jamais été.

— Vous voyez les choses bien en noir, mon cher colonel; j'espère pour l'honneur de la France que vous vous trompez; que vos sombres prophéties ne se réaliseront pas.

— Je voudrais de grand cœur me tromper, je vous le jure, mon ami; mais bientôt malheureusement les faits, au lieu de me donner un démenti, viendront, vous le verrez, prouver aux plus incrédules combien j'ai vu juste et surtout jusqu'à quel point je suis bien

renseigné; mais l'heure du départ approche; veuillez, je vous prie, faire prévenir le capitaine Gautier que nous allons monter à cheval; je n'emmène que cinquante cavaliers avec moi, cela suffira, d'autant plus que l'on ne nous attend pas.

— En êtes-vous bien sûr, colonel? Vous savez que nous sommes entourés d'espions si habiles, qu'aucune de nos déterminations, si secrètes qu'elles soient, ne leur échappe?

— Cette fois leur habileté sera en défaut, mon cher commandant; je n'ai parlé de mes projets à personne, si ce n'est à vous seul, et il y a à peine quelques minutes, ici même.

— Les Indiens et les coureurs des bois disent que les arbres ont des yeux et les feuilles des oreilles, reprit le comte en regardant autour de lui; les arbres et les feuilles ne manquent pas ici.

— Bon! allez-vous devenir un trembleur, vous aussi, et croire à toutes les sornettes que l'on débite; ce sont les bavardages de nos hommes qui font tout le mal : là est le secret de l'espionnage si bien organisé de l'ennemi; pendant mon absence, qui se prolongera peut-être jusqu'au lever du soleil, vous prendrez le commandement de la guerilla et vous ferez bonne garde.

— Oui, colonel.

— A présent, dit-il en lui tendant la main, veuillez faire exécuter l'ordre que je vous ai donné; en passant devant le corps de garde, vous m'enverrez ici le Chacal ainsi qu'un individu qui a dû se présenter il y a une demi-heure et avec lequel j'ai besoin de causer.

— Bonne chance, colonel.

— Merci, mon cher commandant, je tâcherai.

Ils échangèrent une poignée de mains et le commandant s'éloigna.

Cinq ou six minutes plus tard, le Chacal arriva; un Indien l'accompagnait.

Cet Indien semblait appartenir à la plus basse classe; ses vêtements sales et sordides étaient un paquet de hideuses guenilles dans lesquelles cependant il se drapait d'un air de capitan; en somme ce n'était ou du moins ce ne paraissait être qu'un lepero de la pire espèce; son regard louche et perçant, son masque grimaçant et railleur ne prévenaient nullement en sa faveur et inspiraient une instinctive répulsion.

— Voilà l'oiseau, mon colonel, dit le Chacal, sur la poitrine duquel brillait la croix de la Légion d'Honneur qu'il avait reçue deux jours auparavant, en récompense de sa belle conduite lors de l'attaque du convoi.

— Très-bien, *marchef*, répondit le colonel; promenez-vous devant le bosquet, tandis que je causerai avec cet homme; mais restez toujours à portée de voix.

Le Chacal salua sans répondre et obéit.

Le colonel se tourna alors vers l'Indien.

— Approche, drôle; quel est ton nom? lui demanda-t-il en mauvais espagnol.

L'Indien se redressa, salua avec une exquise courtoisie et répondit en excellent français, sans le plus léger accent étranger :

— Il est inutile que vous preniez la peine d'écorcher ma langue maternelle, monsieur le colonel, je com-

Accrochez-moi tous ces misérables aux branches de cet arbre! page 80.

prends et je parle facilement la vôtre; permettez-moi, tout d'abord, de vous prévenir que je ne puis accepter l'entretien que nous devons avoir sur le ton que vous prenez avec moi; l'habit ne fait pas le moine, comme vous dites vous autres Français, je suis Caballero, je prétends être traité comme tel.

Et saisissant une chaise il la porta près de la table, s'assit avec une parfaite désinvolture et se mit à tordre une cigarette en prenant la pose d'un ami en visite.

Le colonel Morin était un rude homme et un soldat énergique; tous ceux qui l'ont connu en pourraient témoigner; il n'était facile ni à surprendre, ni à intimider, et pourtant il fut complétement *déferré* par le ton et les manières de l'homme qui se tenait en ce moment devant lui.

Cela prouvait seulement que le colonel ne connaissait pas les Mexicains et surtout l'organisation étrange et presque fantastique de la société mexicaine.

Dans ce pays singulier où tout se fait au rebours du bon sens, les choses les plus extraordinaires sont les seules logiques; le lepero d'aujourd'hui peut demain être un grand personnage; les rangs et les distinctions de castes n'existent pas; l'intelligence, l'audace et le savoir-faire peuvent conduire à tout avec une rapidité vertigineuse; tel général a été tailleur ou maçon; tel sénateur a été arriero, et tous peuvent redescendre à ces humbles positions par un caprice subit de la fortune; ils ne s'en affligent pas, leur philosophie est inaltérable: ils acceptent avec la plus complète indifférence ces revers prévus, et se remettent à tenter de nouveau la fortune, certains qu'ils réussiront dix fois encore à l'arrêter au passage; c'est un jeu de bascule continuel dont personne ne s'étonne ou ne s'émeut, car tout le monde y est soumis ; mais il produit ce résultat que quelle que soit la position apparente de l'homme avec lequel on a affaire, son langage est toujours choisi, ses manières exquises, singularité qui ne se rencontre pas chez nous ou un rustre enrichi, quelques efforts qu'il fasse, reste toujours un rustre que l'on reconnaît au premier coup d'œil.

— Ah ! fit le colonel ébahi.

L'Indien hocha la tête en souriant d'un air qui signifiait :

— C'est comme cela.

— Soit, caballero, reprit le colonel avec ironie ; êtes-vous toujours dans les mêmes dispositions.

— Toujours, monsieur le colonel, je vous conduirai par un chemin détourné, connu presque de moi seul, à l'hacienda de Planillos et je vous ferai surprendre la bande d'el Muchacho tout entière.

— Et le Muchacho ?

— Cela est moins certain ; le Muchacho est un gaillard très-fin, très-méfiant ; qui sent la trahison comme les corbeaux de votre pays sentent la poudre.

— Est-ce que le Muchacho n'est pas à l'hacienda, señor ?

— Il est très-difficile de savoir positivement si le Muchacho est ou n'est pas dans un endroit, monsieur le colonel, le Muchacho est fort remuant de sa nature, très-superstitieux ; qu'un rien inquiète, Malgré sa bravoure féroce, je l'ai vu trembler comme un enfant parce que, en sortant de chez lui, il avait croisé un prêtre ; une autre fois, il s'est tenu caché et sans bouger pendant deux jours dans le creux d'une roche, parce qu'un hibou était venu se poser sur un arbre à sa gauche et l'avait regardé ; on ne peut donc compter en aucune façon sur lui ; c'est surtout l'homme des inspirations subites et des résolutions imprévues.

— Hum ! enfin nous verrons ; pourquoi le trahissez-vous ? demanda-t-il tout à coup en le regardant bien en face.

— Je ne le trahis pas ; je me venge.

— Vous vous vengez, soit ; mais il était votre ami.

— Mon ami le plus intime ; presque mon frère ; nous avons été élevés ensemble, répondit-il froidement ; c'est toujours comme cela que viennent les haines les plus violentes ; il m'a enlevé une femme que j'aimais et que j'étais sur le point d'épouser.

— Oh! oh! oh! alors je comprends que vous veuillez vous venger de lui.

— Vous n'y êtes pas, monsieur le colonel, ma vengeance est commencée déjà et satisferait tout autre que moi, répondit-il avec un rire cynique. J'ai enlevé la sœur de Muchacho, je l'ai obligée à devenir ma maîtresse et quand j'ai été fatigué d'elle, je la lui ai renvoyée.

— Savez-vous que vous êtes un ignoble gredin, señor, dit-il avec dégoût.

— Moi, pourquoi cela? Je n'ai fait qu'appliquer à mon profit la loi du talion.

— C'est possible ; mais ce n'est pas agir en caballero, fit-il avec ironie.

— Bah ! nous sommes des sauvages, nous autres.

— Et cette lâche vengeance ne vous suffit pas ?

— Je le crois bien ; le Muchacho a juré de me tuer à l'indienne, c'est-à-dire en m'infligeant les plus horribles tortures.

— Entre nous, vous n'auriez que ce que vous avez mérité.

— Je ne dis pas non ; aussi je veux prendre l'avance sur lui, voilà pourquoi je vous le livre.

— Et pour les mille piastres que vous vaudra cette trahison ?

— Mille piastres sont agréables à gagner, mais...

Tout à coup il s'arrêta, devint livide ; son visage prit une expression d'épouvante indicible. Il demeura un instant les regards opiniâtrement fixés sur un point obscur du bosquet ; puis il bondit subitement en avant comme une bête fauve ; mais presque aussitôt il revint s'asseoir en murmurant quelques paroles inintelligibles, tandis que tout son corps était secoué par un tremblement nerveux.

— Qu'est-ce qui vous prend ? s'écria le colonel. Devenez-vous fou ?

— J'avais cru voir là, devant moi, dans l'ombre, briller deux yeux ardents comme ceux d'un fauve ; je me serai sans doute trompé.

— Qui diable voulez-vous qui s'introduise ici ? entourés comme nous le sommes de sentinelles vigilantes qu'il est impossible de mettre en défaut.

— Tout est possible, répondit-il à voix basse en hochant la tête ; mais je puis m'être trompé... C'est égal, ne demeurons pas ici un instant de plus.

— Voulez-vous que je fasse fouiller le bosquet ?

— C'est inutile, monsieur le colonel, on ne trouverait rien. Je me suis trompé, évidemment ; j'aurai pris des mouches à feu pour des yeux qui me regardaient, et pourtant, mieux vaut que nous nous en allions.

— Soit, D'autant plus qu'il est temps de nous mettre en route pour les Planillos.

— C'est cela, partons.

Ils quittèrent le bosquet, et se dirigèrent à grands pas vers le pavillon.

— Vous savez que les mille piastres doivent m'être remises d'avance.

— Les voilà ! dit le colonel en lui jetant avec dégoût une bourse contenant soixante-trois onces d'or mexicaines ; je vous fais bonne mesure.

— Merci, monsieur le colonel, répondit le bandit avec un frémissement de joie, en faisant avec une dextérité extrême, disparaître la bourse dans sa faja ; je ne marchanderai pas avec vous, plus que vous ne marchandez avec moi ; vous serez satisfait.

— J'y compte.

Dix minutes plus tard, cinquante cavaliers, lancés à fond de train, sortaient de Medellin, et glissaient dans la nuit comme une légion de sombres fantômes.

L'Indien ne s'était pas trompé ; c'était bien un homme qui le guettait sous le bosquet de Capoulins.

XIV

COMMENT LE COLONEL MORIN ENTREVIT LA GUERILLA-FANTOME ET CE QUI S'EN SUIVIT.

Les guerilleros, courbés sur leurs chevaux, galopèrent silencieusement pendant près d'une heure et demie.

Parfois ils traversaient des villages endormis et sombres, où leur passage était bruyamment salué par les aboiements furieux des chiens de garde; leur course ne se ralentissait pas; le colonel allait un peu en avant de la troupe, ayant l'Indien près de lui, flanqué par deux cavaliers chargés de lui brûler la cervelle au cas où il méditerait une trahison.

— Approchons-nous? demanda le colonel à son guide.

— Dans un quart d'heure au plus, nous serons aux Planillos, répondit l'Indien; quand nous aurons traversé le chaparral qui s'étend devant nous, comme la nuit est claire, nous apercevrons la rancheria.

— On ne paraît pas soupçonner notre présence dans ces parages, reprit le colonel; voyez comme tout est calme et silencieux autour de nous.

L'Indien hocha la tête d'un air mécontent.

— Tout est trop calme et trop silencieux, répondit-il à demi-voix; c'est précisément cela qui m'inquiète.

— Pourquoi donc?

— Parce que ce n'est pas naturel; nous devrions déjà voir briller les lumières dans les ranchos, où d'ordinaire les nuits se passent en fêtes et en orgies; au lieu de cela, tout est sombre et muet; nous avons été prévenus, cela est certain.

— Prévenus? par qui?

— Qui sait! peut-être par l'espion qui nous écoutait dans le berceau.

— Vous m'avez dit que vous vous étiez trompé; qu'il n'y avait personne.

— Je l'ai cru d'abord, monsieur; mais je suis convaincu maintenant que l'on nous écoutait.

— Mais, qui cela? au nom du diable!

— Celui à qui rien n'échappe, qui voit et devine tout: El Escondido.

El Escondido! le chef de la guerilla-fantôme?

— Lui-même. Et si cela est, nous sommes perdus.

— Perdus! allons donc; vous êtes fou, mon cher. C'est lui, au contraire, qui sera perdu si nous nous rencontrons à longueur de sabre.

— Dieu le veuille! mais je n'ose l'espérer, fit-il avec un soupir; il est bien adroit, et a de rudes compagnons avec lui.

— Tant mieux! ce sera un beau combat.

— Ceci vous regarde, monsieur le colonel; mais si vous me le permettez, je prendrai la liberté de vous donner un conseil que peut-être vous feriez bien de suivre.

— Quel conseil? Parlez!

— Vous allez entrer dans le chaparral qu'il vous faut traverser dans toute sa longueur avant que d'atteindre la rancheria; si vous devez être attaqué, c'est là, quand vous serez engagé au milieu de ces taillis serrés les uns contre les autres, que vous le serez, car c'est là certainement que les ennemis que vous croyez surprendre se sont embusqués et vous guettent; tenez-vous donc sur vos gardes, et tâchez d'éviter une surprise; maintenant, suivez ou ne suivez pas mon conseil; c'est votre affaire et non la mienne.

— Sacredieu! le conseil est bon, et je vous en remercie, señor, traître ou non, vous avez dit vrai; je vais prendre mes précautions.

Au Mexique, on donne le nom de chaparrals à d'immenses terrains incultes couverts d'arbres épineux, rabougris, rachitiques qui ne s'élèvent jamais à plus de sept ou huit pieds au-dessus du sol; les plaines de la Sonora et du Sinaloa, presque entièrement dépourvues d'eaux, sont semées à profusion de ces chaparrals qui servent généralement de refuge aux fauves, et sont très-favorables aux embuscades indiennes; dans les États civilisés des terres chaudes de l'Atlantique, le même nom est donné à des basses futaies que l'on coupe tous les sept ou huit ans. Ces chaparrals ont une grande ressemblance avec nos maquis de la Corse; seulement ils sont beaucoup plus dangereux sous tous les rapports, parce que non-seulement ils servent de refuge et d'embuscade aux fauves et aux bandits de toutes sortes qui y trouvent un abri presque inexpugnable; mais encore parce que les essences qui forment ces basses futaies sont généralement des essences épineuses, fort pressées les unes contre les autres, et à travers lesquelles, même la hache à la main, il est presque impossible de se frayer un passage.

Le colonel Morin, depuis qu'il commandait la contre-guerilla française dans les terres chaudes, avait maintes fois, dans ses périlleuses expéditions, été contraint de traverser des chaparrals; il en connaissait tous les dangers, et il les redoutait fort; dans la circonstance présente, s'il avait supposé devoir en traverser un pour arriver aux Planillos, il n'aurait pas pris cinquante hommes avec lui, mais au moins cent et peut-être davantage; mais il était trop tard pour songer à ce qu'il aurait dû faire; tout en maudissant son imprudence, il se hâta de profiter du conseil que lui donnait son guide; il prit toutes les précautions que lui suggéra son expérience; malheureusement ces précautions étaient peu de chose; elles ne consistaient en réalité qu'à veiller attentivement autour de lui, afin, s'il était possible, de ne pas se laisser surprendre par une attaque subite de l'ennemi rusé qui sans doute le guettait; d'ailleurs, reculer était impossible; il fallait à tous risques pousser en avant; pour l'acquit de sa conscience, le colonel fit mettre pied à terre à deux cavaliers, anciens coureurs de bois de la frontière indienne, et il leur ordonna de pousser une reconnaissance à droite et à gauche.

Les batteurs d'estrade se glissèrent comme des serpents à travers les taillis, et presque aussitôt ils disparurent.

Vingt minutes s'écoulèrent, un silence profond planait sur la campagne; il n'y avait pas un souffle dans l'air, la lune déversait à profusion ses rayons mélancoliques et blafards sur les accidents du paysage noyé dans des flots de vapeur qui s'élevaient de terre, on se serait cru en pleine savane, tant le calme était imposant.

Les deux batteurs d'estrade ne revenaient pas, une plus longue attente pouvait avoir des conséquences graves, compromettre le succès de l'expédition. Le colonel se vit contraint de donner à contre-cœur l'ordre d'avancer.

La petite troupe pénétra résolûment dans le chaparral, pendant cinq minutes, les Français marchèrent au grand trot, l'œil au guet, fouillant les taillis du regard, et le doigt posé sur la détente de la carabine.

Rien ne bougeait. A part un frissonnement presque imperceptible dans les broussailles, frissonnement qui n'avait en soi rien d'inquiétant, et pouvait être attribué à mille de ces causes accidentelles qui troublent le silence des nuits, tout restait calme en apparence.

Les Français avaient franchi presque les deux tiers du chaparral; ils commençaient à apercevoir à une assez faible distance les masses sombres et encore indistinctes des ranchos du pueblo; les soldats, avec cette insouciance caractéristique qui est le côté saillant de leur caractère, rassurés par la vue de la rancheria, commençaient à rire entre eux de leurs appréhensions passées et que rien ne venait justifier; seuls, le guide indien et le colonel restaient sombres et soucieux; ils avaient le pressentiment d'une attaque prochaine.

Tout à coup le cri du hibou traversa l'espace et fut aussitôt répété dans plusieurs directions.

— Attention! ordonna le colonel.

A peine achevait-il de parler que l'obscurité s'illumina d'une lueur fulgurante, une double décharge éclata de chaque côté du sentier suivi par les soldats, une grêle de balles s'abattit sur le détachement et plusieurs cavaliers tombèrent.

— Au galop! cria le colonel.

Les cavaliers s'élancèrent en avant à toute bride, poursuivis dans leur course par les balles, qui continuaient à crépiter sans qu'il fût possible de découvrir un seul ennemi.

En quelques minutes, le chaparral fut franchi, les cavaliers se trouvèrent en plaine à quelques pas seulement de la rancheria.

Aussitôt que les Français furent hors du chaparral, la fusillade cessa comme par enchantement et le silence redevint complet.

Le colonel arrêta sa petite troupe et rallia les soldats que leurs chevaux avaient emportés trop loin, l'ordre fut bientôt rétabli dans les rangs.

Huit hommes avaient été tués, plusieurs autres étaient blessés, légèrement à la vérité, le guide était tombé de cheval à la première décharge et avait disparu.

Après avoir, par quelques mots, ranimé l'ardeur de ses soldats par l'espoir d'une prompte vengeance, le colonel prit ses dispositions pour enlever le pueblo; mais, à sa grande surprise, il n'éprouva aucune résistance; la rancheria fut occupée sans coup férir.

Le premier soin du colonel fut de s'établir solidement dans le village; quelques minutes lui suffirent pour cela; cette précaution prise, le colonel appela le Chacal:

— Tu vas retourner à Medellin, lui dit-il.

— Oui, mon colonel, répartit le maréchal-des-logis, sans hésiter.

— Tu as vu ce qui s'est passé; il ne faut pas que tu sois tué.

— Je ne serai pas tué, mon colonel, soyez calme.

— Tu diras au commandant la situation dans laquelle nous sommes ici. Je tiendrai quand même jusqu'à son arrivée, mais il ne faut pas qu'il perde un instant.

— C'est entendu, mon colonel.

— Toute la guerilla montera à cheval avec un fantassin en croupe, il y a un détachement de zouaves à Medellin, tu me comprends?

— Oui, mon colonel.

— Si tu reviens, tu trouveras ici ton épaulette de sous-lieutenant, tu connais le pays, ouvre l'œil.

— Marché fait, mon colonel, c'est compris.

— En route et bonne chance.

— Merci, mon colonel.

Le Chacal choisit parmi tous les chevaux celui qui lui parut le meilleur, se mit en selle et partit comme un tourbillon.

Quelques minutes plus tard, une effroyable fusillade annonça que le brave soldat était entré dans le chaparral.

Le cœur du colonel se serra.

— C'est un coup de dé, murmura-t-il, Vive Dieu! ajouta-t-il au bout d'un instant, si je meurs ici, je lui ferai de belles funérailles! Quels démons que ces Mexicains. Nous leur avons appris à nous combattre, maintenant nous n'en viendrons jamais à bout.

Oubliant alors toutes autres préoccupations que celles de sa situation présente, le colonel, tout en faisant renforcer ses moyens de défense de façon à se mettre complétement à l'abri d'un coup de main et pouvoir, le cas échéant, opposer une vigoureuse résistance, ordonna une visite minutieuse dans tous les ranchos.

Le village était abandonné par ses habitants, on ne découvrit que quelques vieilles femmes et quelques vieillards qui, pour un motif ou pour un autre, n'avaient sans doute pas voulu quitter leurs misérables foyers. On les conduisit au colonel, celui-ci les soumit à un sévère interrogatoire, mais il ne put tirer de ces pauvres gens aucun renseignement utile.

Il allait de guerre lasse les faire remettre en liberté, lorsqu'il crut surprendre certains signes d'intelligence échangés entre un des Indiens et une femme dont les manières ne lui semblèrent pas naturelles.

Le colonel fit approcher ces deux individus et les examina avec attention; ceux-ci subirent cet examen sans se troubler et sans que leur physionomie exprimât un autre sentiment que celui d'une surprise stupide.

Le colonel hocha la tête.

— Otez votre rebozo, dit-il à la femme.

Celle-ci ne répondit point et ne fit pas un mouvement.

— M'avez-vous entendu? reprit-il.

Elle le regarda d'un air hébété.

Le colonel haussa les épaules, se leva et saisissant le rebozo, il l'enleva.

— La Paumelle! dit-il.

— Mon colonel! répondit aussitôt un brigadier.

— Prenez de l'eau et lavez-moi ces deux gaillards-là; surtout frottez ferme.

— Faut-il les déshabiller, mon colonel?

— Non, lavez le visage seulement.

Le brigadier se fit apporter de l'eau par un soldat et, prenant le rebozo même de la femme en guise de serviette, il se prépara à exécuter l'ordre qu'il avait reçu.

Mais la femme le repoussa vivement et, enlevant la perruque qu'elle portait en même temps qu'elle passait un mouchoir sur son visage, elle montra aussitôt les traits blancs, charmants et expressifs d'un jeune homme de vingt-quatre ou vingt-cinq ans au plus, dont la tête était couverte d'une profusion de cheveux noirs et bouclés.

— J'en étais sûr, s'écria le colonel, et s'adressant au brigadier: Passez à l'autre, lui dit-il en désignant le vieillard.

— C'est inutile, répondit celui-ci en excellent français.

Et il opéra aussitôt, avec une dextérité égale à celle de son compagnon, la même métamorphose sur sa personne.

— Faut-il laver les autres, mon colonel? demanda le brigadier ébahi.

— Ce n'est pas nécessaire, répondit-il avec un sourire qui fit frissonner le vieux soldat lui-même: ceux-là sont de véritables Indiens, seulement, faites-les solidement garrotter et mettez-les en lieu sûr; je m'occuperai d'eux tout à l'heure.

Cet ordre fut immédiatement exécuté; les Indiens furent attachés et entraînés hors du rancho, où il ne resta plus que le colonel, un capitaine, un lieutenant, les deux Mexicains si singulièrement découverts, le brigadier La Paumelle et quatre soldats.

— Approchez! dit le colonel.

Les deux Mexicains firent quelques pas en avant.

— Qui êtes-vous? demanda-t-il au prisonnier couvert de vêtements féminins.

— Un caballero, répondit celui-ci.

— C'est convenu, reprit le colonel avec ironie, tous les Mexicains sont caballeros; mais ce n'est pas cela que je vous demande.

— Que me demandez-vous alors, monsieur? Veuillez préciser, je vous prie.

Cette conversation avait lieu en français, au grand soulagement du colonel, qui écorchait affreusement l'espagnol. Il sourit.

— La Paumelle, dit-il, approchez des chaises à ces caballeros.

Le brigadier obéit, les prisonniers s'assirent sans se faire prier, avec une désinvolture charmante.

— Bien, reprit le colonel. A présent, veuillez me dire, caballeros, qui vous êtes et pourquoi je vous trouve ici sous ces déguisements.

— Hum! fit le premier prisonnier, il m'est assez difficile de répondre à ces questions, monsieur.

— Je le crois; mais je dois vous avertir dans votre propre intérêt qu'il est inutile que vous vous creusiez la tête à inventer des mensonges, parce que je possède de merveilleux moyens pour découvrir la vérité; moyens que, si vous m'y contraignez, je n'hésiterai pas à employer. Vous m'avez compris, n'est-ce pas?

— Parfaitement, monsieur.

— Et vous me direz la vérité?

— Je vous la dirai; quoiqu'il m'en coûte de révéler ainsi devant tous, des secrets de jeune homme qui compromettent une dame.

— Ah! fit le colonel avec ironie, très-bien; mais avant tout, veuillez me dire pourquoi vos compagnons, après la vive fusillade dont ils m'ont salué dans le chaparral, n'essaient de répondre à ces questions depuis que je me suis établi dans le rancho.

— Les hommes dont vous parlez, monsieur, ne sont pas mes compagnons; je ne les connais pas plus que vous; je ne puis donc pas savoir ou même deviner leurs intentions.

— Vous n'êtes donc pas des guerilleros? fit-il d'une voix railleuse.

— Pas le moins du monde, monsieur, nous sommes des caballeros dévoués à Sa Majesté l'Empereur Maximilien, cléricaux bien connus; nous professons une haine mortelle pour les libéraux, par conséquent pour les misérables bandits auxquels vous prétendez nous assimiler.

— Alors, vous vous êtes déguisés dans cette rancheria pour y servir l'Empereur sans doute et lui prouver votre dévouement?

— Pas le moins du monde, monsieur, nous ne sommes venus ici que pour des affaires qui nous sont toutes personnelles.

— Voyons ces affaires, monsieur.

En ce moment, un appel de trompette se fit entendre au dehors.

— Qu'est-ce cela? demanda le colonel.

Le brigadier sortit pour s'informer et rentra au bout d'un instant.

— Eh bien? lui dit le colonel.

— Mon colonel, ce sont des cavaliers mexicains, ils nous ramènent Belhumeur et le Tondu, nos deux batteurs d'estrade dont ils se sont emparés, et trois autres de nos camarades tombés en traversant le chaparral et que nous croyions morts.

— Comment?

— Nos cinq camarades sont là.

— Et les Mexicains?

— Ils se sont retirés, mon colonel.

— Voilà qui est singulier. Faites entrer ces hommes. Un instant, ajouta-t-il en se reprenant; emmenez les deux prisonniers, mais qu'ils restent près d'ici, bientôt je les ferai appeler de nouveau.

Les prisonniers furent emmenés en même temps que

les cinq soldats entraient dans le rancho par une autre porte.

Trois d'entre eux étaient très-légèrement blessés à la tête, les deux autres étaient saufs, on leur avait laissé leurs armes.

— Je suis heureux de vous revoir mes enfants, dit le colonel, je vous avoue que je n'y comptais pas.

— Ni nous non plus, mon colonel, répondit Belhumeur un vieux chasseur canadien très-brave et très-renommé comme coureur des bois.

— Que vous est-il donc arrivé? et comment se fait-il que vous soyez ici? Parlez pour tous, Belhumeur, nous aurons plus tôt fait.

— Voici la chose en deux mots, mon colonel, répondit le Canadien: nous venions le Tondu et moi de nous glisser chacun de notre côté dans les buissons, lorsque sans même avoir le temps de nous reconnaître ni même de pousser un cri, nous fûmes en un clin d'œil saisis, garrottés et bâillonnés par des démons invisibles embusqués à deux pas de nous et qui sans doute nous guettaient; nos ravisseurs nous abandonnèrent provisoirement sur la place même où ils nous avaient pris et s'éloignèrent; heureusement on avait oublié ou plutôt on avait dédaigné de nous bander les yeux, ce qui nous permit de voir que le chaparral était littéralement rempli de Mexicains agenouillés derrière chaque tronc d'arbre.

— Ils sont donc beaucoup?

— Au moins trois ou quatre cents, mon colonel.

— Tant que cela?

— Sans compter ceux qui viennent à chaque instant se joindre à eux de tous les points de la campagne.

— Oh! oh! fit le colonel d'un air soucieux; continuez, ajouta-t-il.

Nous assistâmes ainsi à la fusillade qui éclata lorsque la guerilla pénétra dans le chaparral, et qui ne cessa que lorsqu'elle en fut sortie; heureusement que ces gens-là ne savent pas se servir de leurs fusils, sans cela pas un homme n'aurait échappé. La meilleure preuve que je puisse vous en donner, mon colonel, c'est que quelque temps après que vous vous êtes installé dans la rancheria, un cavalier probablement emporté par son cheval, est rentré à toute bride dans le chaparral.

— Eh bien! s'écria-t-il vivement.

— Eh bien, mon colonel, figurez-vous que malgré le feu d'enfer avec lequel son apparition a été saluée, et la fusillade endiablée qui l'a accompagné à droite et à gauche, il a traversé le chaparral dans toute sa longueur sans être touché par une seule balle; il est vrai qu'il allait d'un train d'enfer; ce qu'il y a de plus singulier dans tout cela, c'est que notre brave camarade qui semblait avoir fait le sacrifice de sa vie, a riposté trois fois de sa carabine et de ses pistolets et qu'à chaque coup il a abattu un homme; les Mexicains étaient furieux.

— Et tu es certain qu'il a échappé sain et sauf? s'écria vivement le colonel.

— Lui et son cheval, oui mon colonel; allez donc poursuivre un météore; je l'ai vu disparaître dans la campagne.

— Dieu soit loué! tout n'est pas perdu encore, murmura le colonel, en se frottant les mains et échangeant un regard d'intelligence avec ses officiers, continue, mon brave, dit-il à haute voix.

— L'affaire finie, mon colonel, on vint nous chercher et après avoir desserré nos liens de façon à nous permettre de marcher, on nous conduisit dans une espèce de ravin où un homme enveloppé dans un manteau se promenait de long en large devant un feu; plusieurs sentinelles étaient posées aux abords du ravin et faisaient bonne garde; nos trois camarades étaient assis un peu à l'écart, surveillés par une douzaine de Mexicains; ceux qui nous avaient amenés nous conduisirent près de nos camarades et restèrent immobiles à côté de nous; à chaque instant, tantôt un individu, tantôt un autre, arrivait en courant, échangeait quelques mots avec l'homme au manteau puis ils s'en allaient, et celui-ci reprenait sa promenade un instant interrompue.

Ce manège dura pendant plus d'une heure; enfin cinq ou six hommes très-richement vêtus, et qui devaient être des chefs, car les soldats qui nous gardaient les saluèrent respectueusement, arrivèrent à la fois de différents côtés; l'homme au manteau s'arrêta pour les recevoir; il échangea force poignées de mains et probablement force compliments avec eux, mais nous étions trop loin pour rien entendre, de plus ils parlaient bas; les chefs semblèrent alors tenir conseil entre eux; la discussion ainsi que j'en pus juger aux gestes qui accompagnaient leurs paroles fut très-vive; le conseil se prolongea pendant assez longtemps; enfin ils semblèrent se mettre d'accord, il y eut de nouvelles poignées de mains et de nouveaux compliments et les chefs se retirèrent comme ils étaient venus, laissant seul l'homme au manteau qui selon toute apparence est le commandant en chef de l'expédition.

— C'est probable, dit le colonel.

— Au bout d'un instant il fit un geste d'appel; aussitôt ceux qui nous gardaient nous ordonnèrent de les suivre, le Tondu et moi, et ils nous conduisirent auprès de leur chef; celui-ci laissa tomber le pan du manteau dont jusque-là il s'était constamment couvert le visage, et pendant quelques instants il nous examina avec la plus sérieuse attention; ses yeux brillaient comme deux charbons ardents à travers les trous de son masque, car dès qu'il laissa tomber son manteau, je vis avec la plus vive surprise, qu'il avait la tête couverte jusqu'aux épaules d'une espèce de bonnet en soie noire qui ne laissait rien voir de son visage.

— Le chef de la guerilla-fantôme! l'Escondido? s'écria le colonel avec explosion. Ah! démon!

— Lui-même, mon colonel; il me demanda si moi et mes camarades nous étions Français; naturellement je répondis que oui, puisque le Tondu et moi nous sommes Canadiens et que les autres sont Normands et Parisiens; alors il nous dit que vous êtes un brave soldat, qu'il voulait vous être agréable et vous prouver son estime; que nos armes allaient nous être rendues et qu'on nous conduirait immédiatement à vos avant-postes, à une seule condition; naturellement je lui demandai laquelle; il ne me répondit pas, mais il dit quelques mots à voix basse à un Mexicain qui quitta aussitôt le ravin ; puis, se tournant de nouveau vers moi, le chef reprit : Dites à votre colonel qu'il a tort de traiter ses prisonniers comme il le fait, nous ne sommes pas des bandits, mais des patriotes qui défendent leur pays ; la guerre est assez terrible sans lui donner une couleur affreuse par des cruautés plus nuisibles qu'utiles ; je vous demande excuse, mon colonel, je ne fais que rapporter...

— Va, va, ne t'inquiète pas, continue.

— Je n'ai pas grand'chose à ajouter, mon colonel, après un temps assez long, le Mexicain que le chef avait expédié revint tenant un papier à la main ; le chef le prit, le lut attentivement en se penchant vers le feu pour mieux voir ; puis il plia le papier, le cacheta et me le remit en me disant : Vous êtes libres, si vous vous engagez sur l'honneur à remettre immédiatement ce papier au colonel Morin ; je promis ; vous savez le reste, mon colonel, ajouta-t-il en tirant la missive de sa poche et la présentant au colonel.

— Pourquoi ne m'as-tu pas donné tout de suite cette lettre ? dit l'officier en la prenant.

— Parce que vous ne me l'avez pas demandée, mon colonel, répondit-il avec un salut respectueux.

Le colonel se mit à rire.

— C'est juste, dit-il ; à propos, notre guide a disparu, en as-tu des nouvelles ?

— Oui, mon colonel ; il est mort.

— Mort ! Pendu ou fusillé sans doute ?

— Je ne saurais vous dire, mon colonel, plusieurs cadavres français et mexicains étaient étendus dans le ravin ; parmi eux j'ai reconnu le guide ; peut-être a-t-il attrapé une balle pendant la fusillade.

— Au fait, c'est possible ! au surplus peu importe ; va ainsi que tes camarades rejoindre tes compagnons aux postes qu'ils occupent.

Les soldats sortirent.

Le colonel se hâta de déchirer l'enveloppe de la lettre ; il ne put retenir un cri de surprise quand il l'eut dépliée, et il la montra aussitôt à ses officiers qui donnèrent les mêmes marques d'étonnement.

— C'est bien joué, dit le capitaine.

— Ah ! le gredin est fort ! s'écria le colonel en frappant du poing la table boiteuse placée devant lui.

Cette singulière missive était complétement écrite au moyen de mots imprimés, découpés soit dans un livre, soit dans un journal et probablement dans les deux, et soigneusement fixés les uns après les autres avec de la gomme sur une feuille de papier.

Cette lettre était rédigée en français ; voici son contenu :

« Colonel,

« Des forces plus que décuples des vôtres vous enveloppent ; les secours sur lesquels peut-être vous comptez ne pourront quitter Medellin ; des mesures efficaces sont prises pour les y retenir.

« Le commandant soussigné, désirant éviter une effusion de sang inutile a l'honneur de vous faire la proposition suivante qui ne peut en rien entacher votre honneur militaire ; vous rendrez immédiatement, quels qu'ils soient, les prisonniers faits par vous cette nuit à la rancheria de Planillos ; parmi ces prisonniers il en est deux qui appartiennent aux plus grandes familles du Mexique et qui, ignorant ce qui se tramait, sont venus étourdiment à la suite d'une amourette se jeter dans la gueule du loup ; de plus ils professent les opinions que vous êtes chargé de défendre ; aussitôt ces prisonniers rendus à la liberté, le commandant soussigné s'éloignera avec ses troupes et le passage vous sera immédiatement ouvert ; un coup de canon vous avertira de la levée du blocus ; si la plus légère insulte était faite aux prisonniers en question, vous seriez, croyez-le bien, sévèrement blâmé par vos chefs. Comme preuve de ses bonnes intentions, le commandant soussigné a l'honneur de vous renvoyer, avec leurs armes, ceux de vos soldats qui étaient tombés entre ses mains.

« Pour les chefs réunis, le commandant supérieur, chef de la guerilla-fantôme :

« El Escondido. »

Le colonel avait lu à haute voix cette singulière missive aux deux officiers qui composaient alors tout son état-major.

— Que pensez-vous de cela, messieurs? leur demanda-t-il lorsqu'il eut terminé sa lecture.

— Nous sommes dans un traquenard, dit nettement le capitaine.

— La proposition n'a rien de déshonorant pour nous, ajouta le lieutenant.

— C'est vrai, dit le colonel d'un air pensif ; elle est même généreuse ; mais si nous l'acceptons l'effet moral produit par cet échec sera immense, et notre prestige sera à jamais détruit dans les terres chaudes, surtout après ce qui s'est passé au Mal Paso il y a quelques jours.

— Alors, soutenons bravement le choc, reprit le capitaine.

— Interrogeons d'abord les prisonniers, dit le lieutenant. El Escondido est un homme d'une grande loyauté ; ce qu'il dit sur le compte de ces deux hommes doit être vrai ; il ne s'agit que de nous en assurer ; peut-être commettrions-nous une grande faute en agissant avec trop de précipitation.

— Soit, interrogeons-les. Brigadier, faites rentrer les prisonniers.

Mais le brigadier revint au bout d'un instant annoncer, de l'air le plus piteux, au colonel, que les prisonniers avaient disparu.

Ils avaient été enfermés dans un rancho dont toutes les issues étaient gardées.

Le colonel, en proie à une vive colère, se rendit en toute hâte dans ce rancho ; c'était un des plus misérables du pueblo ; il tombait presque en ruines et ne se composait que d'une seule pièce, à demi remplie de paille. Lorsque cette paille eut été enlevée, on aperçut une trappe solidement assurée en-dessous et qu'il fallut un temps assez long pour briser ; alors on découvrit un caveau peu profond, se terminant en forme de boyau et aboutissant à une vingtaine de pas plus loin à un second rancho bâti à l'entrée même du pueblo ; tout fut expliqué ; les deux prisonniers, laissés seuls, avaient soulevé la trappe ; au moyen du souterrain dont ils connaissaient l'existence, ils avaient gagné l'autre rancho, et arrivés là, il ne leur avait pas été difficile de se jeter dans la campagne sans être aperçus par les sentinelles.

Le colonel était en proie à une rage froide; ses soldats qui le connaissaient bien, tremblaient à la pensée de ce que, sans doute, il allait faire; ses traits, horriblement convulsés, avaient pris une expression de férocité incroyable; il marchait à grands pas dans le rancho, tournant comme un fauve aux abois autour de la pièce, en proférant de sourdes menaces et des imprécations terribles; en effet, la situation était critique; tout arrangement devenait impossible; les Mexicains, maîtres des deux prisonniers, ne consentiraient plus à laisser sortir les Français comme ils s'y étaient d'abord engagés.

— Eh bien! soit, s'écria tout à coup le colonel en frappant du pied avec fureur; je montrerai à ces misérables qu'ils n'en sont pas où ils croient, et que le tigre qu'ils ont acculé saura se retourner contre les chasseurs! Qu'on amène les autres prisonniers.

Les pauvres diables parurent au bout d'un instant; femmes, enfants et vieillards, ils étaient au nombre d'une vingtaine; ils tremblaient, car ils avaient conscience du sort qui les attendait.

Un mélèze magnifique s'élevait au centre de la place de la rancheria.

— Accrochez-moi tous ces misérables aux branches de cet arbre! ordonna-t-il, d'une voix sourde.

— Il y a parmi eux des femmes et des enfants, lui dit doucement le capitaine.

— J'ai dit tous! lui répondit le colonel d'une voix sonore, en lui jetant un regard de hyène.

Le capitaine baissa la tête.

L'ordre implacable du colonel fut exécuté au milieu des cris déchirants et lamentables des malheureux, si impitoyablement sacrifiés.

Le colonel, froid et impassible, surveillait cette exécution cruelle en tirant ses longues moustaches.

Les soldats étaient atterrés, mais ils obéissaient; ces hommes, que rien ne pouvait émouvoir, tremblaient comme des enfants devant le regard fascinateur de cet homme terrible.

Le soleil se levait à l'horizon dans des flots d'or et de pourpre.

— Notre dernière journée sera belle, dit le colonel en ricanant; mettez le feu à ces masures, hâtez-vous, ordonna-t-il, dans dix minutes on sonnera le boute-selle.

On obéit; bientôt le pauvre village ne fut plus qu'un brasier ardent.

On sonna le boute-selle.

— Sabre en main! cria le colonel, il faut nous ouvrir passage.

Au moment où le cri de : En avant! allait sortir de ses lèvres, des clairons français se firent entendre et une troupe de cavaliers apparut en courant à toute bride; chaque cavalier avait un fantassin en croupe.

En avant de la colonne galopaient le commandant de Bussy et le Chacal.

El Escondido avait tenu plus que loyalement sa promesse; les prisonniers délivrés, il était parti sans bruit avec tout son monde; le chef de la guerilla-fantôme n'avait plus aucun intérêt à combattre les Français leur coup était manqué, son but était atteint; il ne se souciait pas de risquer une attaque contre un ennemi qui, avant de succomber, lui aurait causé des pertes énormes, sans aucun profit effectif.

Et puis les Mexicains, excellents pour la guerre de partisans, de surprise et d'embuscade n'étaient ni assez solides ni assez disciplinés pour se risquer à une attaque de vive force contre des soldats aguerris, solidement retranchés et commandés par un homme comme le colonel Morin; quelle que fut la supériorité de leur nombre, le succès était loin d'être certain; il n'y avait donc que des coups à gagner sans espoir de butin. El Escondido, satisfait d'avoir fait échouer l'expédition des Français, préféra s'éloigner sans bruit, en attendant une prochaine occasion.

Le commandant de Bussy ne rencontra donc aucun obstacle sur sa route et traversa le chaparral sans coup férir.

Les deux troupes se joignirent avec de joyeuses acclamations et bientôt elles se confondirent en une seule; l'ordre fut donné de bivouaquer et de déjeuner.

— Je crois que je me suis un peu trop hâté, grommela le colonel en jetant un regard de côté sur le mélèze garni de sa sinistre guirlande de cadavres. Bah! ajouta-t-il au bout d'un instant en haussant les épaules, je ne pouvais être venu ici pour rien; cette exécution produira un excellent effet.

— Que faisons-nous, colonel? demanda le commandant, retournons-nous à Medellin?

— Non pas; puisque nous sommes en nombre, profitons-en, sacredieu! ces drôles doivent se moquer de moi, il me faut une revanche.

Cette revanche, il la prit terrible; pendant un mois sans s'arrêter, il parcourut l'État de la Vera-Cruz, brûlant et saccageant tout sur son passage; deux guerillas furent détruites et impitoyablement massacrées; le colonel rentra enfin à Medellin, conduisant à sa suite el Rabioso, el Niño et quelques-uns de leurs officiers qu'il avait conservés pour en faire un exemple terrible; et qui inspirât une terreur salutaire, à tous ceux qui commençaient à se soulever de tous les côtés, contre le nouveau gouvernement impérial.

Quant à la guerilla-fantôme, plusieurs fois il avait eu maille à partir avec elle; mais toujours elle lui avait échappé non sans lui infliger des pertes sensibles.

Ce qui faisait que le colonel était plus furieux que jamais; et qu'il roulait dans sa tête les plus horribles plans de vengeance, contre cet insaisissable ennemi, qui semblait se jouer de tous ses efforts pour l'atteindre.

XV

DANS LEQUEL EL ESCONDIDO FAIT ENCORE DES SIENNES.

Cependant les événements se pressaient; la situation se faisait chaque jour plus grave; tout présage

Une longue procession débouchait sur la place, par la seule rue laissée libre; page 85.

un dénouement prochain à cette expédition que rien ne justifiait; que l'empereur Napoléon III appelait emphatiquement la grande pensée de son règne, qui avait été annoncée avec tant de fracas, et qui tournait tout à coup à la panique, de la façon la plus pitoyable.

Les résultats de cette malencontreuse expédition, tentée pour satisfaire l'insatiable rapacité de quelques hauts personnages qui se gorgèrent d'or; et que l'on nommait hautement un tripotage de Bourse, n'avait eu pour résultats pour la nation que les dépenses exagérées d'une foule de millions engloutis dans l'abîme sans fond de la dette; des milliers de soldats, et des meilleurs, de notre armée tués ou morts misérablement dans les hôpitaux; et la honte de l'abandon cruel d'un prince, qui devait payer de sa vie la pusillanimité de ceux qui l'avaient, malgré lui, mis en avant.

Nous n'avons pas la pensée de raconter cette expédition unique dans l'histoire; le temps d'ailleurs n'est pas encore venu de le faire; notre tâche est plus humble et surtout plus agréable, nous ne nous attachons qu'au côté légendaire de cette guerre; côté le plus intéressant, sans contredit et que, comme toujours la dédaigneuse histoire a laissé dans l'ombre. Nous voulons surtout faire comprendre combien notre armée dont le bon sens pratique est si admirable, tout en faisant son devoir en toutes circonstances avec un dévouement et une obéissance passive qu'on ne saurait trop louer, avait conscience du rôle qu'on lui imposait; de la duplicité des moyens mis en œuvre pour atteindre un but resté secret, mais qu'il supposait avec raison devoir être honteux et injustifiable.

Le règne éphémère de l'infortuné prince Maximilien, qui n'avait jamais brillé d'un grand éclat depuis son arrivée au Mexique, laissait déjà apercevoir des principes mortels de ruine et de dissolution ; bien que dans son for intérieur le pauvre Empereur ne conservât certainement aucune espérance, il acceptait franchement la position qu'il s'était faite, et essayait à force de courage et de grandeur d'âme de faire oublier la faute qu'il avait commise ; il repoussait avec hauteur la proposition honteuse que, par l'ordre de son souverain, le commandant en chef ne craignait pas de lui faire, d'abandonner le trône que lui avait élevé la diplomatie Impériale et de fuir le Mexique sous la protection des baïonnettes françaises ; il formait en toute hâte une armée, non pour vaincre, mais pour succomber avec honneur en marquant de son sang au front, celui qui l'avait poussé dans l'abîme, en lui imposant l'infamie indélébile de son lâche abandon.

Ce que le colonel Morin avait prévu s'accomplissait de point en point, la désaffection était partout ; les provinces se soulevaient les unes après les autres contre le régime Impérial ; l'ordre était enfin donné d'opérer la prompte centralisation des troupes françaises pour se retirer en masses compactes sur le port d'embarquement.

La grande pensée du règne de Napoléon III, ainsi que depuis longtemps tout le monde l'avait prévu, avortait misérablement et honteusement.

Nos soldats se retiraient lentement, la rougeur au front ; accompagnés pas à pas par les Mexicains qui n'osaient les attaquer, mais les surveillaient avec une inquiétude jalouse ; et tout en se retirant ils se demandaient entre eux ce qu'ils étaient venus faire dans ce pays ; si c'était pour quitter ainsi le Mexique que pendant quatre ans ils avaient versé leur sang à flots ; et laissé derrière chaque buisson le cadavre horriblement mutilé d'un ami et d'un frère d'armes.

Un de ces faits significatifs et que l'on peut avec raison regarder comme un signe infaillible des temps, s'était accompli à l'hacienda del Palmar.

Un matin, en déjeunant, don Matias qui jamais ne causait politique avec son fils, lui demanda tout à coup, et sans que rien motivât cette interrogation, pourquoi il s'obstinait à demeurer dans son hacienda, à passer une vie oisive et indigne d'un jeune homme de son âge, au lieu de servir utilement son pays.

Le jeune homme regarda un instant son père avec une extrême surprise ; il croyait avoir mal entendu.

— Je vous avoue que je ne vous comprends pas, mon père, répondit-il enfin ; je n'ai fait, il me semble, qu'obéir à vos ordres péremptoires en partageant mon temps entre le Palmar et la Granadera et menant l'existence d'un haciendero qui surveille lui-même son exploitation.

— Hum ! fit don Matias assez embarrassé par cette réponse ; je ne dis pas non ; cependant il me semble, d'après tout ce qui se passe autour de nous, que l'heure est enfin venue de sortir d'une inaction qui pourrait paraître coupable lorsque toute la nation se lève pour secouer le joug d'un usurpateur et se délivrer des tyrans étrangers.

— Permettez-moi de vous faire observer, mon père, qu'il n'y a pas bien longtemps encore, vous paraissiez, au contraire...

— Je dissimulais, mon fils, interrompit-il vivement ; je gémissais intérieurement de l'état humiliant dans lequel se trouvait mon pays sous le coup de cette invasion étrangère. Que pouvais-je ? moi, chétif? former des vœux pour le triomphe de la liberté et la confusion de nos ennemis ? c'est ce que je faisais. Aujourd'hui, Dieu semble vouloir les exaucer ; l'heure est venue de relever la tête ; ne pouvant combattre l'ennemi commun par les armes, j'ai essayé de lui reprendre en détail ce qu'il me volait en gros en lui vendant mes chevaux et mes denrées à un prix dix fois plus élevé que leur valeur réelle ; c'était la guerre sous une autre forme, qui pourrait me blâmer ? Aujourd'hui la chance tourne ; je jette le masque, que trop longtemps j'ai porté ; je redeviens moi-même, c'est-à-dire un patriote ardent et dévoué à son pays ; suivez mon exemple, mon fils ; mettez-vous en avant, faites-vous remarquer ; il est bon que nos opinions soient connues de nos amis.

— Je vous obéirai, mon père.

— A la bonne heure ; voici quatre mille piastres, ajouta-t-il avec un soupir, en prenant un papier dans sa poche et le remettant à son fils, en une traite à vue sur un des premiers banquiers de Jalapa ; faites parvenir le montant de cette traite au comité libéral dans le plus bref délai.

— Aujourd'hui même, mon père, je le remettrai moi-même au président du comité.

— Bien mon fils, il ne sera pas mal que vous disiez au président que c'est moi qui envoie cet argent, que j'aime mon pays, que je suis libéral, et que si l'on a besoin de davantage, bien que je ne sois pas aussi riche qu'on le suppose, cependant je tâcherai, j'essaierai, enfin je ferai en sorte de donner encore une somme pareille, vous me comprenez bien, Horacio ?

— Parfaitement, mon père, soyez tranquille, tout sera fait selon votre désir, quoi qu'il arrive, vous ne serez pas inquiété, je vous le promets.

Le vieillard se leva et se retira en grommelant quelque chose sur la dureté des temps, et les sacrifices que l'on était contraint de faire, pour vivre en paix et n'être molesté par personne.

— Voici la première fois que j'entends mon père exprimer si clairement une opinion politique, dit en riant le jeune homme dès qu'il fut seul, il faut que le gouvernement de l'Empereur Maximilien soit bien malade.

Le jeune homme se leva, monta à cheval et quitta l'hacienda del Palmar en compagnie de Torribio, son frère de lait, après avoir échangé quelques paroles rapides avec don Lopez.

Les deux cavaliers galopèrent sans s'arrêter jusqu'à deux portées de pistolet environ de Medellin, ils firent halte devant une espèce d'auberge de bonne apparence, ayant une huerta et un corral entouré de murs en adobes, dans cette auberge on logeait toute espèce de voyageurs, elle servait de rendez-vous et de dernière étape aux arrieros arrivant de l'intérieur à Medellin, et de première halte à ceux qui de Medellin se rendaient dans l'intérieur.

En un mot, c'était un de ces *tambos* indiens qui rappellent si agréablement les hôtelleries espagnoles dans lesquelles le voyageur, toujours accueilli en ennemi, est certain de ne manquer de rien tout en payant fort cher, s'il a eu la précaution d'apporter tout ce qui peut lui être nécessaire depuis le lit jusqu'à la nourriture pour lui et ses bêtes, le tambero ne fournissant absolument que le couvert et encore à peu près.

Don Horacio était sans doute attendu et son arrivée avait été guettée, car à peine se fut-il arrêté devant la porte charretière que celle-ci s'entrebâilla avec précaution, tout juste ce qu'il fallait pour livrer passage à lui et à Torribio, puis se referma avec grand renfort de verroux et de barres aussitôt que les cavaliers furent entrés.

Il était environ onze heures du matin, la petite ville de Medellin, d'ordinaire si calme et si silencieuse à cette heure surtout, où le soleil commençait à devenir brûlant, semblait en proie à une surexcitation singulière; une foule anxieuse et inquiète encombrait les rues, se pressant avec une ardeur fébrile vers la place; là, des orateurs improvisés devenaient le centre de groupes nombreux au milieu desquels ils péroraient avec cette animation, ces cris et cette abondance de gestes qui caractérisent les races méridionales, parfois de sourds grondements s'échappaient de cette foule et passaient au-dessus d'elle, comme les roulements menaçants d'un tonnerre lointain.

Il y avait réception à l'hôtel d'Aguilar.

L'assemblée était nombreuse, en hommes surtout, les invités, parmi lesquels on distinguait quelques officiers français, étaient réunis dans le grand salon dont les fenêtres donnant sur la place étaient ouvertes.

Même au milieu de cette société d'élite, bien que dans des conditions moindres et dans les limites restreintes, exigées par le décorum, les mêmes symptômes d'agitation anxieuse et inquiète se manifestaient avec une certaine violence.

Mais fait singulier et digne de remarque : tandis que les personnes âgées et sérieuses de la réunion semblaient ainsi en proie à une inquiétude qui allait même jusqu'à l'épouvante, les jeunes gens et les jeunes filles, avaient sur leur physionomie empreinte d'une douloureuse anxiété, une expression indicible de triomphe que, malgré leurs efforts, ils ne réussissaient pas à dissimuler complètement.

Doña Flor causait dans un angle du salon avec le comte Bussy; près d'eux, écoutant mais ne prenant aucune part à leur entretien, se tenait doña Clara qui coquetait avec don Estevan de Pardilla, plus beau et en apparence plus ennuyé et plus endormi que jamais.

Non loin de là, don Tiburcio et plusieurs personnages d'un rang élevé, causaient avec une vive animation avec le colonel Morin; ou plutôt lui parlaient, car le colonel ne répondait que rarement par des paroles brèves, tout en tirant machinalement sa longue moustache et laissant errer sur ses lèvres un sourire froidement railleur, on faisait cercle autour de ces discuteurs, qui paraissaient vouloir obtenir du colonel une chose, que celui-ci s'obstinait à leur refuser.

— Señorita, disait le comte à doña Flor, n'obtiendrai-je pas de vous une réponse à la respectueuse demande que depuis longtemps déjà j'ai eu l'honneur de vous faire adresser.

— A moi, monsieur le comte?

— Non, señorita, mais à votre père.

— Et par qui, s'il vous plaît ? dit-elle avec un regard pétillant de malice.

— Par mon ami le colonel Morin, señorita.

— Singulier messager que vous avez choisi là pour une demande comme celle à laquelle vous faites allusion, répondit-elle avec un sourire railleur.

— Vous la connaissez donc ?

— Il se peut; mais venant par cette entremise, j'ai cru ne pas devoir y attacher d'importance.

— Mais aujourd'hui, señorita, c'est moi qui...

— Oh! mon Dieu! qu'a donc mon père? interrompit-elle vivement; jamais je ne l'ai vu s'échauffer ainsi dans une discussion.

En effet, en ce moment don Tiburcio disait :

— Je vous en prie, colonel, réfléchissez; il en est temps encore, de mauvaises nouvelles arrivent de chaque instant de l'intérieur; au fur et à mesure que vos troupes se retirent, les libéraux avancent et occupent les points qu'elles sont contraintes d'évacuer; la concentration s'opère avec une rapidité extraordinaire; bientôt l'armée française sortira de Mexico pour descendre dans les terres chaudes.

— Une division doit déjà s'être mise en marche ce matin; dit froidement le colonel en tirant sa moustache.

— Raison de plus pour nous accorder notre demande; le temps de la sévérité implacable est passé, croyez-le bien; c'est par la douceur que vous retiendrez les populations qui aspirent après la liberté.

— Tant que je commanderai dans les terres chaudes, je maintiendrai les rebelles dans le devoir, et je ferai respecter le drapeau français.

— Pensez-vous le faire respecter par des assassinats et des exécutions iniques.

— Monsieur, prenez garde; je ne suis pas accoutumé à ce que l'on me parle ainsi que vous le faites.

— Allons donc, que signifient ces menaces à un vieillard? vous m'entendrez, colonel, il le faut; les hommes que vous avez condamnés comme bandits et assassins, et que depuis plusieurs mois vous retenez, contre tout droit, prisonniers dans des cachots infects, sont d'honnêtes gens; ils n'ont commis d'autre crime que celui de défendre leur pays les armes à la main; soyez juste, faites-leur grâce.

— Je n'ai pas à discuter avec vous ; ces hommes quels qu'ils soient sont condamnés par un conseil de guerre.

— Que vous présidiez?

— Peu importe; ils mourront, et cela avant une heure; il faut que jusqu'au dernier moment, les rebelles tremblent. J'ai garanti sur ma tête la tranquillité des terres chaudes.

— Savez-vous ce que vous faites en ce moment, colonel, s'écria don Tiburcio avec une énergie terrible, vous nous condamnez tous à mort quand les libéraux seront les maîtres, ce qui, hélas! ne tardera pas.

— Eh bien soit! s'écria-t-il avec amertume ; que m'importe après tout, je fais mon devoir de soldat.

— De bourreau! s'écria une voix sinistre sans qu'on pût découvrir qui avait prononcé cette sanglante insulte.

L'effet en fut foudroyant sur le colonel ; il pâlit, ses yeux s'injectèrent de sang, il chancela comme s'il allait tomber et il promena autour de lui un regard d'une expression effrayante.

Tous les assistants étaient atterrés ; un silence de plomb s'était tout à coup abattu sur l'assemblée.

— Cet homme est une bête féroce, murmura doucement doña Flor.

— Non, répondit le comte de Bussy avec tristesse, c'est un esprit faussé qui aurait pu être un grand caractère si ses passions ne l'avaient pas fatalement entraîné vers le mal ; l'ambition trompée et déçue l'a rendu fanatique pour tout ce qu'il croit son devoir... Ne répondrez-vous donc pas à ma demande, señorita?

— A quoi bon insister, monsieur le comte ; sommes-nous donc à un moment où l'on puisse traiter un pareil sujet?

— Vous savez que je ne suis pas maître de choisir, señorita ; puis-je répondre de l'avenir?

— Et c'est dans de telles conditions que vous attendez une réponse de moi? dit-elle avec ironie.

— Oh! vous êtes cruelle! murmura-t-il douloureusement.

En ce moment, un grand bruit, mêlé de cris, de jurons et de piétinements se fit entendre sur la place ; chacun se précipita sur le balcon pour voir d'où provenait ce tumulte soudain.

La cause en fut bientôt expliquée.

Quatre énormes charrettes, attelées de mules et de plusieurs paires de bœufs et chargées de foin et de paille, venaient de déboucher sur la place par trois rues différentes ; retenues par la foule qui se serrait autour d'elles et les entourait en criant avec colère, elles se trouvaient arrêtées à l'entrée même de ces rues, sans avoir la possibilité de faire un pas en avant sur la place ; et cela d'une façon si malencontreuse qu'elles bouchaient complètement le passage, et interceptaient ainsi la circulation entre la place et les rues adjacentes.

En ce moment, les clairons français se firent entendre, lançant des notes mélancoliques mêlées au chant grave du *De Profundis* psalmodié en faux bourdon par un grand nombre de voix rudes et nasillardes ; un spectacle étrange s'offrit alors aux regards de la foule atterrée, et intéressée au dernier point.

Une longue procession débouchait sur la place par la seule rue laissée libre et s'avançait doucement ; cette procession était ainsi composée : en avant marchaient quatre clairons sonnant par intervalles et suivis à courte distance par un détachement nombreux de la contre-guerilla française tenant la carabine sur la cuisse ; un peu en arrière venait une double ligne de pénitents, la tête couverte de cagoules qui ne laissaient pas apercevoir leur visage, ayant les bras croisés et les mains cachées dans les larges manches de leurs robes noires ; entre les deux lignes de pénitents marchaient une dizaine d'hommes, le front haut, le regard étincelant, un sourire railleur se jouant sur leurs lèvres ; chacun d'eux ayant un moine près de lui et entourés d'un détachement de cavaliers ; ces hommes étaient les condamnés ; derrière eux venaient dix cercueils recouverts de draps mortuaires et portés sur les épaules de plusieurs pénitents ; un dernier détachement de cavaliers fermait la marche.

Chacun s'écartait avec empressement et s'agenouillait en se signant sur le passage de cette lugubre procession.

La foule poussait des cris de douleur et de colère ; les femmes sanglotaient ; c'était un spectacle véritablement navrant, et qui offrait un contraste saisissant avec cet éblouissant soleil, et cette magnifique nature.

La procession avait franchi ainsi un tiers de la place ; elle approchait, de plus en plus serrée par la foule, de la fontaine auprès de laquelle l'exécution devait avoir lieu ; quelques pas encore lui restaient à peine à faire.

— Dites un mot, monsieur, faites grâce! s'écria don Tiburcio en s'adressant avec angoisse au colonel ; faites grâce, au nom du ciel, il en est temps encore!

Le colonel Morin, accoudé sur la rampe du balcon, le cigare à la bouche, promenait un regard froid et indifférent sur la place pavée de têtes et la foule hurlante et désespérée.

— Vous êtes fou! monsieur, dit-il en haussant les épaules avec dédain et faisant tomber avec son petit doigt la cendre de son cigare.

Tout à coup un sifflet strident traversa l'espace et domina le bruit.

Alors il se passa avec la rapidité de l'éclair quelque chose d'inouï, d'étrange, d'incompréhensible.

La paille et le foin chargés dans les charrettes furent jetés à droite et à gauche et une quarantaine d'hommes armés jusques aux dents bondirent dans la place aux cris répétés par la foule de :

— *Viva la patria! Viva Mexico!*

Sans qu'on sût d'où il sortait, un cavalier masqué apparut au milieu de la place, en même temps que les pénitents rejetant robes et cagoules se transformaient soudain en guérilleros, et tous à la fois, conduits par le cavalier masqué, se ruèrent avec une impétuosité irrésistible sur les Français surpris à l'improviste, qui furent jetés en bas de leurs chevaux, saisis et désarmés, avant même d'avoir clairement conscience de ce qui se passait.

Ce coup de main, exécuté avec une habileté et une audace inouïes, avait été accompli avec une rapidité telle que les prisonniers étaient délivrés, et en sûreté au milieu de leurs amis, et les soldats désarmés, avant que le colonel Morin ne fut remis de la stupeur que cet incroyable événement lui avait causée.

Mais, rugissant aussitôt :

— Trahison ! s'écria-t-il d'une voix tonnante en tirant son épée et saisissant un revolver à sa ceinture.

Les officiers français qui se trouvaient dans le salon, sept ou huit environ, vinrent se grouper résolument autour de leur chef, en se frayant passage à travers les invités qui s'écartaient silencieusement pour les laisser passer.

— Ah ! ce n'est pas fini encore ! s'écria le colonel avec rage.

Mais tout était changé autour de lui ; au lieu des visages placides des invités, il ne vit plus que des hommes bien armés et dont les regards étincelaient.

La partie n'était pas égale ; il ne restait d'autre espoir que celui de s'ouvrir passage en passant sur le corps de cinquante ou soixante personnes résolues ; c'eût été une insigne folie, tenter l'impossible et se faire tuer sans vengeance.

Le colonel poussa un cri de rage.

Puis, se redressant tout à coup, il jeta ses armes à ses pieds, releva son front hautain et, couvrant ses ennemis d'un regard de souverain mépris :

— Assassinez-moi, lâches qui vous mettez cinquante contre un, dit-il avec un sourire amer ; assassinez-moi, je ne me défendrai pas.

Les cris : El Escondido ! se firent entendre sur la place ; un pas pressé résonna au-dehors et un homme parut sur le seuil du salon.

Cet homme était el Escondido.

Derrière lui, dans le corridor, on apercevait les têtes anxieuses d'une foule d'hommes armés.

— Vous n'avez pas à vous défendre, colonel, dit el Escondido en piquant à terre la pointe de son sabre ; votre vie n'est pas menacée, nous ne sommes pas des bandits ; nous avons voulu empêcher l'assassinat horrible de plusieurs de nos compatriotes que vous prétendiez sacrifier à votre vengeance ; nous avons accompli cette œuvre de dévouement ; nous nous retirons, ne voulant, sous aucun prétexte, porter le trouble et la perturbation dans une ville paisible, où résident nos amis et nos parents.

— Voilà de belles paroles prononcées sous le masque ; mais vos pareils n'en sont pas avares, répondit le colonel avec une incisive ironie ; malheureusement leurs actes démentent ces paroles, et, afin de s'assurer l'impunité, ils jugent nécessaire de n'attaquer jamais leurs ennemis à visage découvert ; tout cela est dans l'ordre.

— Vous vous trompez cette fois encore, colonel, répondit froidement le partisan ; ce masque, dont je me suis couvert le visage afin de soustraire ma famille à d'odieuses et barbares représailles ; ce masque, que j'avais fait le serment de porter, en signe de deuil, tant que votre armée foulerait, contre tout droit, le sol sacré de ma patrie, devient inutile aujourd'hui, puisque dans quelques jours vous aurez quitté le Mexique ; que maintenant je n'ai plus à craindre que pour moi seul, et que les miens sont enfin à l'abri de vos coups ; Soyez donc satisfait, vous allez enfin connaître votre insaisissable ennemi ; voir face à face el Escondido ; le chef de la guerilla-fantôme, que jamais vous n'avez pu vaincre.

Et, d'un mouvement rapide comme la pensée, il arracha le bonnet qui le rendait méconnaissable et le rejeta loin de lui, montrant aux regards de tous son beau et noble visage brillant d'enthousiasme.

— Don Horacio Vivanco ! s'écria le colonel avec stupeur.

— Vive don Horacio ! vive el Escondido ! s'écrièrent les assistants.

— Horacio ! c'est lui, mon cœur l'avait deviné ! murmura doña Flor en proie à une émotion indicible, et tombant à demi-évanouie dans les bras de son père, qui n'osait en croire ses yeux, en reconnaissant son neveu dans le partisan célèbre, qui l'avait si noblement protégé.

L'enthousiasme était à son comble ; le colonel, les sourcils froncés et la tête basse, mordait sa moustache avec rage.

— Oui, colonel, je suis don Horacio Vivanco, reprit le jeune homme ; ou plutôt je suis le colonel Vivanco, porteur d'une commission du congrès de la république mexicaine.

— Je ne connais pas la république mexicaine répondit brutalement le colonel.

— Ceci importe peu, colonel, reprit-il d'une voix railleuse. Quant à notre situation, elle n'a pas changé ; vos soldats et vous êtes libres ; nous nous retirons sans essayer de vous attaquer ; nous ne voulons en aucune façon entraver les mouvements de l'armée française ; il y a entre nous un armistice tacite, nous ne le romprons pas les premiers ; si vous nous attaquez, que le sang versé retombe sur vous.

Don Horacio se détourna alors, prit en quelques mots congé de son oncle et sortit au milieu des acclamations de ses amis.

Le colonel se retira sombre et silencieux.

Une heure plus tard, toute trace de désordre avait disparu.

Medellin avait repris son calme accoutumé.

XVI

COMMENT LE COMTE DE BUSSY PAYA SA DETTE A DON HORACIO ET DE CE QUI EN ADVINT.

La concentration de l'armée française s'était opérée avec une habileté et une rapidité admirables, vu les énormes distances que les différents corps avaient à parcourir. Les troupes républicaines s'étaient bornées à accompagner les Français en évoluant sur leurs flancs sans jamais les attaquer ; ces manœuvres ressemblant beaucoup aux fantasias arabes, avaient continué ainsi jusqu'à ce que les libéraux eussent été contraints de s'arrêter devant les troupes de l'empereur Maximilien qui s'établissaient dans toutes les grandes villes au fur et à mesure que celles-ci étaient abandonnées par les Français. Malheureusement pour l'Empereur, son armée trop peu nombreuse n'avait pu occuper que les places des états du centre et de l'intérieur ; elle avait été contrainte de laisser les libéraux maîtres de tous les états situés sur l'océan Pacifique et la frontière des États-Unis ; ce qui leur permettait de s'organiser solidement et de recevoir tous les secours en hommes, en armes et en munitions dont ils avaient besoin, pour entamer une campagne décisive contre l'Empereur, aussitôt que les Français auraient définitivement quitté le Mexique.

Moment terrible, heure fatale, dont tout le monde prévoyait l'issue, et qui n'allaient pas tarder à arriver.

L'armée française descendait enfin dans les terres chaudes, marchant dans l'ordre le plus imposant; franchissant les Cumbres et entrant dans l'état de Vera-Cruz; apercevant sur ses flancs, sur le revers des hautes montagnes les guerillas mexicaines, surveillant jalousement sa marche, sans pourtant se risquer jamais à s'approcher jusqu'à portée de fusil de ces redoutables soldats, qu'elles avaient appris à considérer comme invincibles.

Les environs de la Vera-Cruz étaient littéralement encombrés de troupes campées dans toutes les directions et en attendant leur tour d'embarquement ; opération excessivement délicate, d'une difficulté extrême et qui, malgré les puissants moyens dont on disposait, ne pouvait être exécutée qu'avec une certaine lenteur à cause des trop nombreux bagages dont l'armée était encombrée; bagages dont la plupart d'apparence assez suspecte n'avaient rien de militaire.

Dans ces circonstances graves où la discipline était fort difficile à maintenir dans ses strictes limites, la contre-guerilla française, grâce à l'habileté et à l'énergie de son chef redouté, rendit d'éminents services à l'armée en opérant dans les environs de la Vera-Cruz de continuelles razzias qui épouvantaient la population et maintenaient l'ennemi à distance.

Le colonel Morin avait si vigoureusement manœuvré que toutes les guerillas avaient disparu et semblaient avoir définitivement abandonné les terres chaudes; ce que jusqu'alors il n'avait jamais pu réussir à obtenir de ces tenaces et résolus partisans.

Ce magnifique résultat était dû principalement à ce que les chefs des guerillas avaient jugé inutile et sur tout peu avantageux pour eux de continuer à inquiéter les détachements français, maintenant surtout qu'ils se préparaient à quitter définitivement leur pays; pourtant ils n'avaient pas cédé le terrain sans opposer une résistance acharnée et ce n'avait été que contraints par la force qu'ils s'étaient enfin décidés à se retirer momentanément, c'est-à-dire à rentrer dans leurs demeures en attendant une occasion de reprendre l'offensive qui, après le départ des Français ne tarderait pas à se présenter.

En somme, pour le moment du moins, les terres chaudes étaient ou paraissaient être pacifiées, grâce à l'indomptable énergie du colonel Morin, c'était ce que désirait celui-ci dont l'espoir, si longtemps déçu, de la magnifique récompense qu'il ambitionnait, semblait enfin sur le point de se réaliser, d'autant plus qu'au moment du départ de nombreuses promotions devaient avoir lieu; l'armée en avait été officiellement avertie.

Mais cette fois encore, l'espoir du colonel fut trompé et de façon à ne pouvoir peut-être jamais renaître ; les promotions eurent lieu ; un navire expédié tout exprès de France les apporta ; personne ne fut oublié ; certains officiers même qui n'y comptaient pas furent magnifiquement récompensés, entre autres le commandant comte de Bussy qui, à sa grande surprise, fut promu au grade de lieutenant-colonel au 6e régiment de chasseurs d'Afrique et nommé commandeur de la Légion d'honneur; seul, le colonel Morin avait été complétement oublié.

Cet oubli systématique fut considéré comme un affront par le colonel Morin ; il n'hésita pas à en aller demander l'explication au maréchal.

— Je ne suis pour rien là-dedans, répondit le maréchal aux plaintes du colonel; j'ai fait valoir vos services autant que cela m'a été possible ; mon prédécesseur a été lui-même insister en votre faveur, tout a été inutile, le ministre a été inflexible; aux représentations de l'Empereur qui, vous le savez, vous aime beaucoup et qui tenait plus que tout le monde à votre nomination, le ministre a répondu que cette nomination produirait un effet déplorable; qu'elle semblerait justifier votre conduite lors de l'expédition d'Asie; que, loin de vous corriger après le blâme qui vous avait été infligé, votre conduite depuis le commandement qui vous a été confié dans la guerre actuelle a été plutôt celle d'un brigand que celle d'un soldat; que de nombreuses plaintes lui avaient été adressées à ce sujet, que jamais il ne consentirait à mettre une étoile sur vos épaulettes; il faut donc provisoirement, mon cher colonel, faire votre deuil de cet avancement que mieux que personne vous avez mérité; mais à notre arrivée en France, je m'emploierai activement pour que justice vous soit rendue, je ne désespère pas de réussir, attendez donc jusque-là c'est une affaire de deux mois au plus.

Le maréchal congédia alors le colonel qui se retira le rouge de la honte au front et la mort dans le cœur; il avait compris que tout était désormais fini pour lui, que jamais le rêve et le but de toute sa vie ne se réaliseraient.

Ainsi que cela arrive toujours en pareille circonstance, la plupart des amis du colonel, le voyant bien décidément en disgrâce, lui tournèrent le dos avec un touchant accord ; un seul ne se démentit pas et lui demeura fidèle, ce fut le comte de Bussy. Il resta près de lui, le consola, le raisonna et fit si bien que non-seulement il lui rendit le courage qui l'abandonnait, mais qu'il fit presque rentrer l'espoir dans son cœur ; ce qui lui ramena quelques-uns de ceux qui s'étaient éloignés et qui, le voyant si ferme et si résolu, crurent s'être trop pressés de lui faire grise mine et se hâtèrent de revenir à lui.

Tel était l'état des choses, lorsqu'un soir, par une nuit assez sombre, presque orageuse, un peu avant dix heures, trois cavaliers montés sur d'excellents chevaux et si bien enveloppés dans leurs manteaux, qu'il était impossible de voir un seul trait de leur visage, passèrent la guarita de Medellin et pénétrèrent dans la ville.

Ces cavaliers, qui semblaient être des promeneurs laissaient flotter la bride sur le cou de leurs chevaux et s'entretenaient entre eux à voix basse.

— N'importe, mon ami, disait l'un d'eux, continuant sans doute une conversation depuis longtemps commencée, ce que nous faisons n'en est pas moins une grave imprudence.

— Je ne partage pas le moins du monde cet avis, répondit le second interlocuteur; l'état de Vera-Cruz est complétement pacifié, toutes les bandes ont disparu; nous avons conclu tacitement une trêve avec les Français.

— Tacitement, me semble charmant, interrompit vivement le premier; quelle preuve avez-vous que le colonel Morin ait accepté cette trêve dont vous parlez et qui n'existe, je le crains, que dans votre imagination?

— Des preuves! mais j'en ai mille, mon oncle.

— Hum! mille est un chiffre bien élevé, que l'on n'énonce ordinairement que lorsqu'on n'a pas une seule preuve positive à fournir; je vous répète, mon neveu, que le colonel est un de ces hommes qui n'oublient rien; que vous êtes le seul partisan contre lequel il a toujours eu le dessous; qu'il saisira avec empressement l'occasion qui lui sera offerte de prendre une revanche.

— En admettant que cela soit vrai, vous concluez, mon oncle?

— Je conclus que c'est une folie de venir ainsi mettre bénévolement sa tête dans la gueule du loup, et braver une bête fauve jusque dans sa tanière.

— Vous savez aussi bien que moi, mon oncle, que je ne pouvais faire autrement; j'ai à régler avec don Tiburcio, à qui je dois tout, des questions du plus haut intérêt pour lui.

— Peut-être, mon neveu, y a-t-il d'autres motifs plus sérieux encore, et que vous jugez à propos de passer sous silence.

— Que voulez-vous dire, mon oncle?

— Rien, rien, il suffit, Horacio, je m'entends; êtes-vous armé, au moins?

— Jusques aux dents, répondit-il en riant.

— À la bonne heure, cela me rassure un peu; du reste, je n'insisterai pas davantage; j'ai pris mes mesures, moi aussi; agissez donc à votre guise.

— A quoi faites-vous allusion, mon oncle?

— A rien! d'ailleurs nous n'avons plus à revenir en arrière, nous voici devant la maison de don Tiburcio.

La porte de l'hôtel était ouverte; don Horacio et don Ignacio, que le lecteur a sans doute reconnus, pénétrèrent sous le zaguan, mirent pied à terre; puis, confiant leurs chevaux aux domestiques accourus à leur rencontre, ils se dirigèrent vers la huerta, où on leur dit que la famille était réunie.

Torribio, le troisième cavalier, n'avait pris aucune part à la conversation; il resta en arrière, après avoir échangé à la dérobée un regard d'intelligence avec don Ignacio.

Ce jour-là, don Tiburcio ne recevait pas; assis dans la huerta, à quelques pas seulement de la maison, il causait avec doña Linda et doña Mencia de choses indifférentes tout en fumant son cigare, tandis que près de là, doña Flor et son amie doña Clara gazouillaient entre elles à voix basse comme deux oiseaux jaseurs.

En apercevant ces deux visiteurs arrivant à une heure aussi avancée et qu'il était si éloigné d'attendre, don Tiburcio se leva sans témoigner aucune surprise et s'avança avec empressement à leur rencontre en leur disant gracieusement:

— Soyez les bienvenus, bien que je ne comptasse pas vous voir ce soir.

— Pardonnez-nous ce manque apparent de convenance, mon oncle, répondit don Horacio; des raisons de la plus haute importance et seules pu nous autoriser à nous montrer aussi indiscrets.

— Mon cher Horacio, vous n'avez, vous le savez, besoin d'aucun prétexte ou d'aucune raison sérieuse ou non pour vous présenter dans cette maison qui est presque la vôtre et dans laquelle vous êtes toujours assuré d'une bonne réception; je vous en dis autant à vous, don Ignacio.

— Je vous remercie, caballero.

Les deux hommes allèrent alors présenter leurs hommages aux dames; puis on prit des siéges, les cigares furent allumés et la conversation s'engagea dans les termes de l'intimité la plus cordiale.

— C'est bien imprudent à vous, mon cher Horacio, dit doña Flor, d'être venu ici à pareille heure et en aussi petite compagnie.

— Imprudent, chère petite sœur, et pourquoi? Que puis-je avoir à craindre!

— Tout, mon cher Horacio, de la part d'un aussi implacable ennemi que le colonel Morin.

— Vous vous trompez, querida Flor; le colonel Morin est un brave soldat; nous avons combattu loyalement l'un contre l'autre, que puis-je redouter de lui? Pourquoi m'en voudrait-il?

— Prenez garde; murmura-t-elle, en hochant tristement la tête.

— Ma fille a raison, mon cher Horacio, vous avez donné trop d'ennuis au colonel; vous lui avez trop souvent fait sentir votre supériorité, pour qu'il n'essaye pas de se venger de vous avant son départ pour la France.

— Allons donc! fit-il en haussant les épaules.

— Vous le voyez, s'écria don Ignacio d'un ton bourru. Tout ce que vous lui dites, je le lui ai répété je ne sais combien de fois pendant notre trajet de Palmar ici; voilà chaque fois la réponse qu'il m'a faite; il ne croit pas à la haine du colonel.

— Je crois à sa loyauté, mon oncle, répondit chaleureusement le jeune homme; qu'il ne m'aime pas après ce qui s'est passé entre nous, je le crois aisément; mais qu'il nourrisse contre moi une haine assez forte, pour tenter un guet-apens odieux contre ma personne, lorsque j'ai loyalement déposé les armes; voilà ce que je n'admettrai jamais.

— Qui vivra verra! fit don Ignacio entre ses dents.

— Soit! il en sera ce qu'il plaira à Dieu! mais le devoir, la reconnaissance, m'ordonnaient impérieusement de me rendre ici quoi qu'il puisse arriver; je n'ai pas hésité à le faire.

— Que voulez-vous dire, Horacio?

— Je veux dire, mon ami, mon second père, que grâce à mon oncle don Ignacio...

— Non pas! interrompit vivement celui-ci, tout a été fait par toi, mon neveu, par toi seul; moi j'aurais misérablement échoué, j'en suis certain; je ne suis donc pour rien absolument dans le succès que tu as obtenu; soyons juste avant tout.

— Mais de quoi s'agit-il donc? au nom du ciel!

— D'une chose toute simple; mais d'abord permettez-moi de vous demander s'il y a longtemps que vous avez reçu des nouvelles de notre cher Carlos, votre fils.

— Mon Dieu! lui serait-il arrivé?...

— Rien; rassurez-vous; rien d'inquiétant, du moins.

— Il y a plus de deux mois que je n'ai reçu de ses nouvelles; les communications sont fort difficiles.

— Eh bien! je vais vous en donner, mon bon père; vous me permettez toujours de vous donner ce nom?

— Certes! mon cher Horacio. N'êtes-vous pas, en quelque sorte, mon fils adoptif?

— Du moins je me considère comme tel. Vous saurez donc qu'il y a trois semaines, à la suite d'une discussion politique fort vive, don Carlos a été gravement insulté par un officier autrichien du prince, ou de l'empereur comme il vous plaira de le nommer. Don Carlos envoya ses témoins à l'officier; un duel s'en suivit; duel dans lequel l'adversaire de votre fils fut tué roide. Le prince crut devoir blâmer la conduite tenue par votre fils, conduite cependant généralement approuvée; il lui adressa donc des reproches très-sévères devant plus de cinquante personnes; et il le fit dans des termes tels, que don Carlos se vit dans l'obligation de donner sa démission, qui fut acceptée séance tenante. Plus tard le prince, probablement éclairé par certaines personnes, regretta de la démarche qu'il avait faite; mais il était trop tard, don Carlos avait déjà quitté Mexico; depuis lors il est demeuré caché au Palmar; résolu à ne plus servir un prince qui l'a méconnu et presque insulté, il ne veut pas cependant servir ses ennemis; il préfère conserver une complète neutralité.

— C'est agir en homme d'honneur et de cœur; mais que va-t-il arriver de tout cela?

— Rien de mauvais, je vous le répète; don Ignacio et moi, nous nous sommes rendus en toute hâte auprès du président; Juarès n'est pas l'homme que vous supposez, mon père; c'est un grand esprit, un homme de cœur, il l'a cent fois prouvé. Aimant son pays par-dessus tout, doué d'une énergie et d'une ténacité sans égales, il n'a pas un instant désespéré du triomphe final de sa cause; il est surtout bienveillant; et s'il a un grand nombre d'adversaires politiques, il ne compte pas un ennemi personnel. Il nous reçut de la façon la plus cordiale, écouta patiemment tout ce que nous jugeâmes à propos de lui exposer; bref le résultat de notre entretien nous satisfit complètement, et je le crois vous sera agréable.

— Je suis sur des épines, mon cher Horacio.

— Je n'ai que quelques mots à ajouter, reprit-il en ouvrant son portefeuille et en retirant quelques papiers qu'il présenta au fur et à mesure à don Tiburcio.

— Qu'est cela? s'écria vivement celui-ci.

— Voici d'abord un acte d'amnistie complète, vous déchargeant de tous les griefs qui vous avaient été imputés; voici ensuite la levée du séquestre mis sur vos biens situés en Sonora, Colima et Sinaloa, dont vous aviez négligé de donner la direction à don Ignacio. Il est stipulé que non-seulement vous rentrez dans tous vos droits, mais encore que le séquestre étant déclaré nul et de nul effet, les arrérages, rentes, prestations, etc., perçus sur ces biens, ont été indûment touchés et vous seront, à présentation, remboursés intégralement par le trésor; enfin voici un sauf-conduit pour vous et votre famille; et un autre au nom de don Carlos qui le rétablit dans tous ses droits et annihile l'accusation de haute trahison, et la condamnation prononcée contre lui.

Don Tiburcio demeura un instant immobile, en proie à une émotion intérieure extraordinaire; il serrait machinalement les papiers que lui remettait le jeune homme; des larmes coulaient silencieusement sur ses joues pâlies, et des sanglots étouffés s'échappaient de sa poitrine; enfin par un effort énergique de sa volonté, il réussit à maîtriser cette émotion, qui lui serrait le cœur comme dans un étau, et pressant avec une indicible tendresse le jeune homme entre ses bras tremblants:

— Mon fils! s'écria-t-il d'une voix brisée!

Le jeune homme se dégagea doucement.

— Voilà pourquoi j'ai voulu absolument venir, mon père, lui dit-il. Que sont les dangers que je puis courir, comparés au bonheur que je vous apporte, et à la joie qu'en ce moment je vous cause?

Quelques minutes s'écoulèrent pendant lesquelles les membres de cette heureuse famille oublièrent tout, pour ne songer qu'à leur bonheur.

Doña Flor s'était approchée de don Horacio, et l'œil brillant, le sein palpitant d'émotion, elle lui avait tendu la main, en lui disant avec un accent de tendresse qui fit tressaillir le cœur du jeune homme:

— Merci pour mon père et pour nous, mon frère.

— Pourquoi me remercier d'avoir payé ma dette de reconnaissance, querida Flor? Vous êtes heureuse; que puis-je désirer davantage? et il détourna tristement la tête.

— Pourquoi cet abattement? mon frère.

— Votre frère! murmura-t-il. Oui, c'est vrai, ajouta-t-il à haute voix; je suis et ne serai jamais plus pour vous.

— Ingrat! dit-elle en rougissant; ingrat, qui ne comprend pas, et ne veut pas comprendre.

— Eh! quoi? que voulez-vous dire?

— Rien! reprit-elle en se détournant avec douleur; rien! puisque vous n'avez pas deviné.

Et, comme honteuse d'en avoir trop dit, elle se réfugia près de sa mère, confuse et rougissante.

Le jeune homme voulut s'élancer; en ce moment un grand bruit d'armes se fit entendre mêlé à des pas précipités.

Les environs de Vera-Cruz étaient littéralement encombrés de troupes, page 86.

« Voilà ce que je craignais, murmura don Ignacio.

Et se glissant au milieu des massifs de fleurs et des bosquets, il disparut sans que sa fuite eut été remarquée.

— Que signifie ? s'écria don Tiburcio.

— C'est moi que l'on vient arrêter sans doute, dit froidement don Horacio ; don Ignacio ne s'était pas trompé.

Tout à coup on vit briller à travers les arbres, les flammes rougeâtres d'une grande quantité de torches qui nuançaient le ciel de reflets sanglants ; puis apparurent de nombreux soldats conduits par un officier.

— Que demandez-vous ? Pourquoi envahissez-vous ma demeure à cette heure avancée de la nuit ? demanda don Tiburcio, en allant résolûment au devant de l'officier.

Cet officier était notre vieille connaissance, le Chacal, brillant comme un soleil dans son uniforme tout neuf de sous-lieutenant.

— Veuillez m'excuser, monsieur, répondit-il poliment ; je suis porteur d'ordres sévères que je dois exécuter.

— Quels sont ces ordres ? puis-je les connaître ?

— Certainement, monsieur ; il m'est ordonné de faire une perquisition minutieuse dans cette maison, et d'arrêter toutes les personnes suspectes que j'y rencontrerai.

— Je ne comprends rien à ces paroles ; je n'ai pas de personnes suspectes chez moi ; expliquez-vous mieux, je vous prie.

— Il me semble pourtant que je parle en bon français, dit un peu sèchement le Chacal, blessé de la façon dont on l'interrogeait ; j'entends, par gens suspects, deux chefs de guerillas qui, paraît-il, se sont introduits ce soir dans la ville et qu'on a vus entrer dans cette maison ; et pour commencer, ajouta-t-il, en se dirigeant vers don Horacio, qui se tenait un peu à l'écart, je ne serais pas fâché de voir un peu ce particulier de plus près.

— Que me voulez-vous ? est-ce moi que vous cherchez ? dit le jeune homme en se retournant brusquement. Et bien soit, je me rends, marchons ; il est inutile d'effrayer plus longtemps les habitants paisibles de cette maison.

Le Chacal n'avait pu retenir un geste d'étonnement désagréable en reconnaissant don Horacio.

— Fischtre !... grommela-t-il entre ses dents ; voilà qui complique singulièrement la situation.

Lorsque le jeune homme se tut, le Chacal lui répondit d'un air bourru :

— Un instant, monsieur, que diable ! vous êtes bien pressé de vous faire loger dix balles dans la tête ; les choses ne vont pas si vite que cela et... Bon voilà ce que je cherchais s'écria-t-il : La Paumelle, avance ici.

Le brigadier s'approcha.

— Cours au pavillon, dis au commandant qu'il faut qu'il vienne ici tout de suite... que... oui, voilà la chose, que mademoiselle doña Flor le demande ; que c'est très-pressé... va et surtout motus ! bouche close avec le colonel.

— Compris, mon lieutenant.

Et le brigadier s'éloigna en faisant des enjambées gigantesques.

— M'expliquerez-vous, monsieur, s'écria don Horacio.

— Rien du tout, monsieur, répondit résolument le lieutenant ; seulement je ne veux pas que l'homme qui m'a sauvé la vie, soit tué comme un chien ; voilà ! et sacredieu ! si je puis l'empêcher, cela ne sera pas, foi de Chacal ! Ah ! mais non, pas de bêtises ! quand mes épaulettes devraient sauter !

— Pourquoi ne pas essayer de fuir ? dit une douce voix à l'oreille de don Horacio.

— A quoi bon ? murmura-t-il.

— Pour nous, pour moi, Horacio, je vous en prie, fuyez ! Ce brave homme ne s'y opposera pas, j'en suis sûre ! dit la jeune fille d'une voix tremblante.

— Le fait est, ma belle demoiselle ! fit le Chacal en frisant sa moustache.

Mais don Horacio lui coupa brusquement la parole.

— A quoi bon fuir, essayer de défendre sa vie lorsque rien ne nous attache à l'existence ?

— Ingrat ! Oubliez-vous donc ceux qui vous aiment, que votre mort tuerait !

— Qui sont ceux-là ? fit-il avec amertume.

— Mon Dieu ! mon Dieu ! s'écria la jeune fille en cachant avec douleur sa tête dans ses mains, je m'étais trompée ! il ne m'aime pas, il ne m'a jamais aimée !

— Flor ! s'écria-t-il éperdu, qu'avez-vous dit ? quelles paroles avez-vous prononcées ? je ne vous aime pas, moi !...

Mais soudain, de deux côtés différents, plusieurs individus se précipitèrent sur la terrasse.

D'un côté don Ignacio, don Lopez, Torribio, ayant derrière eux un grand nombre de guerillas ; de l'autre le colonel Morin suivi d'un détachement de soldats.

— Cela se gâte ! dit le Chacal ; à vos rangs ! et il ajouta précipitamment : Filez ! il n'est pas trop tôt !

— Mais ? voulut dire don Horacio.

— Venez, venez ! s'écria doña Flor ; et elle l'entraîna du côté des guerillas, dont les rangs s'ouvrirent aussitôt pour le recevoir.

Le colonel Morin s'avança ; il était horriblement pâle, mais froid, calme et résolu en apparence.

— Soldats ! dit-il, apprêtez vos armes !

— Monsieur ! s'écria don Tiburcio, que signifie ?

— Silence ! dit-il durement.

— Je ne me tairai pas ! reprit avec énergie don Tiburcio ; est-ce ainsi que vous me remerciez de l'hospitalité que je vous ai accordée chez moi ? Vous violez mon domicile au milieu de la nuit, sous je ne sais quel prétexte honteux ; vos soldats envahissent ma maison contrairement à toutes les lois !

— Silence ! vous dis-je ! s'écria-t-il en frappant du pied avec colère ; je fais mon devoir ; je n'ai de comptes à rendre à personne.

— C'est se conduire en bandit et non en soldat ! dit doña Flor avec une mordante ironie.

Le colonel tressaillit.

— Madame ! s'écria-t-il.

— Eh bien ? reprit-elle avec ce courage aveugle que seules les femmes possèdent à un si haut degré, et que leur donne sans doute la conscience de leur faiblesse ; voulez-vous m'arrêter moi aussi, me fusiller ? faites ; vous êtes le maître.

— Madame ! vous êtes bien imprudente de jouer ainsi avec la colère du lion, fit-il avec amertume.

— Non pas du lion, monsieur, mais du chacal, répondit-elle avec un écrasant mépris ; le lion est un trop noble animal pour chercher une basse et honteuse vengeance ; seuls le chacal et la hyène se repaissent de cadavres.

— Madame, pour la dernière fois, prenez garde !

— Prenez garde vous-même, monsieur ! s'écria don Horacio en s'élançant en avant ; vous insultez une femme !

— Ah ! fit-il avec un ricanement de triomphe ; vous voilà ! vous vous livrez donc ? enfin ! je vous tiens en mon pouvoir !

— Vous n'en êtes pas encore où vous croyez, monsieur ! nous sommes cent ici, résolus à vendre chèrement notre vie.

— Quand je devrais passer sur les cadavres de tous vos compagnons, vous ne m'échapperez cette fois !

— C'est ce que nous verrons ! Guerillas ! faites-vous entendre.

Un cri formidable de : *Viva Mexico ! Viva la patria !* s'éleva de toutes les parties du jardin ; les Français étaient entourés d'ennemis.

— Bas les armes, bandits ! cria le colonel.

Les cris de : *Viva la patria !* lui répondirent seuls.

Une lutte horrible, et dont personne ne pouvait prévoir l'issue, était sur le point de s'engager.

Tout à coup, le commandant de Bussy parut.

Par un mouvement spontané, doña Flor s'élança vers lui, sans même songer à ce qu'elle faisait.

— Au nom du ciel ! Armand ! s'écria-t-elle, sauvez-nous ! sauvez l'homme à qui vous devez la vie ?...

— Calmez-vous, madame, répondit le comte avec une dignité triste, ma présence ici n'a pas d'autre but.

En apercevant monsieur de Bussy, le colonel Morin avait froncé le sourcil, mais il n'avait ni dit un mot, ni fait un geste.

Doña Flor se laissa tomber sur un siége en proie à une douleur navrante ; don Tiburcio essaya vainement de l'entraîner dans la maison, où déjà les autres dames épouvantées des événements terribles que tout présageait, s'étaient réfugiées en toute hâte, mais la jeune fille, toute à sa douleur, ne voyait, n'entendait rien.

Don Tiburcio résolu à ne pas abandonner sa fille dans cette situation si pleine pour elle de dangers, et dans l'impossibilité de la faire consentir à lui obéir, s'assit près d'elle et lui prodigua les plus douces caresses et les plus chaleureuses consolations, sans plus se préoccuper de ce qui se passait autour de lui.

Cependant le comte de Bussy s'était approché du colonel Morin, toujours immobile à quelques pas en avant du front de bandière de ses soldats, et après l'avoir salué :

— Un mot s'il vous plaît, mon cher colonel, lui dit-il.

— Nous n'avons pas le temps de causer en ce moment, répondit le colonel d'une voix brusque.

— Excusez-moi, colonel, répondit nettement le comte ; je n'ai à vous entretenir que d'affaires de services très-pressantes.

— A cette heure ? fit-il avec ironie.

— Cette heure, je ne l'ai pas choisie, colonel ; j'avais résolu d'attendre jusqu'à demain pour cette communication ; c'est vous qui me contraignez à vous a faire maintenant.

— Il s'agit donc d'une communication ?

— D'la plus haute importance ; oui, colonel.

— Soit ; je vous écoute, parlez ; dit-il en piquant d'un air contrarié la pointe de son sabre dans le sol.

— Ici ? demanda le comte.

— Ici, oui, monsieur ; ce ne sera pas long, je suppose ?

— Non, il ne s'agit que de lire une dépêche du maréchal ; cependant, peut-être vaudrait-il mieux ?...

— Je ne bougerai pas d'ici ; je ne veux pas que cette fois, cet ennemi que je poursuis depuis si longtemps, et que je tiens enfin entre mes mains, m'échappe encore.

— C'est cependant ce qui arrivera, colonel, répondit froidement le comte.

— Nous verrons qui osera le faire échapper !

— Vous-même.

— Moi ? vous divaguez, commandant ; fit-il avec amertume.

— Pas le moins du monde, colonel ; j'ai tout mon sang-froid au contraire ; plût à Dieu qu'il en fût de même pour vous.

— Qui opérera donc ce miracle ?

— L'ordre exprès du maréchal. Ce soir, à neuf heures, comme chaque jour, le courrier est arrivé ; ainsi que vous m'en avez donné l'ordre, je l'ai dépouillé ; il s'y trouvait une dépêche du maréchal ; cette dépêche est datée du 25 janvier, au quartier général de Puebla de los Angelos ; nous sommes le 29, elle a donc quatre jours de date ; elle porte en substance que les contre-guerillas françaises sont dissoutes ; que les hommes dont elles se composent doivent être replacés dans leurs régiments respectifs, ou congédiés immédiatement, s'ils n'appartiennent pas à l'armée française ; que les ex-commandants de ces contre-guerillas se rendront à la Vera-Cruz, où ils s'embarqueront le 1er février, sur le transport le Jura en même temps que le 3e régiment de chasseurs d'Afrique.

— Ainsi ma contre-guerilla n'existe plus légalement ?

— Non, colonel, depuis quatre jours.

— Eh bien ! soit ; je répondrai de mes actes devant qui de droit, dit-il avec une sourde énergie ; mais cet homme, quoiqu'il arrive.....

— Pardon, je n'ai pas terminé, colonel.

Ceci fut dit d'un accent tellement glacé que, malgré toute sa colère, le colonel s'arrêta.

— Ah ! fit-il en se mordant les lèvres jusqu'au sang ; il y a autre chose encore ?

Le commandant s'inclina et reprit froidement.

— Il y avait dans le courrier une seconde dépêche signée du maréchal, et contre-signée par l'empereur Maximilien, accordant un sauf conduit et toute sûreté à tous les membres de la famille d'Aguilar, y compris les deux chefs de guerillas don Ignacio et don Horacio Vivanco, dont la conduite depuis la concentration de l'armée française et sa marche sur les terres chaudes a été jugée digne des plus grands éloges.

— Il y a cela ? fit-il en frémissant.

— En toutes lettres, colonel.

— Eh ! bien, soit ; fit-il avec ironie ; demain j'aurai le temps de lire ces dépêches ; quant à ce soir, j'ai autre chose à faire.

— Colonel, prenez garde de vous laisser emporter par la violence de votre caractère ; ne donnez pas définitivement raison aux accusations portées contre vous par vos ennemis ; croyez aux paroles du plus sincère de vos amis ; ne détruisez pas par un emportement que rien ne pourrait justifier, l'effet des efforts que je tente pour que pleine justice vous soit enfin rendue ; si mes paroles ne trouvent pas d'écho dans votre cœur, souvenez-vous tout au moins que le premier devoir d'un soldat est l'obéissance ; ne brisez pas de gaieté de cœur, et sans retour possible, votre carrière militaire si glorieusement remplie ; je vous en supplie au nom de notre amitié, au nom de l'honneur.

Il y eut un silence de quelques secondes, le comte suivait avec anxiété sur les traits énergiques du colonel les diverses émotions qui tour à tour venaient s'y refléter comme dans un miroir.

Enfin, les bons sentiments qui existaient en germe dans le cœur de cet homme, triomphèrent des mauvais ; il releva la tête et remettant lentement son sabre au fourreau :

— Vous m'avez vaincu, dit-il ; vous m'avez sauvé de moi-même ! merci, mon ami ; je vous soupçonne de n'être pas étranger au contenu de cette seconde dépêche, mais je ne vous en garderai pas rancune, ajouta-t-il en essayant de sourire ; vous avez agi en homme d'honneur.

Il se retourna alors vers ses soldats.

— Rentrez au quartier, enfants, dit-il, votre présence est maintenant inutile ici ; allez.

Les soldats, sur l'ordre du Chacal, qui se frottait joyeusement les mains, firent demi tour et s'éloignèrent.

Pendant ce temps le comte s'était avancé vers don Horacio :

— Vous n'avez plus rien à redouter pour votre sûreté, monsieur, lui dit-il courtoisement ; vos amis peuvent s'éloigner sans crainte, vous êtes sous la sauvegarde de mon honneur.

— Je n'en désirerai jamais de meilleure, monsieur, répondit le jeune homme.

Et d'un geste il congédia ses amis, qui disparurent aussitôt.

— Messieurs, dit franchement le colonel à don Horacio et à don Ignacio, pardonnez-moi ce qui s'est passé ; un déplorable malentendu a failli nous mettre les armes à la main ; tout est éclairci maintenant, grâce à un ami loyal et bon, dont la généreuse initiative m'empêche de commettre une action que toute ma vie j'aurais amèrement regrettée ; pardonnez-moi surtout, vous, señor d'Aguilar, dont j'ai semblé un moment oublier la généreuse hospitalité. Quant à vous, madame, ajouta-t-il en s'inclinant respectueusement devant la jeune fille, c'est à genoux que je devrais implorer le pardon de la brutalité in ligne avec laquelle j'ai osé vous traiter ; mais j'étais fou et aveuglé par la colère.

Après avoir prononcé ces paroles avec dignité et courtoisie, le colonel salua et se retira à pas lents.

— Señorita, dit alors le comte d'une voix triste, soyez heureuse ; je vous aimais ; oh ! bien sincèrement ; un autre plus digne a mérité de prendre dans votre cœur la place que j'ambitionnais ; mes vœux les plus ardents seront toujours pour votre bonheur ; je pars ; laissez-moi, en m'éloignant pour ne plus vous revoir, emporter avec moi l'espoir que je n'ai pas démérité dans votre estime, et que vous penserez quelquefois à moi sans colère.

— Je penserai à vous comme à un ami bien cher, lui dit doña Flor en souriant à travers ses larmes, et lui tendant sa main qu'il baisa respectueusement.

— Monsieur le comte, dit don Horacio avec élan, vous serez toujours pour nous un frère bien-aimé, car nous vous devons notre bonheur.

Un pâle sourire éclaira un instant le beau et sympathique visage du comte, il étouffa un soupir et murmura avec effort ce seul mot :

— Adieu !

Et il s'éloigna à grands pas pour ne pas laisser voir sa douleur.

. . . .

Deux jours plus tard, la contre-guerilla française quitta Medellin pour se rendre à la Vera-Cruz où elle s'embarqua aussitôt.

Huit jours après l'entrée du président Juarès à Mexico, don Horacio et doña Flor furent unis au milieu d'une assistance considérable dans la principale église de la capitale de la république mexicaine.

La foule admirait la beauté du jeune couple et le bonheur qui rayonnait sur les traits des deux fiancés.

Chacun vantait les exploits, devenus légendaires, du célèbre chef de la guerilla-fantôme.

Huit jours plus tard, doña Clara accordait sa main à don Estevan de Pardilla.

. . . .

A la surprise générale, à son arrivée en France, le comte de Bussy, à qui un si bel avenir semblait réservé, donna sa démission, se retira dans ses terres où il vécut dans la retraite la plus sévère jusqu'à la néfaste guerre de 1870.

Alors il reprit son sabre et combattit comme un héros jusqu'à ce qu'il fut blessé mortellement à la bataille de Coulmiers, en chargeant à la tête de son régiment un carré prussien.

Il exhala son dernier soupir en prononçant le nom de Flor !

Le Chacal est chef d'escadron ; c'est non-seulement un bon soldat, mais encore et surtout un brave homme ; il sera probablement lieutenant-colonel avant peu.

Quant au colonel Morin, nous n'avons plus rien à dire de lui, sinon que sa mort racheta les erreurs de sa vie.

FIN.

LIBRAIRIE DEGORCE-CADOT
9, RUE DE VERNEUIL, 9

Collection de Romans in-18 à 2 fr.

Collection des Œuvres de Ch. Paul de Kock
Avec gravure de la typographie Claye.

SOUSCRIPTION PERMANENTE

L'Amoureux transi	1 vol.	La Fille aux trois jupons	1 »	Un Mari dont on se moque	1 »
Mon ami Piffard	1 »	Friquette	1 »	La Mariée de Fontenay-aux-Roses	1 »
L'Ane à M. Martin	1 »	Une Gaillarde	2 »	Ce Monsieur	1 »
La Baronne Blaguiskoff	1 »	La Grande Ville	1 »	M. Cherami	1 »
La Bouquetière du Château-d'Eau	2 »	Les Derniers Troubadours	1 »	M. Choublanc	1 »
Carotin	1 »	Un Petit-fils de Cartouche	1 »	Papa Beau Père	1 »
Cerisette	2 »	La Grappe de groseille	1 »	Le Petit Bonhomme du coin	1 »
Les Compagnons de la Truffe	2 »	Paul et son chien	1 »	La Petite Lise	1 »
Le Concierge de la rue du Bac	1 »	Les époux Chamoureau	1 »	Les Petits Ruisseaux	1 »
L'Amant de la Lune	3 »	Flon, flon, flon, larira lomdaine	1 »	La Prairie aux coquelicots	2 »
La Dame aux trois corsets	1 »	L'Homme aux trois culottes	1 »	Le Professeur Ficheclaque	1 »
La Demoiselle du cinquième	2 »	Les Intrigants { Maison Perdaillon et C° / Le Riche Cramoisin }	1 »	Sans-Cravate	2 »
Les Demoiselles de Magasin	1 »			Le Sentier aux prunes	1 »
Une Drôle de maison	1 »			Taquinet le Bossu	1 »
Les Etuvistes	2 »	Un Jeune Homme mystérieux	1 »	L'Amour qui passe et l'Amour qui vient	1 »
La Famille Braillard	2 »	La Jolie Fille du faubourg	1 »	Madame Saint-Lambert	1 »
La Famille Gogo	2 »	Madame de Montflanquin	2 »	Benjamin Godichon	1 »
Les Femmes, le Jeu et le Vin	1 »	Madame Pantalon	1 »	Le Millionnaire	1 »
Une Femme à trois visages	2 »	Madame Tapin	1 »	Le Petit Isidore	1 »

Collection des Œuvres de Pigault-Lebrun

Monsieur Sans Souci	12 Dessins de Hadol	1 vol.	La Folie française	—	1 vol.
L'Heureux Jérôme	—	1 vol.	Les Mémoires de Fanchette	—	1 vol.
Monsieur Botte	—	1 vol.	Angélique et Jeanneton	—	1 vol.
Les Barons du Felsheim	—	1 vol.	Monsieur trop complaisant	Dessins de Morland	1 vol.
Le Mouchard	—	1 vol.	Mon oncle Thomas	Dessins de A. Michele	1 vol.
La Folie Espagnole	—	1 vol.	La Petite Sœur Éléonore	—	1 vol.
Le Coureur d'aventures	—	1 vol.	Adolphe Luceval	Dessins de Morland	1 vol.
Un de plus	—	1 vol.	Consolation aux Laides	—	1 vol.
Tant va la cruche à l'eau	—	1 vol.			

ŒUVRES DIVERSES

HENRY DE KOCK

Les Hommes volants, avec gravures	1 vol.
Comment aimait une grisette, avec gravures	1 vol.
Ninie Guignon	1 vol.
La Fée aux Amourettes	1 vol.
Marianne (Démon de l'alcôve)	1 vol.
Les Quatre Baisers	1 vol.
Une Coquine	1 vol.
Ma petite cousine	1 vol.
Mlle Croquemitaine	1 vol.
Je me tuerai demain	1 vol.

MARQUIS DE FOUDRAS

Suzanne d'Estouville	2 vol.
Madeleine Pécheresse	1 vol.
Madeleine Repentante	1 vol.
Madeleine Relevée	1 vol.

GONDRECOURT (A. DE)

Le Sergent la Violette	1 vol.

LAVERGNE (ALEX. DE)

Le lieutenant Robert	1 vol.
Épouse ou mère	1 vol.

XAVIER DE MONTÉPIN

Un Drame en famille, avec gravure	1 vol.
La Duchesse de la Tour du Pic, avec gravure	1 vol.
Mam'zelle Mélie, avec gravure	1 vol.
Un Amour de Grande Dame, avec gravure	1 vol.
L'Agent de Police	1 vol.
La Traite des Blanches	1 vol.

ASSOLANT (ALFRED)

La Confession de l'abbé Passereau	1 vol.

AIMARD (GUSTAVE)

Une Vendetta mexicaine, avec gravures	1 vol.

CAPENDU (ERNEST)

Les Coups d'Épingle	1 vol.
Le Chat du Bord	1 vol.
Blancs et Bleus	1 vol.
La Mary-Morgan	1 vol.
Un Vœu de haine	1 vol.

DAUDET (ERNEST)

Les douze Danseuses de Lamole	1 vol.

IMMENSE SUCCÈS !!!
LA BONNE CUISINE FRANÇAISE
MANUEL-GUIDE de la Cuisinière et de la Maîtresse de maison, par ÉMILE DUMONT.
Dessins et gravures d'après YSABEAU.
Très-fort volume de plus de 700 pages, cartonné . . . . . . 3 fr.

Sur demande affranchie, le Catalogue complet de la Librairie Degorce-Cadot est envoyé FRANCO.

COLLECTION DEGORCE-CADOT
Éditeur, 70 bis, rue Bonaparte, PARIS

EXTRAIT DU CATALOGUE

BIBLIOTHÈQUE DE BONS ROMANS ILLUSTRÉS
Format grand in-4° à deux colonnes
N. B. — Les mêmes ouvrages peuvent être demandés par séries séparées à 60 c. l'une

Aymard (Gustave).
Le Fils du Soleil, 2 séries.......... 1 20

Ancelot (Madame V.).
Laure, 2 séries.................... 1 20
La Fille d'une Joueuse, 2 séries.... 1 20

Anonyme.
Mémoires secrets du duc de Roquelaure, 8 séries.
1re et 2e séries brochées ensemble
3e et 4e —
5e et 6e —   4 80
7e et 8e —

Bauchery (Roland).
Les Bohémiens de Paris, 3 séries... 1 80

Bernardin de Saint-Pierre.
Paul et Virginie, 1 série........... » 60
La Chaumière indienne, 1 série..... » 60

Berthet (Élie).
Mademoiselle de la Fougeraie, 1 série » 60
L'Oiseau du désert................. 1 20
Paul Duvert, 1 série................ » 60
M. de Blangy et les Rupert, 1 série » 60
Le Val Perdu, 2 séries.............. 1 20

Billandel (Ernest).
La Femme Fatale, 1 série........... » 60
Les Vengeurs de Lorraine, 2 séries.. 1 20

Boulabert et Philipp Rella.
La Franc-maçonnerie des Voleurs... 1 80

Boisgobey (F. du).
L'Empoisonneur, 3 séries........... 1 80
La Tête de Mort, —................. 1 80
La Toile d'araignée, —............. 1 80

Boulabert (Jules).
La Femme bandit, 6 séries.......... 3 60
Le Fils du Supplicié, 3 séries....... 1 80
La Fille du Pilote, 5 séries......... 3 »
Les Catacombes sous la Terreur, 3 s. 1 80
Les Amants de la Baronne, 3 séries. 1 80
Luxure et Chasteté, 2 séries........ 1 20

Capendu (Ernest).
Mademoiselle la Ruine, 3 séries.... 1 80
Le Pré Catelan, 2 séries............ 1 80
Capitaine Lachesnaye, 3 séries..... 1 80
Grotte d'Étretat, 3 séries.......... 1 80
Surcouf, 1 série................... » 60
La Mère l'Étape, 3 séries........... 1 80
La Tour aux Rats, 2 séries.......... 1 20
Le Sire de Lustupin, 2 séries....... 1 20

Cauvain (Jules).
Le Voleur de Diadème............... 1 80

Chardail.
Les Vautours de Paris, 3 séries..... 1 80

Chateaubriand.
Les Natches, 4 séries............... 2 40
Atala, 1 série..................... » 60
René, le dernier des Abencérages, 1 s. » 60
Les Martyrs, 3 séries............... 1 80
Itinéraire de Paris à Jérusalem, 3 sér. 1 80

Deslys (Charles).
Le Canal Saint-Martin, 3 séries..... 1 80
Les Compagnons de minuit, 2 séries 1 20
L'Aveugle de Bagnolet, 1 série..... » 60
La Marchande de Plaisirs, 1 série... » 60
Le Coffret d'Ébène, 1 série......... » 60

Dulaure.
Les Deux Invasions (1814-1815), avec préface de Jules Claretie, 6 doubles séries à 1 fr. 20........... 4 80
Le Crime d'Avignon, 1 série........ » 60
Les Tueurs du Midi, 1 série......... » 60
Les Jumeaux de la Réole, 2 séries.. 1 20
L'Assassinat de Rodez (Affaire Fualdès), 1 série................. » 60

Duplessis (Paul).
Les Boucaniers, 5 séries............ 3 »
Les Étapes d'un Volontaire, 5 séries 3 »
Le Batteur d'Estrade, 5 séries...... 3 »
Les Mormons, 4 séries.............. 2 40
Maurevert l'Aventurier, 2 séries.... 1 20
Les Deux Rivales, 2 séries.......... 1 20

Faëro d'Olivet.
Le Chien de Jean de Nivelle, 2 séries 1 20

Féré (Octave).
La Bergère d'Ivry, 3 séries......... 1 80

Feudras (Marquis de).
La Comtesse Alvinzi, 2 séries....... 1 20

Gondrecourt (A. de).
Les Péchés Mignons, 4 séries....... 2 40
Les Jaloux, 3 séries................ 1 80
Mademoiselle de Cardonne, 2 séries 1 20
Le dernier des Kerven, 3 séries..... 1 20
Le Chevalier de Pampelonne, 2 séries 1 20
Régicide par amour, 1 série........ » 60
Les Cachots de la Bastille, 4 séries. 2 40

Kock (Henry de).
La Fille à son père, 1 série......... » 60
Le Démon de l'Alcôve, 1 série...... » 60
Les Baisers maudits, 1 série........ » 60
La Tigresse, 2 séries............... 1 20
Le Médecin des Voleurs, 4 séries... 2 40
Ni Fille, ni Femme, ni Veuve, 1 série » 60
Les Trois Luronnes, 3 séries........ 1 80
L'Auberge des treize pendus, 3 séries 1 80
Les Mystères du Village, 2 séries... 1 20
Les Amoureux de Pierrefonds, 1 sér. » 60
L'Amant de Lucette, 1 série........ » 60

Laborieux.
L'Ouvrier Gentilhomme, 2 séries... 1 20

Landelle (Gustave de la).
Les Géants de la Mer, 4 séries..... 2 40
Reine du bord, 3 séries............. 1 80
Une Haine à bord, 2 séries......... 1 20
Les Îles de glace, 3 séries.......... 1 80

Lavergne (Alexandre de).
Le Lieutenant Robert, 2 séries...... 1 20
Épouse ou Mère, 2 séries........... 1 20

Maimbourg (le P.).
Les Croisades, à doubles séries à 1 fr. 20.......................... 4 80

Méry.
Un Carnaval à Paris, 2 séries...... 1 20

Meunier (Alexis).
Le Comte de Soissons, 2 séries..... 1 20

Montépin (Xavier de).
Les Viveurs de Province, 4 séries... 2 40
Le Loup noir, 1 série............... » 60
Les Amours d'un Fou, 2 séries...... 1 20
Les Chevaliers du Lansquenet, 7 sér. 4 »
La Sirène, 1 série.................. » 60
L'Amour d'une Pécheresse, 1 série.. » 60
Un Gentilhomme de grand chemin, 2 séries........................ 1 80
Confessions d'un Bohème, 3 séries.. 1 80
Le Vicomte Raphaël, 2 séries....... 1 20
Fatalité, 1 série................... » 60
Le Compère Leroux, 2 séries....... 1 20

Noir (Louis).
Jean Chacal, 2 séries............... 1 20
Le Coupeur de Têtes, 4 séries...... 2 40
Le Lion du Soudan, 4 séries........ 2 40
Jean qui Tue, 4 séries.............. 2 40
Les Goëlands de l'Iroise, 3 séries... 1 80
La Folle de Quiberon, 3 séries..... 1 80
Grands jours de l'armée d'Afrique, 2 séries........................ 1 80
Campagnes de Crimée, 6 séries à 1 fr. 6 »
Campagnes d'Italie, 3 séries à 1 fr. 3 »
Le Corsaire aux Cheveux d'or, 3 sér. 1 80

Perceval (Victor).
La plus Laide des Sept, 2 séries.... 1 20
Régina, 2 séries.................... 1 20
Blanche, 1 série.................... » 60
Un Excentrique, 1 série............. » 60

Perrin (Maximilien).
Les Mémoires d'une Lorette, 2 séries 1 20
Le Bambocheur, 2 séries............ 1 20

Prévost (l'abbé).
Manon Lescaut, 1 série............. » 60

Rolla (un officier d'état-major).
Crimes et Folies en l'année terrible, 2 doubles séries à 1 fr. 20....... 2 40

Rieux (Jules de).
Ces Messieurs et ces Dames, 2 séries 1 20

Rouquette.
Ce que coûtent les Femmes......... 1 20

Rouquette et Fourgeaud.
Les Drames de l'Amour, 2 séries... 1 20

Rouquette et Moret.
Le Médecin des Femmes, 3 séries... 1 80

Tasse (Le).
La Jérusalem délivrée, 3 séries..... 1 80

Vadalle (de).
L'Homicide d'Auteuil, 3 séries..... 1 80

Vidocq.
Les Vrais Mystères de Paris, 4 séries 2 »

Voltaire.
Candide, 1 série................... » 60

SUR DEMANDE AFFRANCHIE
Le *Catalogue* général de la Librairie Degorce-Cadot est envoyé *franco*.

En ajoutant 10 centimes au prix de chaque Série, les Brochures ci-dessus seront expédiées franco par la poste.

www.ingramcontent.com/pod-product-compliance
Lightning Source LLC
LaVergne TN
LVHW050636090426
835512LV00007B/886